世图心理

博客：http://blog.sina.com.cn/bjwpcpsy
微博：http://weibo.com/wpcpsy

THE FARTHER REACHES OF HUMAN NATURE

人性能达到的境界

[美] 亚伯拉罕·马斯洛（Abraham H. Maslow）著　曹晓慧 等译

世界图书出版公司

北京·广州·上海·西安

图书在版编目（CIP）数据

人性能达到的境界 /（美）亚伯拉罕·马斯洛（Abraham H. Maslow）著；曹晓慧，张向军译. —2版. —北京：世界图书出版有限公司北京分公司，2018.10（2025.6重印）
书名原文：The Farther Reaches of Human Nature
ISBN 978-7-5192-5145-1

Ⅰ. ①人… Ⅱ. ①亚… ②曹… ③张… Ⅲ. ①人本心理学—研究 Ⅳ. ① B84

中国版本图书馆 CIP 数据核字（2018）第 224760 号

书　　名　人性能达到的境界
RENXING NENG DADAO DE JINGJIE

著　　者　［美］亚伯拉罕·马斯洛（Abraham H. Maslow）
译　　者　曹晓慧　张向军
责任编辑　李晓庆
装帧设计　蔡　彬

出版发行　世界图书出版有限公司北京分公司
地　　址　北京市东城区朝内大街 137 号
邮　　编　100010
电　　话　010-64038355（发行）　64037380（客服）　64033507（总编室）
网　　址　http://www.wpcbj.com.cn
邮　　箱　wpcbjst@vip.163.com
销　　售　新华书店
印　　刷　河北鑫彩博图印刷有限公司
开　　本　880mm × 1230mm　1/32
印　　张　13
字　　数　290 千字
版　　次　2019 年 1 月第 2 版
印　　次　2025 年 6 月第 11 次印刷
国际书号　ISBN 978-7-5192-5145-1
定　　价　59.80 元

引言

对于马斯洛的著作，一个不容置疑的事实是，它迸发出火花，几乎他的所有著述都迸发出火花。我们在理解这一点时不仅仅要把他视为一位心理学家，而且首先应该想到他是一个人，继而才是一位勤奋钻研心理学的学者，或者说，他把他的个人成长和成熟转变为一种理解心理学的全新视角。这是他的主要成就之一——赋予心理学一种全新的概念。

他告诉我们，在他职业生涯的早期，曾发现当时心理学的概念框架不能为他的研究提供方向，他决心将之改变或完善，于是开始创新。如他所说："我提出合理的问题，不得不为了解决这些问题而另辟蹊径。"他提出的关键概念有："自我实现"、"高峰体验"和"需要层次理论"，覆盖的范围从"缺失需要"到"存在需要"。相对于其他概念而言，这些概念或许是最重要的。

似乎有必要说明的是，马斯洛心理学发现的核心是由自我发现的。从他的著述中可以明显看出，他曾经研究过自己——像我们常说的那样，他能够"客观地"审视自己。"我们必须记住，"他在某处曾说，"认识一个人内在本性的同时也认识了普遍的人性。"我们在这里特别提到，马斯洛是一个真正朴实无华的人。他理解自己所从事的事业，明白这份事业的重要性，并且终生保持着他所仰慕的淳朴谦虚（用“谦卑”一词形容他则不恰当）。在他和其他人以及和自己的关系中，他的妙趣幽默增添了情趣和治疗的效果。

这本书中的一篇文章向我们揭示了马斯洛是如何开始研究自我实现的。他有两位导师，“他不能止步于崇拜他们，而要寻求理解”。为什么这两个人“和世上一般人如此不同”？答案逐渐明了，他下决心解答这一问题的过程使他确定了以心理学为研究方向，同时也使他对人生意义有了新的领悟。作为一位科学家，他试图概括出其在两位导师身上发现的美德，于是开始搜寻其他相似的人作为研究对象——并在此后的一生中不断鉴别和研究这些人。他常常指出，这种研究能使人得到一种关于人类的清新而鼓舞的看法。它向你展示，人能够成为什么样子。“健康人”是他描述这些人的用语，后来又说他们体现了“完满的人性”。

自我实现的极点是高峰体验。“高峰体验”是一个精彩的自然主义的词语，吸取了宗教和神秘主义词汇中的类似含义，同时又不局限于此。高峰体验是当你真正升华为一个人时所体验到的那种状态。我们不知道高峰体验是如何达到的，它和任何刻意安排的程序之间没有简单的一对一的关系，我们只知道它是以某种方式赢得的。它如同一道彩虹，来了，又去了，令人难以忘记。人能在一定程度上持有某种觉知状态但并不持久，它只能存在于人对其总印象的回想中。高峰体验就是逐渐认识到事物“应该成为”的样子，以一种不苛求也不担心的方式达到这种状态。它告诉人们关于自身和世界的同一性的真理，并成为价值的关键点和意义层次系统的组建原理。它是主体和客体的合并，带来的并不是主体性的任何损失，而是它的无限展开。同时它是个体性摆脱了孤立的状态。这样一种体验为超越观念提供了经验基础。高峰体验在自我实现者身上的不断出现，对于马斯洛来说，已成为一种科学的证据，它展现了完满人性的人可有的正常心理或内部生活史的样子。马斯洛的思想和理论中的基本元素已在原理中阐明，仍有待证实，而且自我实现者的行为模式仍待补充。他曾希望能够这样说："这就是自我实现者在大多数情境、困难和对抗中怎样行动和反应的说明"，并希望能证明这种研究的心理学（教育）意义。他的许多论文阐明了这些发现。这项工作已成长为由完满人性的健康、智慧和抱负的平衡状态所组成的一门心理学。

马斯洛的工作并没有忽略弱点、不道德，或通常被称为"恶"的东西。它很自然地达到一种苏格拉底的观点——人生中即使不是全部，至少也是大多数的恶是源于无知。他对原理的解释——从自我实现和高峰体验的"已知数"中得出——有助于理解软弱、失败和卑劣，他没有任何无视这些现实的倾向。他不是一个多愁善感的人。

当然，你也可能在阅读马斯洛的著作时遇到一些困难，特别是假如你对纯分析和描述研究比较生疏的话。有些马斯洛十分清楚的事情——或对于他来说已经十分清楚的事情——可能对读者来说并不清楚。他跳跃式地前进，显然确信自己的立足点，确信在向何处行进，而读者却正在探寻一些有意义的熟悉的阶梯。马斯洛说的确实都存在吗？他可能自己对自己嘟囔着。从这一点上应该看到，许多有关人性及其可能性的事情的内部联系，马斯洛是洞悉的，因为他做过长时间的思考和研究。他的研究已达到一种可贵的高度，这一高度体现了它的价值，在这里，内在的联系是成立的。他谈到的那些统一性，我们可以规定它们是存在的，因为要像他那样看到或感受到，需要你进行同样的准备工作，需要沿着同一条路线进行独立的和反思性的研究。不过，通读他的著作，你将发现有一些露出的节点，开放地对待直觉的证实，对于任何渴望求知的人都是非常有益的。确实，正是那些显露出来的论点——我们称之为“真知灼见”——使人们保持着阅读马斯洛著作的兴趣，使他的书受到欢迎并经久不衰。（一些大学出版社经过很长时间才悟出这一点。他们往往只印三千本马斯洛的书并认为完成了任务，但马斯洛的书精装本竟能售出一万五千或两万册，平装本达到并超过十万册。读过他书的人明白为什么会这样——他提供的是能够应用于自身的心理学。）

我没有多余的话要说了，有几百页的篇章在等待着读者——在这些篇章中，马斯洛的后期思想已越过了心理学的传统界限，甚至也超越了他自己的心理学。但还可以再多说几句有关他的写作方式的话。他想写的东西是不容易表达的。他宁愿站在背后，让读者去感受文字的韵律。他遣词造句就像巴赫创作原创歌曲那样自如。他用文字演奏，让文字弹跳自如，直到确切表达出他的意愿。你不要认为他是在进行文字把戏，这绝不是把戏，而是使他自己能为人所理解而进行的紧张的努力。紧张并没有使他变得沉闷。他取得了相当大的成功，其在用词和表达方面的功力使得阅读他的著作俨然成为一种乐趣。任何妙趣文章都是值得一读的，这可以作为马斯洛作品的写照。在心理学家中，拥有此评语的人除了威廉·詹姆斯和亨利·默里就鲜有人了。

这里做一下评论似乎也非常必要。要得出一个难而有价值的结论，有两条路可走。你可以顺着梯级攀登，一步一步理解有关的演绎推理，攀登中抓紧栏杆——准确运用语言。另一条道路是一步登天，超越使人分心的障碍物，观察逻辑攀登的最后阶段，也观察能够到达同样高度、同一地点的其他道路——并且，由于已经站在那里，能自由地环顾周围，不必不安地倚靠推理的梯级，希望它不会被颠覆。你常常会感觉到，马斯洛已经站在那里，站在那里很久了，对那里也已经很熟悉，他运用逻辑推演就像是在“演习”，或只是以启发教育为目的。

那么，其他科学家是否有必要像他那样用个人的或不能解释的手段去达到他所达到的结论呢？或许是，或许不是。但假如他所研究的主体——人——在其最佳状态时沿着那样的道路前进，你又怎能从事人的科学研究却不亲身体验或至少尝试一下呢？或许马斯洛情不自禁这样做，他发现自己身临其境；或许心理学中基本条件与必要条件变革的目的就是宣布并证明这样的能力是必需的，是应该追求的，虽然它们很神秘。归根结底，文化充其量是少数有成就的人——自我实现者们——一致的旋律和反响，他们来自非常善于学习并且快乐学习的那部分人。假如这样的人是最优秀的，那么，任何不努力揭示这一事实的心理学都将是某种意义上的欺骗。

杰出的乐队是高超技巧者们的组合，是许多能够熟练运用乐器演奏并比大多数人更懂得音乐的乐师们组成的队伍。假如你在他们中间听他们谈论音乐，他们所说的，你连一半也听不懂，但当他们演奏时，你将会意识到，他们彼此之间说的话都不是空谈。在任何杰出的人那里，也同样如此。他站在一个高度谈及他的特殊造诣。他的谈话内容不一定有显著的意义，但他的高度、他的造诣是真实的。即便不能很好地把握这一真实性，你也能感受得到。一个完满人性的人很容易给人留下一种朦胧的印象。研究完满人性的心理学——有资格谈论拥有完满人性的人，并能以某些方法测量、评价他们，且揭示他们的特性的某些动力机制——有责任参与这种有深度而不仅仅是艰涩的研究。有时读者会觉得有点茫然，这是很自然的。或许，对学生不造成类似印象的心理学永远不会从陆地起飞。

马斯洛晚期思想的一个方面需值得注意。他年纪越大，也就越“哲学化”。他发现，不可能把对心理学真理的探寻和哲学问题割裂开来。一个人如何思考和他本身有着密切的联系，而他想象自己是怎样的和他实际是怎样的又是分不开的，尽管从理性上来说这可能是一个无法解决的问题。马斯洛认为，在研究的开始，科学没有权利把任何经验论据关在门外。如他在《科学心理学》一书中所说，人类觉知的一切产物都必须被心理学所容纳，“甚至矛盾的、不合逻辑的和神秘的东西，模糊的、模棱两可的、原始的、无意识的和难以言传的存在的所有其他方面。”原始和性质不明确仍然是我们对自己的认识的一部分：“低可信度的知识也是知识的一部分。”人对自己的认识也一样，而且，对于马斯洛来说，规则的增加是“探索者”们沿着每一个方向搜索、不拒绝任何可能性。“知识的开始阶段”，他写道，“不应该用来源于‘最终的’知识的标准进行评判。”

这是一位科学哲学家的论述。确实，假如科学哲学家的任务是鉴别特定研究领域中研究手段的适用性，将马斯洛作为一位科学哲学家比其他专家更为合适。他一定会完全同意普莱斯的意见，后者三十年前讨论心理潜能问题时曾评论说：“在任何探究的早期阶段，要在科学研究的真相和它们的哲学反思之间划定不可更改的界线是错误的……在后期阶段，这样的界线是正确而适当的。但假如界线划定得太早、太严格，将永远到达不了后期阶段。”马斯洛的一大部分工作是和扫除心理学向“后期阶段”前进途中的哲学障碍物间接有关的。

关于马斯洛的内心生活，关于他的思想主体，关于他的抱负，我们只能从他所告诉我们的和推论出的来获得。他写的书信不多。然而，非常明显，他的生活充满着对人道事业的关心。在晚年，他曾为一种社会心理学的建立而不断思考，这种社会心理学能为建立美好世界指明道路。本尼迪克特的“协同社会”概念是这一思考的基石，马斯洛晚期论文中提到过这一点。在写给一个朋友的为数不多的几封信中，他曾说明自己的私人时间是怎样度过的。他谈及回忆自己的一些思想来源时感到的困难，曾怀疑是否对它们感到高兴，以及他对这些思想的反复思考和对它们的相关性的发展会在一定程度上取代他对思想源头的回忆。大约在1966到1968年间——这封信未注明日期——他写道：

> 我仍常常为糟糕的记忆而苦恼。有一次它使我十分担忧——我有了类似脑瘤的一些症状，但最终我认为自己能适应了……多数时间我活在自己的世界里，在这里我思索柏拉图思想的精华，同柏拉图和苏格拉底进行种种谈话，力求在某些问题上说服斯宾诺莎和柏格森，同洛克和霍布斯展开激烈的辩论，因此，别人看来，我仅仅是活着而已。我曾有许多烦恼……因为我要装作很清醒并与人交往，我甚至主导谈话并且看上去很有智慧。但接着就是完全的健忘——于是我陷入自我的矛盾中！

没有人能说这些对话是“不真实的”。它们已结出了丰硕的果实。

亨利·盖格尔

目　录

第四篇 教育

第五篇 社会

第六篇
存在认知

第七篇
超越和存在心理学

第八篇
超越性动机

第一篇

健康与病态

第一章

人本主义生物学方向①

我在心理学中的探寻引导我尝试了各种方向，其中有些领域已经超越了传统心理学的范畴——至少从我受过的训练的意义上说是如此。

在20世纪30年代，我对某些心理学的问题逐渐产生了兴趣，并且发现在当时的传统科学体系下（行为主义的、实证主义的、“科学的”、价值中立的、机械化的心理学），这些问题得不到解答或有效处理。于是我提出合理的问题，并不得不探寻其他方法来解决这些心理学问题。这种方法慢慢成为一种普遍的哲学思想，它属于心理学、普通科学、宗教、工作、管理，现在也属于生物学。事实

① 这是从一系列备忘录中摘出的，备忘录写于1968年3至4月间，是应沙尔克生物研究所主任的邀请所做，希望有助于有关研究从无价值的技术倾向朝着人性化的生物哲学倾向迈进。在这些备忘录中，我撇开生物学中所有显而易见的前沿问题，将问题仅限于我认为是被忽略或曲解的问题——所有这些都是基于我作为心理学家的特殊立场出发的。

上，它成了一种世界观。

当代心理学已经四分五裂，实际上可以说是被扯成了三个（或更多）分离的、互不沟通的科学或科学家集团。首先是行为主义的、目的论的、机械主义的和实证论的集团；其次是起源于弗洛伊德和精神分析的一整套心理学；第三是人本主义的心理学，曾被称为“第三势力”，这是由心理学的一些小集团聚合而成的一个体系。我想谈论的正是这第三类心理学。我对这一类心理学的解释是，它包含第一类和第二类心理学，并且创造了“行为主义之上”（epi-behavioristic）和“弗洛伊德学说之上”（epi-Freudian）两个词。这也有助于逃避那些一知半解、非此即彼的绝对论和二等分的倾向，例如，非赞成即反对弗洛伊德学说的情况。我是弗洛伊德派的，同时我也是行为主义派和人本主义派的，而且实际上我正在发展一种可能成为第四类心理学的超越心理学。

在这里，我仅代表我自己讲话。即使在人本主义心理学家中，有些人也会认为自己是反对行为主义和精神分析学派的，而非将这些心理学囊括进一个更大的、更高级别的体系中。我认为，他们中有些人在他们对“体验”的新的狂热中，悬停在反科学甚至反理性的边缘。然而，因为我相信体验仅仅是知识的开始（必要但不充分），因为我同样相信知识的进步，也就是说，更宽广的科学是我们唯一的终极希望，所以我最好仅仅代表我自己讲话。

“自由地思考”，创立学说，运用预感、知觉并按常规试着推测未来是我自己选择的任务。这是一种需要深思熟虑和全神贯注地开拓、探索和开创的活动，而不仅仅是应用、确认、核对和证明的活动。自然，后者才是科学的支柱。但是，如果科学家仅仅把自己当作验证者，我觉得是极其错误的。

开拓者、创造者和探索者通常是孤单一人，他怀着内心冲突、恐惧，以及对骄横傲慢和偏执的防御孤军奋战。他必须是一名勇士，不畏惧风险，不畏惧犯错，对自我有清醒的认识，如波兰尼所强调的那样，他们是一类赌徒，在缺乏事实依据的情况下得出尝试性的结论，然后花上数年的时间试图验证他的直觉是否正确。如果他还有一点理性的话，一定会被自己的想法、他的鲁莽所吓倒，并且很清楚地意识到他正在试图证实自己无法证明的东西。

正是从这一意义上，我提出了自己的预感、直觉和断言。

我认为，我们不能逃避或回避标准生物学的问题，即使这会引起对全部西方科学史和科学哲学的怀疑。为了保持论据的纯净并排除教会对科学事务的干扰，我们从物理学、化学和天文学那里承袭的那种价值自由、价值中立和逃避价值的科学模式是必要的和可取的，但是我确信这种模式的确不适合于生命科学的研究。甚至这一价值自由的科学哲学对于人类的问题更加不适合。对于人类的问题而言，个人的价值观、目的和目标、意图和计划对于理解一个人，甚至对于科学、预测和控制这些经典的目标，都是至关重要的。

我知道，在进化论的领域，有关方向、目标、目的论、活力论和终极因这一类的争论曾一度非常激烈——我必须说，我的印象是辩论被搅乱了——但也必须提出我的印象，我认为在人类心理学的水平上讨论同样的问题能以一种更不可回避的方法，使议题展示得更加清晰。

现在人们仍有可能拉锯式地辩论进化中的自然发生问题，或完全随机搭配是否能引导进化的方向。但当我们讨论人类个体时，这样的奢谈已不再可能。一个人通过完全的随机而成为一名好医生的说法是绝对不成立的。现在是时候严肃地制止任何这样的观点了。至于我，已经远离这类有关机械决定论的辩论了，更不愿费心陷入争论。

优秀类型和“成长顶端统计学”

我建议讨论并最终研究如何利用选出的良好类型（优秀样品）作为生物学的试金，用以研究人种所具有的最佳能力。举几个例子：有一次在探索性调查中，我曾发现，自我实现的人，即心理健康、心理上“优越”的人，是较好的认知者和感知者，甚至仅仅在感觉水平上也会如此，我不会为他们能更敏锐地区分精细的色调差异而感到惊奇。我曾组织的一次未完成的实验可以作为这种“生物学试金”实验的一个模型。我的计划是利用当时可行的最佳技术——精神病学的面谈、投射测验、运动能力测验等——在布兰迪斯大学对所有新生班级进行总体测试。从总体中，我选出2%最健康的、2%中等的和2%最不健康的学生作为被试。我们计划对这三组被试用一套大约有十二种感觉、知觉和认知工具的量表进行测试，从而验证一项过去临床的和人格学的发现——健康的人是更好的现实观察家。我预计这些发现会得到支持。我随后的计划是继续追踪这些人，在大学的四年里我对其大学生活多层面的实际表现、成绩和成就与我们最初测试的分数进行相关性研究。不仅追踪大学四年，我认为还可能进行一个纵向研究，由一个有组织的纵向研究组实施，研究组的存在时间可以超过我们的寿命。我们的想法是通过对全组进行完整一生的追踪，寻求我们有关健康观点的终极证据。有的问题很明显，例如，寿命对身心疾病的抵抗力、对传染病的抵抗力等。我们也期望追踪研究能同时发现未曾预测到的特点。这一研究和特曼（Lewis Terman）的研究很神似，四十年前特曼在加利福尼亚选择了一些高智商儿童，从许多方面对他们进行了测试。这一研究持续了几十年直到现在。他的一般性发现是，智力优越的儿童在其他各方面同样优越。他继而得出的推论是，人类的一切理想特性都呈现正相关。

这一类研究设计的意义是使统计学的设计发生了改变，尤其是抽样理论。我在这里坦率地支持我所称的“成长顶端统计学”。我的名称是从这样的事实得来的：在一株植物的生长锥部位，最大的遗传作用得以发生。正如有的青年人所说，“那就是作用的所在。”

假如我问，“人能做什么？”我宁愿向选出的人数少的优越小组提出这一问题，而不是向整个人群提出。我认为，享乐主义价值理论和伦理理论在人类历史上失败的主要原因，是哲学家们牢牢地把病态动机的快乐和健康动机的快乐拴在一起，并将疾病与健康随意相加得出一个平均数，以及将好样品与坏样品、好选择者与坏选择者、生物学上健全的样品与生物学上不健全的样品随意相加得出平均数。

假如我们要回答人类能长到多高，那么很明显，最好的办法是挑选出已经长得最高的人并研究他们。假如我们要知道人类能跑多快，那么，计算从人口中获得的一个“好样本”的平均速度是没有用的，更好的方法是搜集奥运会金牌获得者的资料，看他们能够达到的记录。假如我们想知道人类精神成长、价值成长或道德发展的可能性，那么，我仍坚持，研究那些最有德行、最懂伦理或最圣洁的人才能有最好的收获。

我认为这样说大体上是公平的：在人类历史的记载中，人性一直被轻视。人性的最高可能实际上总是被低估。甚至当“优良样品”——那些圣贤和历史上的伟大领袖人物能够作为研究对象时，人们也经常由于诱惑过多而把他们看作非人的超自然天才。

人本主义生物学和良好社会

人的最高潜能只有在“良好条件”下才有可能（在大基数的基础上）实现，这一点已经很清楚了。或者说得更直接些，优秀的人需要良好的社会作为其成长的环境。相反地，我认为应该明确，生物学的规范的哲学必然涉及良好社会的理论，良好社会是指“推动人类潜能充分发展、促进人性充分发展的社会”。我认为，乍一看这可能会使传统的描述性生物学家有点惊讶，因为他们曾学着避开“好”和“坏”这样的字眼。但是，稍做思考他们就会明白，这类事实在传统生物学的某些领域中早已被认为是理所当然。例如，基因可以理所当然地被称为“潜能”，它们的实现与否取决于基因自身、细胞质、有机体（通常情况下），以及有机体自身所处地理环境等作为直接环境的作用影响。

只引用一组实验，我们就可以说，对于白鼠、猴子和人，个体早期生活中有刺激作用的环境，对大脑皮层沿着我们一般所谓期望的方向发展会产生非常特殊的影响。在哈洛的灵长目动物实验室进行的行为研究得出了同样的结论。当被隔离的动物丧失了某种能力并超过了一定程度后，这种丧失往往是不可逆的。杰克逊在位于巴港的实验室进行的研究发现，让狗脱离与人的接触，在野外流浪或在野狗群中撒野，它将丧失被驯养的可能性，再也不能成为宠物狗了。

最后，如目前报道中所说，印度的儿童由于食物中缺乏蛋白质而遭受了不可逆的脑损伤。如果我们一致认为，印度的政治体系、历史传统、经济和文化，都与这一匮乏的产生有关，那么人要成为优良样品需要良好的社会背景这一观点也很明了。

一种生物学的哲学在与社会隔离的状态下发展，在政治上完全中立，不需要成为乌托邦、尤赛琴（Eupsychian）、改革的或革命的，这种情况可以想象吗？我的意思不是说，生物学家的任务是参与社会行动。我认为这是个人兴趣的问题，虽然我知道的确有某些生物学家出于对他们的知识被废置不用的愤怒而涉足政治，通过政治手段使他们的发现得到认可，但我对生物学家的建议完全有别于此。我认为，他们应该认识到，一旦他们认可了对人类或其他物种的规范化研究，也就是说，一旦他们把发展良好样品作为自己的责任，那么，研究有助于良好样品发展的所有条件以及有碍于这种发展的条件也同样成为他们的科学责任。显然，这意味着走出实验室而进入社会。

良好样品是全种系代表的入选者

经过自20世纪30年代开始的一系列探索性研究，我体验到，最健康的人（或最有创造力、最强壮、最聪明、最圣洁的人）能够成为生物学上的试金者。或者说，他们作为先遣侦察员或更敏锐的观察员，能够告诉我们这些较不敏锐者我们持有的价值是什么。例如，我们很容易选择出，那些在审美上对颜色和形状敏感的人，然后学着服从他们对颜色、形式、质地、附属品等的判断。我的经验是，假如我不用此方法，不去干扰优越的观察家，我能肯定地预期，我将在一两个月内渐渐喜欢上他们即刻就喜欢上的东西。那就好像他们是我，只是更敏感一些，抑或好像他们是我，只是少了一些怀疑、困惑和不确定。我能利用他们，或者说请他们作为我的专家，正如艺术品收藏家雇用艺术专家帮助他们收购一样（查尔德的著作支持了这一观点，称有经验的和老练的艺术家有相似的鉴赏力，这甚至是跨文化的）。我同时设想，这种人的敏感性受时尚影响的程度比一般人小。

现在我用同样的方式发现，如果我选择心理健康的人，那么他们所喜欢的也就是人们将会喜欢的。亚里士多德曾说过这样中肯的话："优秀的人认为好的，那就真是好的。"

例如，相对于普通人群，自我实现者的经验性特征是对是非有更少的怀疑。他们不会只因为95%的人不同意他们的看法就感到困惑。我可以说，至少在我研究的被试组中，他们的是非判断往往趋向一致，好像他们在观察某一真实的事物一样，而不是对因人而异的好恶进行比较。一句话，我曾将他们作为价值的试金者。或者，更确切地说，我从他们那里学习到什么是可能的终极价值。或者换句话说，我已知道，伟大人物的价值观就是我最终将趋同的价值观，我将会珍视和看重的价值观，是在个人感觉之外有价值的东西，也是“数据”最终将会支持的。

我的超越性动机论（第二十三章）在根本上是以这样的操作为依据的，即，选取优越的人，他们也是优越的观察者，对事实的观察和对价值的观察都是优越的，然后将他们对终极价值的选择作为整个种系对终极价值的可能选择。

在这里我几乎是故意引来争论。假如我愿意，我可以用简单的方式和措辞提出问题：“假定你选出心理上健康的人，他们的爱好是怎样的？他们的动机将是什么？他们为之奋斗或追求的是什么？他们认为什么是有价值的？”但我希望最好不要引来误解。我是有意向生物学家（以及心理学家和社会学家）提出有关标准和价值的问题的。

或许从另一个角度能更好地说明这些问题。假如像我认为已有充分佐证的那样，人是一种正在选择、决定和追求的生物的话，那么，进行选择和决定的问题就不可避免地存在于对人类的各种定义中。但进行选择和决定是一个程度问题，一个关于智慧、有效性和效率的问题。接下来的问题是：谁是善择者？他从哪里来？他有怎样的生活经历？这种技能可以传授吗？什么会妨碍这种技能？什么又对其有所帮助？

这些只是古老哲学问题的新提法：“谁是哲人？哲人是什么？”此外，也是古老价值论问题的新提法：“什么是善？什么是值得拥有的？什么是值得期望的？”

我必须再强调一次，我们在生物学的历史中到达了一个转折点，我们现在要为自己的进化负责了。我们现在是自我进化者了。进化意味着选择，进而是决定，而这意味着赋予价值。

心身的关系

我似乎觉得，我们正处在主观世界与客观现象相互关系的新飞跃的边缘，我们的主观生活将同外部客观标志相关联。由于这些新迹象的出现，我期望我们对于神经系统的研究能有一个巨大的飞跃。

有两个例子足以证实这是对未来研究的准备。一项研究是奥尔兹做的，现在已经广为人知。他通过在内侧前脑束埋入电极证明那里实际上是一个“快乐中枢”。当白鼠弓背做出一种姿势通过埋入的电极刺激脑部的某个部位时，只要电极仍然埋置在这一特定的快乐中枢，它会一再重复这种刺激。不愉快或痛苦区也已被发现，动物会拒绝重复刺激这一区域。快乐中枢的刺激对于动物显然非常“有意义”（或合乎需要，或有强化作用，或有奖赏作用，或任何我们可以用来描述这种情境的词），因此它宁愿放弃任何其他的外部快乐，包括食物、性等。我们现在已有足够的、类似的依据来推论人的情况，说明人也有一些主观意义上的快乐体验能以这种方式产生。这一类研究虽然处在开始阶段，却已经将此类中枢区分开来，如睡眠中枢、饱足中枢、性刺激中枢、性满足中枢等。

假如我们把这类实验和另一类实验（如卡米亚的实验）结合起来，新的前景便展现出来。卡米亚用脑电图和操作条件反射进行研究，当α波的频率在被试的脑电图中达到一个特定的点时，便给被试一个可见的反馈。用这种方法让人类被试能把一个外部的事件或信号和主观感受联系起来，便有可能使被试建立对他们自己脑电图的随意控制。那就是说，他证明一个人有可能使他自己的α波频率达到某一理想的水平。

有意义并令人兴奋的是，卡米亚十分幸运地发现，使α波稳定在一定水平能让被试处于一种宁静、沉思，甚或幸福的状态。某些跟进的研究以学会东方坐禅和冥想技术的人为被试，证明他们能自发地出现这种“宁静”脑电波，和卡米亚的被试做到的一样。这就是说，教会人怎样去感受幸福和宁静是有可能的。这些研究具有多方面的革命意义，对人类的福祉，以及生物学和心理学的理论都非常有价值。这里有很多研究计划足以使下个世纪的科学家们为之奔忙了。心身关系问题，被认为是一个不能解决，但终于可以研究的问题了。

这些数据对于常规生物学的问题来说是非常关键的。现在显然已有了这样的可能性：健康的有机体自身能发出明确、充足的信号，来说明这个有机体的偏爱、选择，或认为合乎需要的东西是什么。我们称之为“价值”是否合适？可以认为这是生物学内在的价值，或类似本能的价值吗？我们做出这样的表述——“实验室白鼠，让它在按压两种自我刺激按钮之间做选择时，它们几乎100%都会按压快乐中枢按钮而不是任何其他引起刺激或引起自我刺激的按钮”——难道和做出“这个白鼠宁愿选择快乐中枢的自我刺激”这样的表述之间有任何明显的区别吗？

我想说的是，是否用“价值”一词对于我来说并没有多大的区别。当然我上面所说的一切也可能根本用不到这个词。或许作为一个科学策略问题，或至少作为科学家和公众之间的沟通策略问题，为避免论点的混淆而不说“价值”可能是更婉转的方法。我想，确实没有关系。然而，重点是我们需要十分认真地分析心理学和生物学中这些有关选择、偏爱、强化、奖赏等问题的研究进展。

我同时应该指出，我们将不得不面对一定程度的循环论证困境，那是这一类研究工作和理论探讨固有的特征。这一特征在人类的研究中最为明显，但我猜测在动物研究中也会遇到类似问题。这种循环论证隐含在这样的说法中：“良好的样品或健康的物种选择或偏爱某事物。”我们应该怎样解释施虐狂、变态者、受虐狂、同性恋、神经症患者、精神病人、自杀者做出的选择和“健康人”的不同呢？把这种困境和肾上腺切除的动物在实验室中做出的和“正常动物”不同的选择相类比是合理的吗？我应该明确地说，我认为这是一个能解决的问题，并且是一个我们应该正视并解决而非回避或忽视的问题。对于人类被试来说，很容易用精神病学和心理学的技术选出“健康人”然后指出，得到如此这般分数的人（如在罗夏测验中，或在智力测验中）也就是那些将在自选（食物）实验中成为善择者的人。但这里的选择标准完全不同于行为标准。也完全有可能，在我看来事实上很有可能，我们通过神经系统的自我刺激技术说明存在这样的可能性：性变态、杀人犯、施虐狂或恋物癖的所谓“快乐”和在奥尔兹或卡米亚的实验中的“快乐”不同。当然，这是我们借助精神病学技术主观得知的。任何有经验的心理医师迟早都会懂得，潜伏在神经症的或反常状态下的“快乐”实际上是大量的烦恼、痛苦和畏惧。在主观领域中，我们从那些健康和不健康都体验过的人那里已经懂得这个道理。他们几乎经常称自己宁愿选择前者而惧怕后者。柯林·威尔逊清晰地证明，性犯罪只有微弱的性反应，而不是强烈的性反应。克尔肯达尔也证明，相爱的性活动比不相爱的性活动在主观上更优越。

我目前正在研究上文所勾勒的人本主义心理学的一系列含义。它可以证明对于生物学来说人本主义哲学所具有的激进后果和含义。我们可以肯定地说，这些论据是支持有机体的自我调节、自我管理和自我选择的。有机体更倾向于选择健康、成熟和生物学上的成功，它已不是我们一个世纪前所设想的那样了。一般来说这是反专制、反控制的。这使我回过头来全面、认真地思考道家的观点。像在当代生态学和习性学研究中所表明的，我们已经学会不去干扰和控制，而且对于人类来说，这意味着更信赖孩子自身趋向成长和自我实现的能力。这意味着更强调自发性和自律性而不是预测和外部控制。这里引述我的《科学心理学》来解释一个主要的论题：

在这样的事实面前，我们能认真地继续把科学的目标定义为预测和控制吗？你几乎能做出恰恰相反的断言——无论如何，对于人类是如此。我们自己想让人类预测或成为可预测的吗？成为被控制的和可控制的吗？我不愿走得太远，说这里必然涉及古老的和传统哲学形式的自由意志问题。但我愿说，问题出现在我们面前并督促着要我们处理，这些问题具有的某些性质和我们主观上的自由感而不是被决定感有关，和为自己进行选择而不是受外界控制有关，等等。无论如何，我能肯定地说，我们描述为健康的人并不喜欢被控制。他们宁愿感到自由并成为自由的人。

这一整套思路的另一非常普遍的“气氛”后果是，它不可避免地会改变科学家的形象，不仅在他们自己眼中，而且在普通人眼中的形象都将被改变。已经有一些论据表明，举例来说，高中女生设想科学家是怪人和恶魔，她们怕科学家。例如，她们不认为科学家是可供选择的终身伴侣。我应表明我自己的看法，这不只是好莱坞电影“疯狂的科学家”造成的结果，在这一画面中有某种真实的东西，是经过生活验证的，尽管是极端夸张的。传统的科学概念是由这样的人制定的：他控制着、掌管着一切，他对人、动物发号施令，对很多问题进行拣选。他是自己所调查对象的主人。这一情形在对“医师形象”的调查中更加突显。从半意识或无意识水平上观察，他一般被视为一位主人、一个控制者、一个决断者和没有痛苦的商人，等等。他显然是老板、权威、专家，是一个管理者，告诉人们应该做什么。我想，这个“形象”现在对于心理学家来说是最坏不过了。大学生现在普遍认为心理学家是操纵者、说谎者、真相隐藏者和控制者。

假如有机体被看作具有“生物智慧”又如何呢？假如我们学会给予它更大的信赖，认为它是自主的、自我管理的和自我选择的，那么很明显，我们作为科学家，且不说作为医师、教师甚至父母，就必须把我们的形象转变为更符合道家追求的形象。道家形象，这是一个我能想到的简洁的词，它代表着人本主义科学家形象的多种因素。“道家的”意味着提问而不是告诉。它意味着不干扰、不控制。它强调非干预的观察而不是控制的操纵。它是承受的和被动的，而不是主动的和强制的。它好像在说，假如你想了解鸭子，你最好是向鸭子提问，而不是告诉鸭子什么，对于人类也同理。在谈到“对于他们什么是最好的”时，似乎最好是找出一些办法，能使之告诉我们什么对于他们来说是最好的。

事实上，我们在优秀的心理医师中已经有了这样的榜样。这就是他的工作方法的大致情况。他的有意识的努力不是把他的意愿强加于患者，而是帮助患者——不明确的、无意识的、半意识的——发现他（患者）内部的东西。心理医师帮助他发现他自己想要的或希望的是什么，发现什么对于患者来说而非对于医师来说是有益的。这是旧意义上的控制、宣传、塑造、教导的对立面。它不容置疑地以我上文提及的意义和设想为基础，虽然我必须说，这些想法很少有人能做到，如大多数人对健康运动意义的信赖，即期待健康而非疾病，相信主观幸福状态是达到“人之最佳状态”的最好向导。这种态度意味着宁愿选择自发而不是控制，对有机体的信赖而不是怀疑。它设想，人总是想成为完满人性的，而不是想成为有病的、痛苦的，或想死。在作为心理医师的我们确实发现死亡愿望、受虐狂、自我挫败行为、自寻痛苦存在时，我们已学会把这种状态设想为“疾病”，也就是说，这个人假如曾体验过另一种较健康的状态，就会宁愿选取较为健康的状态而抛弃他的痛苦。事实上，我们某些人已进一步认识到，受虐狂、自杀冲动、自我惩罚等是愚蠢的、无效的，是朝向健康的笨拙摸索。

有些非常类似的情况也同样适合道家风格的教师、父母、朋友、爱侣的新模式，最后也更加符合道家风格的科学家。

道家的客观和传统的客观①

传统的“客观”概念来自早期科学对物体、对无生命研究对象的处理。我们是客观的，这时我们自己的愿望、畏惧和期望已从观察中排除，这时超自然的上帝的意愿和安排也已排除。这自然是前进了一大步并使近代科学成为可能。当然，我们不应忽视，在和非人的对象或事物打交道时，这样做也是正确的。在这里，这一类的客观和超脱有很好的作用。甚至在与低等生物打交道时这一点也是有利的。在这里我们也很超脱、无牵连，足以使我们能成为相对无干扰的观察家。一只阿米巴向哪里移动或者一条水螅喜欢摄取什么

① 这一议题的详细阐述见《科学心理学：一种识别》。

东西，与我们不会有太大关系。但当我们沿着种系阶梯上升时，这种超脱变得越来越困难。我们都知道，假如在研究狗或猫时，我们要拟人化，要把观察者的人类愿望、畏惧、期望、偏见投射到动物身上是非常容易的，如果我们研究的是猴子或类人猿就更容易这样了。当我们进而研究人时，我们理所当然地认为，我们几乎不可能成为冷漠的、平静的、超脱的、无牵连的、不干预的观察者。心理学的论据已经堆积如山，难以想象有什么人还能捍卫这一立场。

任何稍有阅历的社会科学家都知道，他在研究任何社会或亚文化群体之前必须审查自己的偏见和先入为主的概念。这是一种规避预先判断——研究前的先入之见——的方法。

但我建议走另一条通向客观的道路，即通过对我们自己身外、观察者身外的现实更清楚、更准确地感知而达到客观。这种方法是从观察爱的领悟而来的。爱的领悟，是不论在相爱者之间或在父母与子女之间都能产生的某种类型的知识，那是非相爱者所不能达到的。在我看来，某些这一类的情况也适用于习性学文献。我对猴子的研究，使我确信是较“真实”、较“确切”的，在一定意义上，在客观上也是更真实的。假如我不喜欢猴子就不会有这样真实的了解。事实是我已经被它们迷住了，我变得非常喜爱我的个别猴子，对于我的白鼠就不可能有这样的喜爱。我相信，劳伦兹、廷伯根、古达尔和沙勒尔报告的那一类研究工作之所以那样精彩，那样有意义、有启发性、真实，就是因为这些研究者“喜爱”他们所研究的动物。最起码这一类爱能引起兴趣，甚至引人入迷，因而研究者能有极大的耐心进行长时的观察。妈妈迷恋她的婴儿，能最专心地反复察看他的每一个细微之处，当然能比并不关心他的某一外人（就最真实的意义说）更了解她的宝贝。我发现，在爱人之间也是如此。他们彼此之间是如此迷恋，以至细查、注视、倾听和探索本身便成为一种迷人的活动，并促使他们无尽无休地这样做。而非相爱的人之间，很少有这样的情况产生，因为腻烦很快就会出现。

但“爱的知识”，如果我能这样称呼的话，还有其他有利因素。对一个人的爱能使他开放，愿意表达，放弃防御，让他自己不仅在躯体层面而且在心灵和精神上袒露出来。一句话，他让自己全面开放而不是躲躲闪闪。在通常的人际关系中，在一定程度上我们彼此是难以理解的。在爱的关系上，我们变得“可以理解”了。

但最后，或许也是最重要的，假如我们对某人或某物喜爱或迷恋或深感兴趣，我们就很少会有干预、控制、改变、改善他们的想法。我发现，对于所爱，我们是准备放任不管的。在浪漫爱情以及祖父母亲情的极端例子中，被爱者甚至被视为是完美无缺的，因此，任何改变都会被认为是不可能的甚至是不虔诚的，更不要说改善了。

换句话说，我们满足于放任不管。我们对被爱不提任何要求。我们不希望被爱成为另一种样子。在他们面前，我们可以是被动的、承受的。所有这些都是说，只有他们作为其本来面目并出于本性状态时我们才能更真切地看到他们，而不是作为我们喜欢他们成为的或恐怕他们成为的或希望他们成为的样子去看他们。赞许他们的存在，欣赏他们的本来面目，能使我们成为不干扰、不操纵、不抽象、不干预的观察者。我们能在怎样的程度上成为不干扰、不要求、不希望、不改善的观察者，也就能在怎样的程度上达到这一特殊类型的客观。

我坚持认为，这是一种方法，一条通向某些类型的真理的特殊道路。我并不认为这是唯一的道路，也不认为所有的真理都能用这种方法得到。我们也正是从同样的情境中很清醒地认识到，喜爱、兴趣、迷恋、专注也有可能歪曲有关对象的另一些真相。我要坚持的仅仅是，在科学方法的整个体系中，爱的知识或“道家的客观”在特定情境中对于特定目的有其特殊的优点。假如我们能现实地意识到，对于研究对象的爱既能产生某些类型的领悟又能造成某些类型的盲目，那么我们便有了足够的警惕。

更进一步讲，关于“有问题的爱”也应该这样看。一方面，很明显，你必须迷恋上精神分裂症或至少对它感兴趣才能粘上它，才能学习有关它的知识并进行研究工作。另一方面，我们也知道，对精神分裂问题完全着迷的人在涉及其他问题时也会形成某种不平衡状态。

大问题的问题

我在这里用了阿尔文·魏因贝格的精彩著作《大科学沉思录》中的一个小标题，这本书包含许多我想进一步阐明的论点。利用他的词汇，我能以更醒目的形式说明我这本备忘录的含义。我想提请各位注意，曼哈顿方案正在对我所认为的我们时代真正的大问题[①]发动进攻，这种问题不仅对于心理学而且对于一切具有历史紧迫感的人来说都极为重要（这也是一项研究的“重要性”的一个标准，现在我愿把它添加到传统的标准中）。

第一个且冠盖一切的大问题是造就好人。我们必须造就出好的人，否则我们很可能会被扫除出这个世界，即使不被扫除，肯定也只能生活在紧张和焦虑中，像一般动物那样。这里的先决条件自然是给“好的人”下定义，关于这一点我在本书中已做出种种说明。我们已经有了一些初步的论据、某些标志，或许已经多到如曼哈顿方案中的一样了。我自己觉得有信心，相信这一伟大的、轰动一时的计划是可行的，而且我确信，我能列出一百个或二百个，或上千个局部问题或附属问题，它足够使巨大数量的人忙个不停。好的人能同等地被称为自我演化的人，对自己和自己的演化负责的人，是充分启蒙的或觉醒的或醒悟的人，是充满人性的、自我实现的人，等等。无论如何，目前十分清楚的是，任何社会改革，任何美好宪法或完美计划或法律都不会有任何结果，除非人很健康、很进步、很坚强、很善良，足以理解这些计划和法典，并想以正确的方式把它们纳入实施的轨道。

同等重大的问题，像我刚刚提到的大问题一样迫切需要引起注意的是造就良好社会这一问题。在良好社会和好的人之间有一种反馈。它们是互相需要的，它们互为双方绝对必需的条件。我撇开两

① 我保留了魏因贝格有意义的分类方式。

者孰先孰后的问题。很明显，它们同时发展，协同动作，串联在一起。无论如何也不可能在没有其中一个因素的作用的情况下实现另一个目标。我所说的良好社会是指根本上的全人种的社会，一个全人类的世界。我们也有初步的资料（参看第十四章）讨论自律性社会的安排，即非心理安排的可能性。说得更明白些，现在已经清楚，人的善良程度保持不变，有可能做出的某些社会安排迫使这些人趋向恶性或者趋向善性。要点在于社会制度必须作为不同于内心健康的问题来看待，而且一个人的好或坏在一定程度上取决于他生存于其中的社会制度。

社会协同作用的关键概念是，在某些原始文化中，在某些大的、工业主导的文化中，存在着某些社会潮流，它超越了自私和不自私之间的对立。那就是说，某些社会制度使人有必要相互对立；另一些社会制度使一个人在寻求个人私利时有必要帮助他人，不论他是否希望如此。反过来说，追求利他主义并帮助他人的人又必然会赢得私利。一个例证是我们的所得税一类的经济措施，它从任何单个人的好运中吸取利益给予全社会。这和营业税恰成对照，按比例看，营业税从穷人那里要比从富人那里提取得更多，它起的不是吸取作用，而是本尼迪克特所说的漏斗作用。

我应尽我所能地严肃认真地强调，这些是终极的大问题，应先于任何其他问题引起我们的关注。魏因贝格在他那本书中所说的大多数工业技术上的利益和进步与其他人所说的这一类利益，在实质上只能认为是达到以上目的的手段，而不是目的本身。这表明，除非我们把我们的工业技术和生物学的改良交付在好人手里，否则这些改良就是无用的或危险的。在这里，我甚至包括了对疾病的征服，寿命的延长，痛苦、悲伤和一般苦难的减轻等内容。问题的焦点在于：谁想使恶人活得更长，或更强大？一个明显的例子是原子能的利用。若原子能被掌握在某一“希特勒”手中——今天有许多“希特勒”掌握国家大权——当然不是好事，而是很大的危险。同样的道理也适用于任何其他技术改良。我们可以经常提出一个标准问题：这对于某一“希特勒”是好还是坏？

技术进步的一个副产品是：今天恶人有可能甚至很有可能成为更危险的、更有威胁的、比人类有史以来曾经造成的威胁更大的人，因为先进的技术给予他们更大的力量。很有可能某一极端残酷的人在某一残酷的社会支持下不会被打败。我想，假如希特勒赢得了战争，反叛成为不可能，实际上他的帝国也许会延续一千年或更久。

因此，我劝所有的生物学家以及一切有善良意愿的人，运用他们的天才来为这两个大问题服务。

以上考虑曾强有力地支持了我的想法，传统的科学哲学作为道德上中立、价值上中立、脱离价值的哲学不仅是错误的，而且也是极端危险的。它不仅是非道德的，也可能是反道德的。它可能把我们置于极危险的境地。因此，我要再一次强调，科学本身来自人和人的激情与利益，如波兰尼英明指出的那样。如布罗诺夫斯基所说，科学本身应该是一部伦理学法规，因为，假如你承认真理的内在价值，那么，所有后果都由我们为这一内在价值的服务而产生。我要再附加一条作为第三个论点：科学能寻求价值，并能从人性本身中揭示这些价值。实际上，我要宣布，科学已经这样做了，至少已达到一定水平，使这一说法似乎有了一些道理，尽管还没有适当的和最后的证实。我们现在已经可以利用技术找出什么是对人种有益的，即什么是人的内在价值。几种不同的操作曾被用来指明这些在人性内部建成的价值是什么。我再重复一次，这既是就生存价值的意义说的，也是就成长价值的意义说的。成长价值是能使人更健康、更聪明、更有德行、更幸福、更圆满实现自身潜能的那些价值。

我或许可以称之为生物学家未来研究的战略方案。其中之一是指心理健康和躯体健康之间有一种协同作用的反馈。大多数精神病学家和许多心理学家、生物学家现在已经开始设想几乎所有疾病，甚至无一例外，都能成为心身疾病或机体疾病。那就是说，假如一个人探索任何躯体病的起因达到足够的深度和远度，他将不可避免地发现心理内部的、个人内部的和社会的变量会成为有关的决定因素。这绝不是要把肺结核或骨折弄得神乎其神。它不过是表明了，在研究肺结核的过程中，人们发现贫困也是一个因素。至于骨折，邓巴尔曾用骨折案例作为控制组进行研究，她设想在这方面肯定没有心理因素的影响，但使她吃惊的是，她竟发现骨折确实也有心理成因。这项研究的一个结果是，我们现在对于易出事故的个性已经非常有经验了。我或许还可以说，我们对于“事故促成的环境”研究也一样。于是，甚至骨折也是心身的和“社会—躯体的”（sociosomatic，我所创造的一个词）。所有这些都是说，传统的生物学家或医师或医学研究者，在力求减轻人类痛苦、苦难、疾病时，最好也能对他所研究的疾患采取更多的整体论看法，比以前更关注心理的和社会的决定因素。比如，今天已有足够的论据指出，攻克癌症的富有成效的大体系也应该包括上文所说的“心身因素”。

换一种方式说，有迹象表明（大多是推断，而不是充分的论据），通过精神病学疗法等造就好的人、增进心理健康，也有可能同时使他的寿命延长并不易受疾病侵袭。

对于低级需要的剥夺可能引起疾病——在传统意义上称为“缺失病”的疾病，对于我在第二十三章中称为“超越性病态”（metapathologies）的那些问题来说也同样适用，这里指的是被称为精神的、哲学的、存在主义的那些不适或失调，也可能不得不成为缺失病。

简言之，安全和保障、从属关系、爱、尊敬、自尊、同一性和自我实现等基本需要的不满足会引起人们的某些疾患和缺失病。总体来说，可以称之为神经症和精神病。然而，基本需要获得满足的人和自我实现的人，具有真、善、美、公正、秩序、法律观念、统一性等超越性动机的人，也可能在超越性动机的水平上受到剥夺。缺乏超越性动机的满足，或缺乏这些价值，能引起我描述为一般的和特殊的超越性病态。我坚持，这些是和坏血症、糙皮病、爱的缺失等处在同一个连续系统中的缺失病。我应附加说，传统中证明需要的方式，如对维生素、矿物质、基本氨基酸等需要的证明，均为首先正视某一不知起因的疾病，然后再寻找病因。那就是说，假如某物被剥夺后能引起疾病，它就被认为是一种需要。正是在与此相同的意义上，我坚持认为，从严格意义上说，我所说的基本需要和超越性需要也是生物性需要，即它们被剥夺后也会引起疾病或不适。由于这个缘故，我才利用一个新造的词“类本能的”（instinctoiol）来表明我的坚定信念——这些论据已经充分证明，这些需要是和人类机体自己的基本结构有关联的，有某种遗传基础蕴含在内，虽然这可能是很微弱的。它也使我坚信不疑，终有一天生物化学的、神经学的、内分泌学的基质或躯体组织的发现能在生物学水平上说明这些需要和这些不适。

预测未来

近几年来曾有大量的会议、书籍、专题座谈——更不用说报纸文章和星期天杂志专栏了，它们都突然讨论起我们的世界在2000年或在下一个世纪将成为什么样子的问题。我曾浏览这些“文献”（如果可以使用这个词的话），更多的是深感惊恐而不是受到启发。足有95%的文章在讨论纯技术的变化，完全撇开了善与恶、正确与错误的问题。甚至有的事业似乎完全是非道义的。有大量关于新机器、假体器官、新型汽车、火车或飞机——以及更大、更好的冰箱、冷库、洗衣机之类的讨论。自然，这些文献也偶尔谈到大规模杀伤能力的不断升级，甚至整个人类被扫除的可能性，以此来恐吓读者。

这本身就是忽视真正问题所在的盲目性的表现，几乎所有参与这些会议的人都不是研究人的科学家。很大比例的与会者是物理学家、化学家和地质学家，在生物学家中很大比例是研究分子生物学的，与其说他们是描述型的不如说是还原型的生物学工作者。偶尔应邀谈论这一问题的心理学家和社会学家，他们的特长也在于专业技术方面，信奉一种无价值观的科学。

无论哪一种情况都很明显，所谓的“改进”问题在很大程度上只是一个与目的无关的改进手段的问题，且不涉及这样一个显然的真理：更强大的武器在愚蠢或邪恶的人手中只能造成更大的愚蠢或更大的邪恶，即这些技术的“改进”事实上可能是危险的而不是有益的。

另一令我感到不安的事情是，这些有关2000年的讨论大都限于物质方面的问题，例如，工业化、现代化、增进富裕水平、占有更多的物资、靠开发海洋增强国家食品供应能力、建立更有效的城市管理来控制人口爆炸，等等。

还有一种方法可以说明许多预测的浅薄的本质：它的很大部分仅仅是基于今天存在的事实而做出的无用推断，是从我们的现状出发简单投射出曲线。如按现在的人口增长速度计算，据说到2000年会有多得多的人；按现在的城市增长速度计算，到2000年会有如此这般的都市环境，等等。好像我们在掌握或计划我们自己的未来方面是无能为力的——好像我们不能扭转现在的趋向，即使我们不赞成这些趋向。例如，我坚持认为，对未来的计划是必须减少现在的世界人口。假如人类愿意这样做，在这个世界上没有理由，或至少没有生物学的理由，做不到这一点。对于城市的结构问题也是如此，还有汽车的结构，以及空中交通工具等问题也是一样。我觉得，这一类基于目前情况进行的预测本身就是没有价值观念的、纯描述性的科学概念的副产品。

第二章

神经症——个人成长的一种失败

我宁愿仅仅选择讨论这个题目的几个方面，因为我曾从事过这几个方面的工作，而且我认为这些方面特别重要，但最主要的原因是这几个方面曾被忽略过。

直至目前，公认的理论仍认为，从某方面看，神经症是一种可以描述的病理状态，它是按照医学模式的标准界定的、现存的一种疾患或病症。我们已经学会用辩证的方式看待它，认为它同时也是一种向前的运动，一种趋向健康和完满人性的先前的笨拙探索，胆怯而软弱地，在畏惧而不是在勇气的庇护下前进，而这种探索既包含现在也包含未来。

我们得到的所有证据（大多是临床证据，也有某些研究的证据）都表明，理应设想几乎在每一个人中，也几乎在每一个新生儿中，都有一种趋向健康的积极意愿，一种趋向成长或趋向人的潜能现实化的冲动。但我们同时又面临令人感到悲伤的现实——只有很少的人能实现它。人类总体中只有很小比例的人达到了统一性、个性、完满人性、自我实现等。甚至在我们这样的社会中也是如此。比较来看，我们的社会是地球上最易取得成功的社会之一。这是我们最大的难题：既然我们有趋向人性充分发展的冲动，那么，为什么它不能更经常地发生？是什么阻碍了它？

这是我们研究人性问题的新方法，即估计到它的高度可能性，同时深感失望的是这些可能性又如此难以实现。这种态度和“现实主义的”任何现状都接受的态度是对立的，后者认为现状是常规，例如金西就这样看，电视的民意测验结果也一样。于是我们往往陷入一种情境，就是：从描述观点看的常态，以及从无价值观念的科学观看的常态，这些常态或一般状态是我们能够期望的最佳状态，因此，我们应该满足于这种状态。而我宁愿将常态视作一种疾病、残废或瘫痪，只不过那是我们和其他人所共有的，因而未给予注意。我想起我在大学时代用过的一本旧时的变态心理学教科书，一本糟糕的书，但卷首插画非常精彩。下半页是一排孩子们，粉红脸蛋，甜蜜的笑容，兴高采烈，天真无邪，非常可爱；上方是地铁车厢中的许多乘客，愁闷，灰溜溜，绷着脸，像是在生气；下面的解说词非常简单：“发生了什么事？”这正是我要谈论的问题。

我还应提及，我一直在进行的工作中有一部分是关于研究工作的战略和策略问题，为研究工作做好准备，并试图描述所有临床经验和个人主观经验，力求能够用一种科学的方式更好地理解这些经验，即核对、检验、使之更精确，并观察是否确实如此，验证直觉是否正确，等等。为了这样的目的，也为了那些对哲学问题感兴趣的人，我愿简短地提出几个和下文有关的理论观点。这是一个古老的问题——事实和价值之间、是和应该之间、描述和规范之间的关系问题，一个哲学家们深感棘手的问题。自从哲学家出现以来他们就在讨论这个问题，但直到现在仍然进展有限。我愿提供某些思路，在解答这一古老的哲学难题时，这些思路对我是有帮助的，你甚至可以说，它们是突破两难困境的第三只角。

熔接词

在此我想到的是一个一般性的结论，部分来自格式塔心理学家，部分来自临床和心理治疗经验。在某种苏格拉底的方式中，事实往往有一定的指向性，或者说，它们是有矢量的。事实并不是躺在那里，像一块烙饼，什么事也不做，它们在一定程度上是路标，能告诉你应该怎么做，为你提供建议，引导你朝着某一方向而不是另一方向前进。它们“呼唤着”，它们具有需求，甚至具有如克勒所说的“必需性”。我常常有这样的感受，只要我们有了足够的认识，我们便知道应该怎么做，或更清楚地知道应该怎么做；充分的知识常常能解决问题，当我们必须决定如何做时，它常常能帮助我们做出道德和伦理的选择。例如，我们在治疗中有共同的经验，当人们的“认识”越来越多地进入意识层面时，他们的决策、选择也越来越容易、越来越自主。

我的建议是，有些事实和词汇自身兼有规范和描述两种作用。我暂且称它们为“熔接词”，表示事实与价值的一种熔化和连接。

除此以外我必须说的事情应该被理解为我力求解决“是”和“应该”这一问题的努力的一部分。

我自己从谈论开始，已经以一种坦率的规范方式前进，正如我认为我们所有人在这种工作中都会这样做一样。我提出的问题是：什么是正常？什么是健康？我先前的哲学教授，他仍然像长辈那样非常亲切地对待我，我也像晚辈那样尊敬他。有一次他写给我一封信，信中流露出担忧，温和地责备我不该以傲慢的方式对待这些古老的哲学问题，信中有这样的话：“你知道你做了些什么吗？在这一问题的背后有两千年的思想，而你却在这层薄冰上那么轻松和漫不经心地滑行。”我记得我曾回信解释说，这样的做法正是一个科学家的处理方式，这也是研究策略的一部分，即越快越好地滑过哲学难题。我记得有一次我给他的回信中写道，我从策略层面考虑，在推进知识中不得不采取这样一种态度，只要涉及哲学问题，就应该是“坚定的天真”。我认为这就是我们现在所持的态度。我曾觉得，谈论正常与健康、什么是好什么是坏等这些探索性的问题是对的，而现在这类讨论却有些专断。我曾做过一项研究，用一些好的画和不好的画作为测试材料，我在注脚中直接写道：“好画在这里定义为我所喜欢的画。”如果我能跳到我的结论，或许可以证明这是一个好的策略。在研究健康人、自我实现者等人的特点时，我发现了一种稳定的倾向性，即从公开的规范性和坦率的个体性，一步一步趋向描述性的、客观的词汇，以致今天有了一个标准化的自我实现测验。现在自我实现已能被给出操作性的定义，像智力的定义一样，即自我实现也是可以用测验来测试的。它和各种外部变量密切相关，并继续积累着其他相关的变量。由此我受到启发，觉得从我的“坚定的天真”出发是正确的。我用直觉的、直接的、个人的方式所看到的，现在大多正经由数字、表格和曲线被证实。

完满人性

现在，我提议再进一步探讨“完满人性”（full humanness）这一熔接词，一个更富有描述性和客观性（和“自我实现”概念相比）而又保留着我们所需要的一切规范含义的概念。我希望能以这样的方式从直觉启发式的开端逐步向越来越高的确定性、越来越大的可靠性、越来越客观的外部证据迈进，这又意味着这一概念越来越具有科学的和理论的功效。这种说法和这种思维方式是我在大约15年前受到罗伯特·哈特曼的价值论著的启发而形成的，他把“善”定义为一物实现其定义或概念的程度。这使我想到，或许可以为了研究而把人性概念理解为一种定量的概念。例如，完满人性可以用分类的方式加以说明，即完满人性是抽象的能力、运用合乎文法的语言的能力、爱的能力、有一种特定的价值观、能超越自己，等等。假如我们需要，甚至还可以把这种全面分类列成清单。对于这种想法我们可能有点吃惊，但它非常有用，只要能在理论上向进行研究的科学家阐明就可以，这个概念能成为描述性的和定量的——但也是规范的，比如说这个人比那个人更接近于完满人性。甚至我们能说：这个人比那个人有更多人性。这个熔接词的意义如上文所说的，它确实是客观描述性的，因为它和我的愿望与兴趣、我的个性、我的神经症无关，而将我的无意识的愿望、畏惧、焦虑、希冀从完满人性的概念中排除要比将它们从心理健康的概念中排除容易得多。

假如你曾研究过心理健康的概念——或任何其他健康或正常的概念——你将会发现，有巨大的力量在驱使你投入自己的价值概念中，并把这个概念变成一种自我描述，或可称之为一种你想成为的样子、你认为人们应该成为的样子，等等。你不得不长时间与这种倾向作战。你将发现，虽然这样的努力最后有可能做到客观，但肯定过程很难。即使做到了，你也不能确信无疑。你陷入过选样错误吗？归根结底，假如你选择研究对象是以个人的判断和诊断为基础的，这将比依据非个人的标准选样更有可能出现选择错误。

显然，熔接词相较纯规范词而言，是科学的进步，同时也避开了这样的陷阱——认为科学只能是无价值观念和非规范的或非人的。熔接概念和熔接词使我们有可能参与科学和知识的正常发展，从它的现象学的和经验的开端向更可靠、更有效、更确定、更准确、更能与他人分享和取得一致的目标前进。

其他明显的熔接词有：成熟的、演化的、发展的、发育受阻的、残缺的、充分发挥作用的、优美的、笨拙的、愚蠢的，等等。还有许多词是规范与描述不太明显熔接的词。我们终有一天会承认熔接词是可以作为范例的，是正常的、通常的和核心的。那时，纯描述词和纯规范词会被认为是边缘词和例外词。我相信，这将成为人本主义世界观的一部分，这一世界观现在正迅速演化为一种有结构的形态。[①]

首先，如我曾指出的，这些概念距离心理太远，不能充分说明意识的性质、心理内部的或主观的能力，如欣赏音乐，沉思和冥想，辨识韵味，对个人内在呼声敏感，等等。保持个体内部世界的融洽可能和胜任社会活动或胜任现实生活同等重要。

但从理论的精确性和研究策略的观点看，更为重要的是，这些概念不如构成人性概念的能力清单那么客观和可以定量。

我愿进一步说的是，我认为这些模式没有一个是和医学模式对立的。没有必要使它们二歧化。医学上的疾病能削弱人的力量，因而它也处于从较多人性到较少人性的这个连续系统中。当然，医学的疾病概念尽管是必需的（对脂肪瘤、细菌侵入、癌等而言），却肯定是不充分的（对神经症的、性格学上的，或精神失调而言）。

人性萎缩

选择“完满人性”而非心理健康的说法的另一结果是，我们可以相应地或并列地说“人性萎缩”而不说“神经症”——这又是一个被完全废弃的词。这里的关键概念是人的能力和可能性的丧失或尚未实现，显然这也是一个程度和定量的问题。再者，这更易于被观察，更接近于行为，自然比焦虑、强迫或压抑等更易于被研究。它也把所有标准下的精神病学纳入同一个连续系统中，包括源于贫

① 我认为“人性度”比“社会胜任”“人的效能”等类似概念更有用。

困、剥削、不适当的教育、奴役等的所有发育受阻、损伤和抑制，也包括经济上有特权的人所出现的新型的价值病态、存在性紊乱、性格紊乱。它非常细致地论述了源于吸毒、精神病态、专制主义、犯罪等的种种萎缩，以及其他不能在医学上被称为“疾病”（如脑瘤）的种种萎缩。

这是一种脱离医学模式的激进运动，一个长久被延误的运动。严格地说，神经症意味着一种神经的疾病，今天我们不用这个旧的说法也完全行得通。此外，用“心理疾病”这种说法会把神经症置入和溃疡、损伤、细菌侵袭、骨折、肿瘤相同的论题范围内，但现在我们已经很清楚，最好设想神经症和精神紊乱有关，和意义的丧失、对生活目的的怀疑、失恋的痛苦和愤怒、对未来的失望、对自己的厌恶、对自我生命正在荒废的认识、欢乐或爱的失去的可能有关。

这些都是脱离完满人性、脱离人的盛开之花的堕落。它们是人的可能性的丧失，是曾有的和也许还会有的可能性的丧失。物理和化学的保健预防法在这一心理病源学的领域内肯定会有用处，但和强有力的社会的、经济的、政治的、宗教的、教育的、哲学的、价值论的，以及家庭的决定因素相比简直不值一提。

主观生物学

从心理—哲学—教育—精神转换这一趋向中我们还能赢得其他重要的益处。在我看来重要的一点是，这一转换促成人们对生物基础和体质基础的正确理解。在任何有关统一性或真实自我、成长、揭示疗法、完满人性或人性萎缩、自我超越或任何这一类问题的讨论中，都不能不涉及潜在的生物因素和体质因素。简言之，我相信，要帮助一个人向完满人性运动，首先他要有对自身同一性等的认识。在这一项工作中，重要的一部分是要意识到自己是什么，在生物学上、气质上、体质上，作为人类的一员是怎样的，意识到自己的能力、愿望、需要，也意识到自己的使命，自己适合做什么，自己的命运是什么。

毫不含糊地说，一个人自我觉知的绝对必需条件是对个体内部生物学现象的认识，有关我称为“似本能”的本性，以及有关对个人动物本性和种性的认识。这当然是精神分析力图去做的事情，即帮助一个人意识到自己的本能冲动、需要、紧张、抑郁、爱好、焦虑。这也是霍妮区分真实自我和虚假自我的目的。这不正是个人对于自己真正是什么的一种主观的分辨吗？而一个人如果不首先是自己的身体、自己的体质、自己的机能、自己的种性，他又能真正成为什么呢？（作为一个理论家，我感到非常愉快的是能把弗洛伊德、哥尔德斯坦、谢尔登、霍妮、卡特尔、弗兰克尔、梅、罗杰斯、默里等许多人的观点做出恰当的整合。甚至斯金纳的观点也可以被纳入到这一多样化的队伍中来，因为我觉得他为他的人类被试开出的“内部强化因素”清单看起来多么像我曾提出的“似本能的基本需要和超越性需要的层次系统”啊！）

我相信，我们有可能把这一范式一直推演到个人发展的最高水平，甚至达到超越自己个性的水平。我相信，我已经证明了接受一个人的最高价值的似本能特性，或者说精神生活或哲学生活的似本能特性。甚至将个人发现的价值论纳入“个人似本能本性的现象学”范畴，或纳入“主观生物学”、“经验生物学”等范畴。

想一想人性程度或定量的单一连续系统在理论上和科学上的重大意义吧！这一连续系统不仅包括精神病学家和医师谈论的各种疾病，而且也包括存在主义者、哲学家、宗教思想家和社会改革家所担心的一切问题。不仅如此，我们还能把所知的各种健康和不同程度的健康也纳入这个单一的连续系统中，甚至加上自我超越的、与神秘有关的“健康以外的健康”，以及未来可能揭示的更高的人性。

内部信号

这样的思索对于我来说至少有一个特殊的好处，能使我的注意力敏锐地转向我称之为“冲动的呼声”的东西，或一般称其为“内部信号”（或内部暗示、刺激）的东西。我那时未能充分认识到，在多数神经症以及其他身心障碍中，内部信号会变得微弱甚至完全消失（如在严重强迫性神经症中），或“听”不到或不能被“听”到。在一些极端的例子中，我们看到一些体验空虚的人，他们如同僵尸，内部空空。恢复自我必须（作为绝对必需的条件）包括恢复拥有和认知这些内部信号的能力，知道自己喜欢什么，不喜欢什么，喜欢谁，不喜欢谁，知道什么是愉快的和什么不是愉快的，什么时候应该吃、睡、如厕、休息，等等。

体验空虚的人，由于缺乏内部的指示或真实自我的呼声而不得不转向外部线索求得指引，例如，吃饭要看时间而不是顺从他的食欲（他没有食欲）。他靠时钟指引自己，靠常规、日历、日程表、议程表，靠他人的提示和暗示生活。

无论如何，我的解释是：神经症是个人成长的一种失败——它的特定意义现在已很明确。它未能达到生物学上一个人本来能够达到的（甚至我们可以说，一个人本来应该达到的）目标，即，他在未受阻挠的方式中成长和发展就能达到的目标。人类的可能性已经丧失。世界变得很狭窄，意识变得很局促，能力受到抑制。例如，优秀的钢琴家不能在众多听众前演奏，或恐惧症患者被迫回避高处或人群。不能学习、不能睡觉、不能吃多种食物的人肯定已受到削弱，正如一个双目失明的人一样。认知受损，失去快乐、欢欣和狂喜[①]，不能胜任，不能放松，意志消沉，害怕担当，所有这些都是人性的萎缩。

我曾提到用更实际的、外显的和定量的完满人性或萎缩的概念取代心理疾病和健康的概念。我认为，人性概念在生物学上和哲学上也是比较健全的。但在我进一步讨论以前，我愿意再说一句，萎缩自然是可逆的或不可逆的，例如，我们对妄想狂人要比对一个友好的、可爱的歇斯底里的人会失望得多。萎缩自然也是动力型的、弗洛伊德式的。弗洛伊德独创的图式谈到一种存在于冲动和对冲动的防御之间的辩证关系。同理，萎缩也能导致一些后果和过程的出

---

① 失去高峰体验对于一个人的生活方式意味着什么，这在柯林斯·威尔逊的《新存在主义引论》中有很好的说明。

现。以简单描述的方式看，它仅仅在罕见的情况下才是一种完成或终局。这些丧失在多数情况下不仅导致了弗洛伊德和其他精神分析团体已经阐明的各种防御过程，例如，导致压抑、否认、冲突等。同时它们也引发了我很久以前强调过的应对反应。

当然，冲突本身也是比较健康的标志，假如你曾遇到过真正冷漠的人，真正绝望的人，已经放弃希望、奋斗和抗争的人，你就会得到这样的认识。神经症相应地也有好的方面。它表示，一个受到惊吓的人，不信赖自己、轻视自己的人，仍然力争达到人类的标准和每一个人都有权利得到的基本满足。你也许会说，这种趋向自我实现、趋向完满人性的努力是胆怯和无效的。

萎缩自然也可能是可逆的。常见的情况是，通过满足需要来解决问题，特别是对于儿童来说。对于一个不曾得到足够爱的儿童，显然最好的方法是极度抚爱他、把爱洒遍他全身。临床的和一般的经验都表明这是起作用的——我没有统计数字，但我猜测基本如此。同样，尊重对于抵制无价值感也是一副有奇效的药剂。这使我们得出一个明显的结论：假如我们认为医学模式上的“健康与疾病”（在这里）是过时的，那么医学的“治疗”和“治愈”概念和权威医师的概念也必须被废除和被取代。

约那情结

我愿再谈谈安贾尔所说的逃避成长的一种原因。我们所有人都有一种改善自身的冲动，一种趋向实现自身潜能、趋向自我实现或完满人性（或你喜欢用的任何名称）的冲动。假定如此，那么，是什么使我们停顿，是什么阻碍了我们呢？

在这一类对成长的防御中，我愿特别谈一点——因为它还没有引起足够的注意——我称之为约那情结（Jonah complex）[①]。

在我自己的笔记中，我最初称这种防御为“对自身杰出的畏惧”或“逃避自己的命运”或“躲开自己的最佳天才”。我曾想尽可能坦率和尖锐地强调一个不同于弗洛伊德的观点，即我们害怕我们的至善正如害怕至恶一样，尽管方式有所不同。从大多数的情况来说，我们有可能比我们的实际表现更杰出。我们都有尚未运用的潜能或尚未充分发展的潜能。我们许多人都在逃避我们的体质提示的天职（事业、命运、生命的任务、使命）。我们常常逃避责任，那是自然、命运，有时甚至是偶然事件命令（或宁可说是提示）的，正如约那力图——徒劳地——逃避他的命运一样。

我们害怕我们最高的可能性（正如害怕最低的可能性一样）。我们一般害怕变成我们在最完美的时刻、在最完善的条件下、以最大的勇气所能设想的样子。我们对于在这种高峰时刻看到自己如神一般的可能性感到愉快甚至激动。但我们同时又带着软弱、敬畏和恐惧的心情在这些可能性面前颤抖。

我发现很容易就能根据我的学生来证明这一点。你只要问他们：“你们班中有谁希望写出最伟大的美国小说，或成为一位参议员、州长、总统，或者一位伟大的作曲家？谁想当联合国的秘

---

① 这名称是我的朋友弗兰克·曼纽尔教授提出的，我同他讨论过这个难解之谜。

书长？谁希望当圣人，像施魏策尔[①]那样？你们中间谁愿成为一位伟大的领袖？”通常，人人都突然咯咯地笑起来，羞愧而不安，直到我再问：“假如你不当，那么谁来当？”这自然是真理。以这种方式，当我推动毕业生趋向这些更高水平的抱负时，我又说：“你们现在秘密计划要写的伟大著作是什么？”这时他们常常显得很难为情，并支支吾吾，设法避开我。但为什么我不应该问那样的问题呢？除心理学者以外还有谁将写心理学著作？这时我追问：“你不打算成为心理学家吗？”“当然想。”“你受的训练是要当一名缄默的或不活跃的心理学家吗？那样有什么好处吗？那不是一条通向自我实现的正确途径。不，你应该想当第一流的心理学家，当你力所能及的最佳的心理学家。假如你顾虑重重只打算做较次于你能力的事业，我就要警告你，在你的余生中你将深感不幸。你将逃避你自己的能力、你自己的可能性。”

我们不仅对自己最高的可能性有矛盾心理，而且我们对于其他人和一般人性中同样的最高可能性也抱有一种持久的，我认为相当普遍的，甚至必然的冲突感和矛盾心理。当然，我们敬爱并羡慕优秀人物，圣贤，忠诚的、德高的、纯洁的人。但是，深入观察过人性底蕴的人能意识到我们对圣洁人物所怀有的混杂情感往往是敌对的情感吗？或者对非常美的女人和男人，对伟大的创始者，对我们的智力天才，不也同样如此吗？不需要成为心理治疗专家就能看出这一现象——我们称之为“对抗评价”。只要读点历史就能发

---

① 施魏策尔（Albert Schweitzer，1875—1965），生于阿尔萨斯，牧师、哲学家、医师，献身于非洲医疗事业，曾获1952年诺贝尔和平奖。——译注

现大量这样的事例。甚至我可以说，可能在任何人类历史的探寻中也找不出一个例外。我们肯定爱慕那些体现了真、善、美、公正、完善，并最终取得成功的人。但他们也使我们不安、焦虑、困惑，也许还有点妒忌和羡慕，有点自卑、自惭。他们往往使我们失去自信、自制和自重。（尼采在这个问题上仍然是我们最好的老师。）

这里我们得到了第一个暗示。我的印象是这样的：大人物仅仅由于他们的在场和他们的伟大就足以使我们意识到自己的渺小，不论他们是否有意要造成这样的影响。假如这是一种无意识的作用，而我们并不清楚为什么他们一出现我们就会自惭形秽或自卑，那么我们会很容易根据主观投射而做出反应，我们会认为他们极力想贬低我们，好像我们是靶子。于是我们的敌意便可以理解。因此，我认为自觉的意识似乎能排解这种敌意。假如你愿意对你自己的对抗评价、对你的畏惧和敌意加强自我意识和自我分析，你将很可能不再对他们怀有恶意。我因而也愿意这样推断、猜测，假如你能学会更纯洁地喜爱其他人的最高价值，这也许会使你也喜爱自身的这些特性而不再那么畏惧。

和这一动力联系在一起的是在崇高事物面前的敬畏，鲁道尔夫·奥托对此有精辟的说明。把这一点和爱利亚德对神圣化和去圣化的洞察结合起来，我们对于面对神或神圣事物时的畏惧的普遍性就能有更深刻的认识了。在某些宗教中，死亡被视为不可避免的后果。大多数文字前的社会也有一些地点和物体被列为禁忌，因为它们太神圣因而太危险了。在我的《科学心理学》的最后一章中，我也曾从科学和医学的角度提供过医学去圣化和再圣化的例子，并力图解释这些过程的动力学。归根到底，它们大都来自在崇高和至善面前的敬畏（我要强调的是，这一敬畏是内在的、有理由的、正确的、合适的，而不是某种疾病或不能得到“治疗”的）。

但我又觉得，这些敬畏和畏惧不单单是消极的、使我们逃遁或畏缩的东西。它们也是合乎需要的和愉快的情感，甚至能把我们引到最高的愉悦点。借用弗洛伊德的说法，自觉地意识、洞察和“为之行动”，我认为也是这里的答案。这是我所知的最好的道路，通向对我们最高能力的接受，通向我们可能已经掩藏起来或避开的任何伟大、善良、智慧或天才的因素。

在我试图理解为什么高峰体验通常都很短暂时，我偶然得到了一个非常有价值的启示，答案变得越来越清楚了。我们不过是不够坚强所以不能承受过多！它太震撼、太耗损人了。因此，处在这种极乐时刻的人往往说：“太多了”或“我受不了啦”或“我简直要死了”。当我得到这样的说明时，我有时会觉得，是的，他们可以死了。发狂的幸福令人不能长久承受。我们的机体太弱，承受不了大剂量的伟大，正如机体太弱不能承受长时间的性高潮一样。

“高峰体验”一词比我起初认识到的含义更贴切。剧烈的情绪必然是极点的和暂时的，它必须让位给非极乐的宁静、较平和的幸福，对至善清晰而深沉的认知带来的内在喜悦。极点的情绪不能长久持续，但存在认知（Being cognition）能长久持续。

这能够帮助我们理解约那情结吗？它在某种程度上是一种对被撕裂的合理畏惧，怕失去控制、怕垮掉、怕瓦解，甚至怕被那种体验杀死。伟大的情绪最终能淹没我们。怕顺从这种体验而带来的畏惧，这种畏惧类似于当我们想起性感缺失时的畏惧。我认为能通过心理动力学、深度心理学以及情绪的心理生理学和心身医学等文献对其有更好的理解。

另一方面的心理过程我曾在探索自我实现何以失败时碰到过。对成长的逃避也能由对妄想的畏惧而启动。自然，人们曾以较普通的方式谈到过这一点。普罗米修斯和浮士德式的传奇文学几乎出现在任何文化中。[①] 例如，希腊人称它是对自大（hubris）的畏惧。它被称为“有罪的傲慢”，这当然是人的一个永恒的问题。对自己这样说——“是的，我要成为一个伟大的哲学家，我要修改柏拉图并胜过柏拉图”——的人迟早有一天要被自己的自以为是和骄傲弄得呆若木鸡。特别是在他比较软弱的时刻，他将对自己说：“谁？我？”并认为那是一种疯狂的想入非非，甚至惧怕成为妄想狂。他把对自身的内在自我及其一切弱点、摇摆和缺陷的认识与其对柏拉图的光辉、完美而无瑕疵的想象相比。于是，自然会觉得自己太放肆、太自大了。（他没有认识到，柏拉图在内省时必然对他自己也会有同样的感觉，但柏拉图终于前进了，超越了对自己的怀疑。）

就某些人而言，对自身成长的逃避，只树立低水平的抱负，怕做自己所能做的事，自愿的自残，假装的愚蠢，骗人的谦卑，实际上是对自以为是、对骄矜、对有罪的傲慢和对自大的防御。有些人不能掌握谦逊和自豪之间的优美整合，而这对于创造性的工作是绝对必要的。许多研究者曾指出，要发明或创造，你必须拥有“创

① 谢尔登讨论这一主题的精彩著作被引用得常常不够，这可能是因为它出现时我们尚未充分准备好（1936年）。

造的傲慢”。但是，假如你只有傲慢而无谦逊，那么你实际上是在妄想。你必须不仅意识到自己如神一般的可能性，而且也意识到人存在的限度。你必须同时能够嘲笑你自己和人的一切矫饰。假如你能对毛毛虫想当神仙感到有趣，那么实际上你便有可能继续尝试并满怀自豪而不再担心自己是否妄想或招致冷嘲热讽。这是一个好办法。

请允许我再提一种办法。我在阿尔都斯·赫胥黎身上看到了此方法的最佳利用，他肯定是我所说的那种伟大人物，一位能够接受自己的天分并加以充分利用的人。他能做到这一点是因为他永远对每一件事情的有趣和迷人之处深感惊奇，能像一个青年人一样对事物的奇观惊叹不已，能经常说“妙极啦！妙极啦！”，他能用开阔的视野观察外界，用无羞愧的纯真、敬畏和迷恋来观察，这是一种对自己渺小的承认，一种谦逊的形式，然后安详地前进并对他为自己树立的伟大任务毫不畏惧。

最后，请参考我的一篇论文，其讨论的问题是自身完整，也是一系列论述的第一篇。它的题目，“认知的需要和认知的畏惧”，能充分说明我对被称为“存在价值”（Values of Being）的每一种内在或终极价值所要说的一切。我想说，这些终极价值（我认为它们也是最高的需要，或超越性需要，如我在第二十三章中所说）和所有的基本需要一样都能落入弗洛伊德关于冲动和对冲动的防御所制定的图式中。因此，我们需要真理，爱真理，追求真理这一点，肯定是能够被证明的。不过也同样证明了我们还惧怕认识真理。例如，某些真理伴随着一定的责任，可能会引起焦虑。逃避责任和焦虑的一种方法是直接回避对真理的意识。

我预言，我们将会为每一种内在的存在价值找到类似的辩证关系。我曾想写一系列论文，讨论如“对美的爱和因美而不安”“对好人的爱和因他而恼怒”“对卓越的寻求和毁灭卓越的倾向”等问题，当然，这些对抗价值在神经质的人中更强烈，但据我看来，所有人似乎都应该冷静对待我们自身中的这些卑微的冲动。迄今为止我仍觉得，最好方法是通过有意识的洞察和彻底的研究，把妒忌、猜疑、预感和龌龊的想法转化为谦恭的羡慕、感激、欣赏、崇敬甚至崇拜。这一方法是自感渺小、软弱、无价值并接受这些感受，而且不必以一笔勾销的办法来保护一个假造的高自尊。

我同时认为，理解这一基本的存在性问题不仅能帮助我们接纳其他人的存在价值，同时也能让我们接纳我们自身的存在价值，这将有助于解开约那情结。

第三章

自我实现及其超越

在这一章，我计划讨论的思想还处于雏形之中，还不能作为一种定论。我发现，对于我的学生，以及其他持同样看法的人来说，自我实现的观念几乎已变成类似罗夏墨迹[①]那样的东西。它常常能使我对利用它的人比对现实有更多的了解。现在我想做的是探索自我实现的某些性质，不是作为广泛的抽象概念，而是就自我实现过程的操作意义来看。自我实现就某时某刻的情况来说意味着什么？例如，它在星期二下午四时意味着什么？

自我实现研究的开端 我对自我实现的调查不是作为研究工作来设计的，也不是从研究工作开始的。这些调查起初只是缘于一个青年知识分子的努力，他试图理解他所敬爱和崇拜的两位老师，他认为他们是非常优秀的人物，进行着一种高智商（high-IQ）活动。

---

① 罗夏墨迹，依据被试对墨迹的解释做出个性分析的方法。这一方法是罗夏所设计，所以称为罗夏墨迹法。这是心理学者熟知的测验法。

我不能满足于简单的崇拜，而是力求理解这两位人物为什么如此与众不同。他们是本尼迪克特（Ruth Benedict）和韦特海默（Max Wertheimer）。在我取得哲学博士学位来到纽约以后，他们是我的老师，是最卓越的人。我受过的心理学训练完全不足以让我理解他们。似乎他们不仅仅是人，而且是某种超越人的存在。我自己的调查研究是作为一种前科学或非科学的活动开始的。我做了有关韦特海默的描述和杂记，也做了有关本尼迪克特的杂记。当我试着理解他们，思考有关他们的事儿，并在日记和记事中写下我的看法的时候，在一个奇妙的时刻我忽然认识到，从他们两个人的范型中能够归纳出某种共同的特征。我是在谈论某种类型的人，而不是两个不可比较的个体。这件事使我极为兴奋。我试着观察这一范型能否在其他地方被发现，后来我确实又在其他地方、在其他人身上发现了它。

按照实验室研究——严格的、有研究控制的常规标准看，这简直不能算是什么研究。我的归纳是从我对一定类型的人的选择中做出的。很明显，我还需要其他衡量标准。尽管如此，一个人已选出也许是二三十位他非常喜爱或崇拜并认为十分卓越的人物，他试着描绘他们，并发现，他已能做出一种综合性说明——对于他们每一位都适合的范型说明。他们都是来自西方文化的人，选出的人带有各种内在固有的倾向性。虽然这样的归纳并不可靠，但它仍然是唯一适用的关于自我实现者的界定，如同我在最初讨论这一主题的期刊文章中曾说明过的一样。

我发表了自己的研究结果以后，又出现了六、八或十条印证线索支持我的发现，不是重复印证，而是从不同角度做出的研究。罗杰斯和他学生的研究成果合起来提供了对全部综合性说明的印证。布根塔（J. Bugental）提供了心理治疗方面的印证。某些使用LSD（一种麻醉药）的研究，某些对治疗效果（即有效治疗）的研究，某些测验结果——的确，我所知道的每一事实都构成对印证的支持，而且显然都不是重复的支持。我个人对于这项研究的主要结论非常自信。我无法设想任何研究能在这一范型中做出重大调整，虽然我相信会有小的改变。我自己也做过某些小的改变。但我的自信不是科学依据。假如你对我关于猴子和狗的论据提出疑问，你就是在怀疑我的资格或把我看成说谎者，我也就有权利反对你这样做。假如你怀疑我关于自我实现者的研究成果，你可能是有理由的，因为你对于研究这个问题的人并没有很深的了解，是他选出了一些人从而得出全部结论。这些结论是处于前科学的范畴的，但结论陈述是以一种能够经受检验的形式提出的。从这样的意义上来说，这些结论是科学的。

我选择研究的人是一些比较年长的人，他们已经度过了生命的一大段旅程，而且可以认为他们的奋斗是成功的。我们还不知道这些发现是否也适用于青年人。我们不知道自我实现在其他文化中的意义如何，虽然在中国和印度对自我实现的研究现在也在进行中。我们不知道这些新的研究将有什么发现，但有一件事情我确信无疑：如果你选择非常优秀而健康的人，坚强的人，有创造力的人，纯洁的人，明智的人——实际上正是我选出的那种类型的人——作为研究对象，那么你就会得出对人类的一种不同的看法。你会问，人能长得多么高大？人能变成什么样子？

我对于一些别的事情也确信无疑地说“我的嗅觉告诉我的”。但对于这些问题，反对的论据更少。自我实现很难界定，但是回答这样的问题更困难：什么是超越自我实现？或者超越真实性（authenticity）是什么？在所有这一类问题中，仅仅诚实是不够的。关于自我实现者我们还能有别的什么说法吗？

存在价值　自我实现者无一例外都献身于一项身外的事业，某种他们自身以外的东西。他们专心致志地从事某项工作，某项他们非常珍视的事业——按旧的说法或宗教的说法即天命或天职。他们从事命运以某种方式安排他们去做的事，他们做这件事也喜爱这件事，因此，工作与欢乐的分歧在他们身上已消失了。一个人献身于法律，另一个人献身于正义，又一个人献身于美或真理。所有这些人都以某种方式献身于寻求我称之为“存在”（缩写为“B”）价值的东西，那种固有的终极的价值，不能再还原到任何更终极的东西。这些B价值大约有十四种，包括古人的真、善、美，还有圆满、单纯、全面，等等。这些B价值在本书第九章和我的另一部著作《宗教、价值和高峰体验》的附录中有说明，它们是存在本身的价值。

超越性需要和超越性病状（Metaneeds and Metapathologies）这些B价值的存在给自我实现的结论增添了一系列的复杂性。这些B价值像需要一样在起作用，我称这一类需要为超越性需要。这一类需要的剥夺会酿成某些类型的病状。这些病状还没有得到适当的说明，我姑且称之为超越性病状——灵魂病。例如，总是生活在说谎者中间因而不信赖任何人而形成的病态。正如我们需要咨询专家帮助解决因为某些需要未能满足而产生的较简单的问题一样，我们也需要超咨询师（metacounselor）帮助治疗因为某些超越性需要未能满足而产生的灵魂病。就某种可以说明和实证的方式来说，人需要在美中而不是在丑中生活，正如他肚子饿了需要午餐或疲乏了需要休息一样。的确，进一步来说，这些B价值就是绝大多数人的生活意义，但许多人甚至不能认识到他们有这些超越性需要。咨询师的部分任务可能就在于使他们意识到自身的这些需要，正如传统的心理分析家使患者意识到他们那些类似本能的基本需要一样。最终，某些专家或许会认为自己是哲学的或宗教的咨询师。

我们有些人试着帮助来访者向自我实现的方向运动和成长。这些人往往都有许多价值问题。许多年轻人，尽管他们往往像调皮鬼，本质上却是非常好的人。无论如何，我认为，他们是非常理想主义的。我认为，他们是在寻求价值，他们很想有什么东西作为献身的目标，作为热诚的追求，作为崇拜、仰慕和热爱的对象。这些年轻人时刻都在进行选择：是前进还是后退？是离开还是趋向自我实现？咨询师或超咨询师能告诉他们如何才能更充分地成为他们自己吗？

引向自我实现的行为

当一个人趋向自我实现时，他在做些什么呢？他在咬牙切齿地压榨他人吗？就实际的行为看，自我实现意味着什么呢？下面谈一谈个人趋向自我实现的八条途径。

第一，自我实现意味着充分地、活跃地、无我地体验生活，全神贯注，忘怀一切。它意味着一种不带有青春期自我意识的体验。在体验时，个体完完全全成为一个人。这就是自我实现的时刻。这就是自我在实现自我时的一刹那。作为个体，我们都偶尔体验过这样的时刻。作为咨询师，我们经常能帮助求询者得到这样的体验。我们能鼓励他们全身心地专注于某一件事，而忘记他们的伪装、拘谨和畏缩——彻底献身于这件事。我们能看出这是一种非常美妙的时刻。在那些正在试图变得非常固执、世故和老练的青年人身上，我们能看到某些童年天真的恢复，当他们完全献身于某一时刻并充分体验着这一时刻时，他们的脸上能再现出纯洁无邪而又甜蜜的表情。代表这种体验的关键词是“无我”，而我们青年人的毛病正是太少无我而太多自我意识和自我觉知。

第二，让我们把生活设想为一系列选择过程，一次接着一次的选择。每次选择都有前进与后退之分。可能有趋向防御、趋向安全、趋向畏缩的运动，但在另一面，也有成长的选择。做出成长的选择而不是畏缩的选择就是趋向自我实现的运动。自我实现是一个连续进行的过程。它意味着每一次都要在说谎或诚实之间、在偷窃或不偷窃之间进行选择。使每一次选择都成为成长的选择，这就是趋向自我实现的运动。

第三，谈论自我实现的意思是设想有一个自我要被实现出来。人不是一块白板，也不是一堆泥或黏土。人是某种已经存在的东西，至少是一种软骨的结构，至少是他的气质，他的生物化学平衡，等等。这里有一个自我，我过去曾说过“要倾听内在冲动的呼唤”，意思就是要让自我显现出来。我们大多数人在大多数时候（这特别适用于儿童和青年）不是倾听我们自己的呼声，而是倾听妈妈的、爸爸的教训，还有教会的、长老的、权威的或传统的声音。

作为迈向自我实现的简单的第一步，我有时建议我的学生，当有人递给他们一杯酒并问他们味道如何时，他们应该试着以一种不同的方式作答。首先，我建议他们不要看酒瓶上的商标，不要想从商标上得到任何暗示再考虑应该说好或不好。然后，我要他们闭上眼睛，“定一定神”。这时，他们就可以面向自身内部，避开外界的嘈杂干扰，用自己的舌头品一品酒味，并诉诸自己身内的“最高法庭”。这时，只有这时，他们才可以开始说“我喜欢它”，或“我不喜欢它”。这和我们惯常得出的结论是不同的。最近在一次宴会上，我偶尔看到一瓶酒上的商标，并向女主人说她确实选到了一瓶非常好的苏格兰酒。接着我赶紧闭上了嘴。我说了些什么啊？我并不知道苏格兰酒如何，我所知道的都是广告上说的。我根本不知道这一瓶酒是好还是不好，可往往我们都会做出这种愚蠢的事。拒绝做这种蠢事是实现一个人自我连续过程的一部分。

第四，当有怀疑时，要诚实地说出来而不要隐瞒。“有怀疑”这一短语，在各种场合都能碰到，因此我们在此没有必要过多讨论有关交际手段的问题。往往，当我们有怀疑时，我们是不诚实的。来咨询的人往往是不诚实的。他们在做戏，装模作样。他们并不是很容易就听从“要诚实”的劝告。在许多问题上反躬自问都意味着承担责任。而反躬自问本身就是迈向自我实现的一大步。这种责任问题很少有人研究过。在我们的教科书中没有这一问题的地位，谁会研究白鼠的责任呢？可是，在心理治疗中，这几乎是可以触摸到的一部分。在心理治疗中，你能看到它，感觉到它，能知道责任的分量。于是，对于责任是怎么一回事便有了清楚的理解。这是重要的一步。每次承担责任就是一次自我的实现。

第五，我们迄今所说的都是不带自我意识的体验，是做出成长选择而不是畏惧选择，是倾听冲动的声音，是成为诚实的和承担责任的人。所有这些都是迈向自我实现的步骤，都确保着美好生活的选择，当每次选择时刻到来时能一一做到这些小事的人，将会发现这些经验合起来就能达到更好的选择，在素质上对他是正确的选择。他开始懂得他的命运是什么，谁将是他的妻子或她的丈夫，他一生的使命是什么。除非一个人敢于倾听他自己，他自己的自我，而且时时刻刻都能如此，并镇静自若地说“不，我不喜欢如此这般”，否则他就不能为自己的一生做出聪明的抉择。

艺术世界在我看来已被一小群舆论操纵者和风尚制造者所把持，对于这些人我是有疑虑的。这是我个人的判断，但对于这样一些人来说它似乎是十分公平的，因为他们自认为有资格说：“你们要喜欢我所喜欢的，不然你们就是傻瓜。”而我们却告诉人们要倾听自己的志趣爱好。多数人不会这样做。当站在画廊里看一幅费解的彩画时，你很少会听见有人说，“这幅画很费解。”不久前在布兰代斯大学举行过一次舞会——一次圣诞舞会，放电子音乐、录音带，人们做一些“超现实的”和“颓废派”的事情。灯亮了，人人目瞪口呆，不知说什么好。在这种场合，大多数人会说几句俏皮话而不会说“我要想想这件事”。说老实话，这意味着敢于与众不同，宁愿不受欢迎，成为不随和的人。假如不能告诉来咨询的人，不论年长或年轻的，要准备自己不受人欢迎，这样的咨询师最好马上关门。要有勇气而不要怕这怕那，这是同一件事的另一种说法。

第六，自我实现不只是一种最终状态，而且是在任何时刻在任何程度上实现个人潜能的过程。例如，倘若你是一个聪明的人，自我实现就是通过学习变得更聪明，就是运用你的聪明才智。这并不是说要做一些遥远而不可企及的事，而是说要实现一个人的可能性往往要经历勤奋的、付出精力的准备阶段。自我实现可以是钢琴键盘上的手指练习，也可以是努力做好你想要做的事情。只想成为一个二流的医生，不是一条通向自我实现的正确途径。你应该要求自己成为第一流的，或要求自己竭尽你自己的所能。

第七，高峰体验是自我实现的短暂时刻。这是一些心醉神迷的时刻。你只能像刘易斯（C. S. Lewis）所说的那样，“喜出望外”。但你能设置条件，使高峰体验更有可能出现，或者逆设条件使它较少出现。破除一个错觉，摆脱一个虚假的想法，知道自己不善于做什么，知道自己的潜能是什么——这些也是构成发现自己的一部分。

几乎每一个人都有过高峰体验，但并不是人人都能够认识到这一点。有些人把这些小的神秘体验丢弃了。咨询师或超咨询师的任务之一就是帮助人们认识到这些微小入迷的时刻的到来。然而，一个人的心灵怎么可能在外部没有任何东西可以作为交流手段——

那里没有黑板——的情况下看到另一个人的隐秘心灵然后还要试着进行交流呢？我们不得不找出一种新的交流方式。我曾经实验过一种交流方式，并在《宗教、价值和高峰体验》的另一附录中以“狂喜的交流”为题做过说明。我认为这种类型的交流对于教育、咨询，对于帮助成年人竭尽所能地充分发展，也许要比我们看到教师利用黑板书写所进行的那种惯常的交流更为适合。假如我喜爱贝多芬并在倾听他的一曲四重奏中受到感动而你却什么也听不出来，我如何能让你去倾听呢？音乐是存在的，这很明显，但我听到美妙的旋律，你却无动于衷。你听到的仅仅是一些音符而已。我怎么能让你听出美来呢？这是教育中更重要的问题，比教你学ABC、在黑板上证明数学题或指点一只蛙的解剖更重要。后面提到的这一类事情对于两个人而言都是外部的。你有教鞭，两个人能同时看一个目标物。这种类型的教学比较容易，另一种教育要困难很多，但那是咨询师工作的一部分。这就是超咨询。

第八，弄清一个人的底细，他是哪种人，他喜欢什么，不喜欢什么，什么对于他是好的，什么是不好的，他正走向何处，以及他的使命是什么——向一个个体展示他自己——这意味着心理病理的揭露，这意味着对防御心理的识别，以及识别后找到勇气放弃这种防御。这样做是痛苦的，因为防御是针对某些不愉快的事建立的。但放弃防御是值得的。如果说心理分析文献没有教给我们任何别的东西，至少已使我们懂得压抑并非解决问题的上策。

去圣化（desacralizing）　让我说一说心理教科书中没有提到过的一种防御机制，虽然这对于今天的某些青年人来说是一种非常重要的防御机制，这就是“去圣化”。这些青年人怀疑价值观念和美德的可能性，他们觉得自己在生活中受骗了或受挫了。他们大多数人的父母就很糊涂，他们也并不怎么尊敬父母。这些父母自己的价值观念就是混乱的，他们看到自己孩子的行为仅仅限于吃惊而已，从来不惩罚他们或阻止他们做坏事。于是，你便看到一种情况，这些年轻人简直是鄙视他们的长辈——往往确有充分的理由。这样的年轻人已经由此得出一个泛化的结论：他们不愿意听从任何大人的劝告，假如这位长辈说的话和他们从伪善者的口中听到的一样就更不愿听从了。他们曾听到父辈谈论要诚实或勇敢或大胆，而他们又看到自己父辈的行为恰恰与此相反。

这些年轻人已经学会把人还原为具体的物，不看人可能成为什么，或不从人的象征价值看人，或不从恒久的意义看人。例如，我们的青少年已经使性“去圣化”。性无所谓，它是一件自然的事情。他们已把它弄得那么自然，使它已经在很多场合失去了它的诗意，这意味着它实际上已经失去了一切。自我实现意味着放弃这一防御机制并学会再圣化（resacralize）①。

再圣化 再圣化的意思是，愿意再次从“永恒的方面”看一个人，像斯宾诺莎所说的那样，或从中世纪基督教的统一理解中看一个人，那就是说，能看到神圣的、永恒的、象征的意义。即以尊敬的态度看待女性和以尊敬所包含的一切意义看待她们，即使是对待某个妇女也一样。另一个例子：一个人到医学院学习解剖大脑。如

① 我不得不拼凑这些词，因为英语对于形容好的人来说已经不适合了，英语缺乏表达某些美德的词汇，甚至还把本来很好的名词弄污了——例如“爱”。

果这位学生没有怀着敬畏之心并且缺乏理解，而是仅仅把大脑看成一个具体的实物，那么肯定会有某些损失。对再圣化开放，一个人就会把大脑也看作一个神圣的东西，看到它的象征意义，从深意一面来看它。

再圣化往往意味着一大套过时的谈论——“非常古板”，年轻的孩子们会这样说。然而，对于咨询师，特别是为老年人提供服务的咨询师（人到老年，这些有关宗教和生活意义的哲学问题就开始出现）而言，这就成为帮助人趋向自我实现的最重要途径。年轻人可能说这是古板，逻辑实证论者可能说这是无意义的，但对正处于这样的过程中而寻求帮助的人来说，这显然是非常有意义而且是非常重要的，我们最好是回答他，否则就没有尽责。

综上所述，我们看到，自我实现不是某一伟大时刻的问题。并不是说，在星期四下午四时，当号角吹响的时候，你就永远地、完完全全地步入万神殿了。自我实现是一个程度问题，是许多次微小进展一点一滴积累起来的。极常见的是，来访者倾向于等待某种灵感来临，使他们能够说，“在本星期四三时二十三分我们成为自我实现的人了！”能被选为自我实现榜样的人，能符合自我实现标准的人，不过是从这些小路上走过来的：他们倾听自己的声音；他们承担责任；他们是忠诚的；而且，他们工作勤奋。他们深知他们是何许人，他们是什么，这不仅依据他们一生的使命来说，而且也依据他们日常的经验来说。例如，当他们穿一双如此这般的鞋子时，他们的脚就会受伤，以及他们是否喜欢吃茄子，或喝了太多的啤酒是否整夜不露面，等等。所有这一切都是真正的自我所含有的意思。他们发现了自己的生物学本性，先天的本性，那是不可逆转的或很难改变的。

治疗的态度

以上所说的是人在趋向自我实现时的行为表现。那么，咨询师是何许人呢？他如何能帮助来求助的人朝着成长的方向运动呢？

探求一个合适的模型。我曾用过“疗法”“心理疗法”和“患者”等词。实际上，我厌恶这些词，我厌恶这些词所表达的医学模型，因为医学模型的意思是说，来找咨询师的人是一个有病的人，受不适和疾患的困扰，是来寻求治疗的。实际上，当然，我们希望咨询师是一位帮助促进人的自我实现的人，而不是一位帮助治好一种疾患的人。

我们必须放弃帮助的模型：它也不那么合适。它使我们把咨询师设想为一位专家，他懂得一切并从他高高在上的特权地位走到下面可怜的蠢人中，这些蠢人什么也不懂而不得不以某种方式接受帮助。咨询师也不可能是一位教师，一位通常意义上的教师，因为教师的训练和擅长是“外在的学习”。而通往最佳境界的成长过程需要通过“内在的学习”来实现。

存在主义治疗师曾力求解决这一模型问题，我愿推荐布根塔的著作——《对真实的探求》，作为对这一问题的一种讨论。布根塔建议我们把咨询或治疗称为“ontogogy”，意思是试着帮助人成长到竭尽他们所能的高度。或许这比我曾建议的词更好些，我建议的词来自一位德国作者，它是“psychogogy”，意思是心灵教育。不论我们用哪一个词，我认为我们最终必然达到的概念都将是阿德勒很久以前就提出过的一个概念，即他所说的“哥哥”。哥哥是承担责任的人，正如一位哥哥对他幼小的弟弟所做的那样。自然，哥哥懂得的多些，他年长了几岁，但他没有什么质的不同，也不属于另一种推理的范畴。聪明而亲爱的哥哥试着促使弟弟进步，并试着使弟弟胜过自己，在弟弟自己的生活方式中得到更好的发展。这和“教导无知者”那种模型多么不同！

咨询关心的不是训练，也不是塑造或普通意义上的教导，不是告诉人应该做什么和如何做，也不从事宣传。它是一种“道家的”启示和启示后的帮助。“道家的”意味着不干预，“顺其自然”。道家不是一种放任哲学或疏忽哲学，不是拒绝给予帮助或关怀。作为这一过程的一种模型，我们可以设想这样一位医师，如果他是一位不错的医师并且也是一个不错的人，他决不会梦想把自己的想法强加于患者或以任何方式进行宣传，或试图使一位患者模仿自己。

好的临床医师所做的是帮助求助者弄清并破除那些针对他自己的自我认识的防御机制，恢复他自己，理解他自己。理想的情况是，医师那一方的参照系统，如他曾读过的课书，他曾上过的学校，他对世界的信念——这些都绝不要让患者觉察到。尊重这个“小弟弟”的内在本性、本质和精华所在。他会认识到，让他达到美好生活的最佳途径就是更充分地成为他自己。我们称所谓“有病”的人是那些尚未成为他们自己的人，是针对人性树立起各式各样神经质的防御机制的人。正如对于玫瑰丛来说不论园丁是意大利人还是法国人或瑞典人都一样，对于那个小弟弟来说帮助他的人是如何学会帮助人的也无关紧要。帮助他的人必须给予的是某些和他的身份无关的服务，不论他是瑞典人，还是天主教徒，或伊斯兰教徒，或弗洛伊德的信徒，不论何许人都一样。

这些基本概念包容着、蕴含着，而且完全符合弗洛伊德的和其他心理动力论体系的基本概念。自我的无意识受到压抑而真实自我的发现就在于揭露这些无意识的方面，这一项弗洛伊德阐明的原理，隐含的意思是相信真理能治病。学会破除自己的压抑、理解自己、倾听冲动的声音，揭示胜利的本性，达到真知、灼见和真理——这就是所需要的一切。

劳伦斯·库比不久前在《教育中被遗忘的人》这篇文章里提出一个观点，认为教育的一个根本目标就是帮助人成为一个人，尽他的可能成为一个完全符合人性的人。

特别是对于成人，我们并不是无能为力的。我们已经有了一个开始；我们已经有了一些能力和才能，有了方向、使命和职业。假如我们认真看待这一模型，现在的任务就在于帮助他们使已经具有的更加完善，使处于潜势的东西成为在事实上更充分、更真实、更现实的东西。

第二篇

创造性

第四章
创造性的态度

我觉得，创造性概念和健康、自我实现、完满人性等概念似乎越来越接近，而且最终也许会证明它们都是一回事。

我似乎不得不做出的另一个结论（即使我对已有的事实不完全肯定）是：创造性的艺术教育，更确切地说，通过艺术进行的教育，之所以说它特别重要，与其说是因为能造就艺术家或艺术产品，不如说是能造就更好的人。假如我们对教育人的目的有明确的认识，假如我们希望我们的孩子能变成人性完满的人，能逐步展现他们所具有的潜力，那么，据我所知，目前现存的唯一能发挥这种作用的教育就是艺术教育了。我之所以会想到通过艺术进行教育，并不是因为艺术能产生美的图画，而是我认为艺术教育很有可能会成为一切其他教育的范式。那就是说，假如我们认真对待并尽力去做，使艺术教育能达到我们某些人所期待的标准，而不是像现在这样被认为是十分脆弱和可有可无的东西，我们终将有一天能依据这一范式教数学、阅读和写作。我这里所指的是一切教育问题。这就是我对通过艺术进行教育感兴趣的原因——只是因为它似乎是潜在的有效教育。

我对艺术教育、创造性、心理健康等感兴趣的另一个原因，是我深深感到历史的发展出现了一个变化。我觉得我们当代与历史上任何时刻都不相似，当代生活比过去任何时候运转得都快得多。请想一想，各种事实、知识、技术、发明、工艺进步在发展速度方面的急剧增长吧。显然，这需要我们在对人的看法上、对人和世界的关系的看法上有所改变。

说得更直截了当些，我们需要一种不同的人。我觉得我必须比二十年前更为认真地看待赫拉克利特、怀特海德、柏格森的观点，他们强调世界是一种流动、一种运动、一个过程，而不是一种静止的状态。假设如此，今天显然要比1900年甚至1930年更为如此——那么我们就需要一种不同的人才能在一个永远不断变化而不是静止不动的世界中生活。对于教育事业我可以更进一步说：讲授事实有什么用？事实这么快就变得过时啦！讲授技术有什么用？技术也很快就过时啦！甚至工科学校也由于有这样的认识而变得四分五裂。例如，麻省理工学院已不再把工程学仅仅作为一系列技艺来讲授了，因为工程学讲授过去所学的几乎一切技艺现在都已经过时了。今天学习怎样制造马车鞭子是毫无价值的。我了解到，麻省理工学院某些教授所做的是放弃念过去的真经，宁愿尝试去创造一种崭新的人。这种崭新的人能随遇而安，能以变化为乐，能即兴创造，能满怀自信、力量和勇气地应对他们毫无思想准备时面临的情境。

今天甚至每件事都在改变：国际法在变，政治在变，整个国际舞台在变。人们在联合国中彼此从不同的世纪出发讨论问题。某人依据十九世纪国际法发言，另一位则完全不同，依据不同世界的不同原则回答。事情就是变得那么快。

回到我的题目上来。我所谈论的是如何使我们自己转变为一种新人，这种新人不需要净化世界，不需要冻结世界使其稳定，他们不需要做前辈所做的事，他们能满怀信心地面对明天，虽然他们不知道什么将要降临，什么将会发生，但对自己有足够的信心，相信自己能在从未出现过的情境中即兴演出自己的节目。这意味着一种新型的人，“赫拉克利特型”，你也许会这样说。能造就这种人的社会将生存下来；不能造就这种人的社会将会灭亡。

你会注意到我十分强调即兴和灵感，而不是从已完成的艺术活动和伟大的创造活动这些有利地位出发去探讨创造性问题。实际上，我今天甚至不想从任何已完成的产物出发来探讨这个问题。为什么如此？因为依据对创造过程和创造性个体的心理分析，我们现在已经相当明确地了解到，必须将原发创造性和次级创造性进行区分。原发创造性或创造性的灵感阶段应该与灵感的发挥和发展阶段进行区分。这是因为后一阶段不仅强调创造性，而且在很大程度上还依赖单纯的艰苦作业，依赖艺术家的日常训练来完成，他或许要花费半生的时间学习使用工具，学习技巧，熟悉素材，直到他终于有了足够的准备，能够充分表达他的所见。我敢肯定，许多人曾在夜半醒来时有灵感闪现，这些灵感告诉他们想写某一小说，或某一剧本，一首诗词，或想做不论什么事情，而大多数这些灵感从未达到任何成就。灵感是很多的。在灵感和最终成就之间的距离，例如，在灵感和托尔斯泰的《战争与和平》之间的距离，是很庞大的艰苦工作，大量的训练，大量的修养，大量的指间练习、实践和重复，以及初稿的重来等。那么，第二类创造性所需要的美德，即与产生实际成品、伟大绘画、伟大小说、桥梁、新发明等有关的美德，对其他品质——顽强、耐性和艰苦作业等——的依赖程度也像对于人格的创造性的依赖一样。因此，为了保持论述范围的纯净，你也许会说，我必须集中注意这一最初灵感闪现时的即兴创作，并暂时不去考虑它会变成什么，尽管我们承认很多灵感都会夭折。部分因为这个缘故，要研究创造性的这一灵感阶段，最好以幼童作为被试，他们的发明才能和创造性大都不能称为产品。当一个小男孩自己发现十进制时，这可能是一个灵感的高峰，一个创造的高峰，我们决不能因为某一先验的定义说创造性应该有社会效用，或它应该是新颖的，或应该是前人从未想到过的，等等，就把它（这一创造的高峰）撇在一边。

因为同样的缘故，我已决定不再把科学的创造性当作一种范式，而宁愿利用别的例子。现在进行的许多研究都是有关科学家的创造性，这些人已被证明是有创造力的，他们是诺贝尔奖获得者、大发明家，等等。难题在于，假如你熟悉许多科学家，你很快就会知道这个标准有些不对，因为科学家作为一群人通常并不如你期望的那样有创造力。这也包括那些曾经有过发明创造的人，那些发表过著述、促进了人类知识发展的人。实际上，这并不难理解。这一发现与其说能使我们对创造性的性质有所认识，不如说它仅仅说明了有关科学性质的一些问题。假如我说得有趣些，我甚至要说科学是一种技术，利用它，没有创造力的人也能创造。这绝不是取笑科学家。我觉得，科学是一种奇妙的事物，能迫使缺乏创见的人为伟大的事业服务，尽管他们自己不是大人物。科学是一种技术，是社会化和制度化的，以至于并不聪明的人掌握了它也能为知识的进步发挥作用。这是我对它所说的尽可能极端和激烈的评语。由于任何一位科学家都不能脱离历史的怀抱，都只能站在许多前人的肩膀上，成为一个大型篮球队的一员，成为一大群人的一员，因此他自己的缺陷可能显露不出来。他变得值得尊崇，值得敬重了，因为他参与了一项伟大而值得尊敬的事业。因此，当他发现了什么的时候，我知道这不过是一种社会制度的产物，一种协作的产物。即使他没有发现它，别人也会很快做出这一发现。因此，我觉得，选择科学家，尽管他们有过创造，仍不能作为研究创造理论的最好对象。

我还相信，除非我们认识到几乎所有我们沿用的创造性定义和创造性例证都是男性的定义或男性的产品，否则我们就不能说在彻底地研究创造性。我们几乎完全没有考虑女性的创造性，仅仅因为简单语义学的方法只把男性的产品说成是有创造性的而完全忽视了女性的创造性。我近来已经懂得（通过我对高峰体验的研究）应该注意把女性创造性作为一个很好的研究领域，因为它较少涉及产品，较少涉及成就，较多涉及过程本身，涉及进行中的过程而不是明显胜利和成功的巅峰。

这是我要谈论的问题的背景。

我现在想解开的谜是由观察提出的：为什么有创造力的人，在创造激情的灵感阶段，会丢掉过去，不思未来，而仅仅生活在当下？他付出了一切，深深迷恋并全神贯注于现在，沉湎于当前，一时一刻也不离开当下的问题。或者让我引用阿什顿—沃尔纳的《老处女》中一句完美的话来形容这种情境。那位教师倾心于教她的学童新的阅读方法，说："我完全沉迷于当下了。"

变得"沉迷于当下"的这种能力，对于任何一种创造性来说似乎都是绝对必要的条件。但创造性——无论在何领域中——的某些先决条件也在一定程度上和这种变得无时间，无自我，置身于空间、社会、历史之外的能力有关系。

事情开始变得非常明显了，这种现象已成为神秘经验这一提法的一种冲淡了的、世俗化的、常见的称谓，它经常被提到，已变成赫胥黎所说的常存的哲学。在各种文化中，在各个时代，它被多多少少染上了不同的色彩，而它的实质总是能被认出的——因为本质上是一样的。

它总是被描绘为自我的丧失，或有时被描绘成自我的超越。有一种被观察到的"实在"的融合（我应说得更中性些，和眼前的问题的融合），在两重性存在的地方成为同一的、一种自我和非我的结合。普遍的说法是有一种对隐蔽真理的觉察，一种严格意义上的启示，一种面纱的脱落，而最后，几乎总是如此——全部经历被体验为幸福、心醉、欣喜若狂，兴奋昂扬。

这一震撼人心的体验经常被认为是超越人的，超越自然的，比任何可以设想的人间事物要伟大得多，以至于它的来源只能归因于超越人类，这不足为奇。这样的“启示”往往被用来作为各种“神学启示”宗教的基础，有时是唯一的基础。

但现在，甚至这一在所有体验中最非凡的体验也已经被列入人类经验和认识的范围。我对我称为高峰体验的研究和拉斯基对她称为心醉神迷状态的研究，完全是不谋而合地做出的，而且都证明这些体验是十分自然的，很容易调查的。另外，和我这里所说的问题直接有关的是，当他们在最充分地认识自己时，最成熟和最展开时，最健康时，总之一句话，在人性最完满时，正如也能说明人在充分发挥作用时的其他方面一样，它们能向我们说明有关创造性的许多问题。

高峰体验的一个主要特征正是对眼前问题的完全着迷，沉湎于当下，超脱于时空。我同时觉得，高峰体验研究使我们懂得的道理也能十分直接地转移到对当下的体验、对创造态度的理解中。

我们不必把自己限制在这些异常而又极端的体验中。尽管现在似乎已很清楚，只要他们进行了足够深刻的回忆而我们的访谈又很适当，几乎所有的人都报告出现过狂喜的时刻。我们还能提及高峰体验最简单的变式——入迷、集中注意，或沉湎于十分有趣到完全吸引我们注意的任何事物。我不仅是指伟大的交响乐或悲剧，这样的效果也能由一场扣人心弦的电影或侦探故事或仅仅变得专心于自己的工作来达到。从我们都有过的这样普通和熟悉的体验开始谈起是有好处的，因为这样我们能得到一种直接的感受、直觉或移情，也就是能获得一种直接的经验，即关于思想家“高级”体验的朴素变式。起码我们能避免那种时髦的、飘浮在高空的、含有隐喻而极端晦涩的词汇，那些词汇在这一领域是很常见的。

那么，什么是当时发生的事情呢？

放弃过去 观察当前问题的最好办法是把你得到的一切都敞开，研究它和它的性质，认识它们内部固有的相互关系，从问题自身发现（而不是发明）答案。这也是鉴赏一幅画或在治疗中倾听一位患者的最好方法。

另一种办法仅仅限于回顾过去的经验、过去的习惯、过去的知识，找出当前情境在哪些方面和过去某种情境类似，即，对问题进行归类，然后把过去类似问题的有效解决办法用于现在。这就像一位档案文书的工作。我曾称之为“成规化”。只要现在的情境与过去类似，这种办法确实有效。

但显然，只要眼前的问题和过去不同，这种办法就不起作用了。这时档案文书法不灵了。当他面对一幅不熟悉的画时，他匆匆回顾他的艺术史知识，想忆起当时的反应是怎样的。这时他自然很少注视那幅画。他所需要的只是名称或风格或内容以便他能做出迅速的推算。于是他欣赏它，如果他假想过去也欣赏；或他不欣赏它，如果他假想过去也不欣赏。

在这样的人中，过去是一个无生气的、未经消化的异物，是一个他随身携带着的东西。但它还不是他本身。

更准确地说，只有当过去已经再造了人，已经被现在的人吸收时，它才是积极的、活跃的。它不是或不应该是他身外的什么东西、和他相异的某物。它现在已经变成人（已经失去它自身作为另一种不同物的特性），正如过去我吃的牛排现在是我而不是牛排一样。消化了的过去（经过吸收而同化）和未经消化的过去是不同的。这就是莱温所说的“无历史的过去”。

放弃未来 往往我们利用现在的目的不是为了现在而是为了准备应付未来。请想一想，我们在一次谈话中多么经常地假装倾听对方而实际上在暗中准备我们自己要说的话，也许是排练着，计划着一场反击。请想一想，当你得知你要在五分钟内对我的意见做出评论，你的态度会是怎样的不同。要成为一个好的、充分的聆听者将是多么困难啊!

假如我们充分地聆听，充分地观察，我们就会放弃这种“为未来进行准备”的做法。我们不会把现在仅仅作为达到未来某一目的的一种手段（这样做就贬低了现在）。很明显，这种忘记未来的态度是充分关注现在的先决条件。同样明显的是，“忘记”未来的一个好办法是不担心未来。

自然，这只是“未来”概念的一种含义。我们自身内部的未来，我们当前自我的一部分，完全是另一回事。

单纯 这是指一种认识和行动的“单纯”。这一类品质常被认为只有很高创造性的人才有。他们被描绘为裸露在情境中，无矫饰的，没有先验的期望，没有“应该”或“必须”，没有风尚、时尚、教条、习惯，或其他先入为主的想法，认为什么是正当的、正常的、正确的等，随时准备接受发生的任何情况而毫不惊讶、震惊，毫不恼怒或拒绝。

儿童更有能力以这种无所求的方式承受一切。聪明的老年人也如此。现在，当我们变成“当下”时，我们所有的人也都能在这样的方式中变得更单纯。

意识的收缩　我们现在变得很少意识到除眼前问题以外的任何事物。这里非常重要的是我们减少了对他人的觉察，对他人对我们的约束和我们对他人的约束的觉察，对义务、责任、恐惧、希望等的觉察。我们变得更加脱离了他人，这又意味着我们更多地成为我们自己，成为我们真实的自我（霍妮的用语），成为我们真诚的自我，我们真正的本性。

之所以如此，是因为我们脱离真实自我的根源在于我们和他人的神经症牵连，那是来自童年期的历史遗留物，是荒谬的移情。在这种牵连中，过去和现在混淆不清，成年人仍像孩子般的动作。（顺便说一下，孩子像孩子般动作是完全正确的。他对他人的依赖可以是非常真实的。但是，毕竟他会长大而不再需要依赖他人。害怕爸爸要说什么或做什么肯定是不必要了，因为爸爸早已入土了。）

一句话，在这样的时刻，我们变得更能摆脱他人的影响。因此，虽然这些影响曾经波及我们的行为，但它们现在已不起作用了。

这意味着摘除面具，停止影响他人，中止引人注意、讨好他人、成为可爱的人、赢得赞许。可以这样说：假如我们没有观众，我们就不再当演员。没有必要去表演，我们将能忘我地献身于解决问题中。

自我的丧失：忘我，自我意识的丧失　当你完全沉湎于非我中时，你会变得较少意识到你自己，较少自我觉知。你较少像一位旁观者或一位批评家那样观察你自己。用心理动力学的语言说，你变得比平常较少分裂了，不是分裂为自我观察的我和体验的我，而是更接近于成为全身心体验的我（你会失去少年的羞怯和忸怩，不再有被人观察的难堪意识，等等）。这又意味着更一致、更统一和人的更高整合。

它还表示对体验少批评，少杜撰，少评价，少选择和排斥，少判断和衡量，少分割和分析。

这种忘我是发现一个人的真正本性的途径之一，是发现个体的真实自我、真诚性质、深刻性质的途径之一。它几乎总是给人以愉快和满意的感受。我们无须再进一步讨论，像佛教徒和东方思想家那样谈论“万恶的我”，但他们的说法确实有些道理。

（自我）意识的抑制力量 在某种意义上，意识（特别是自我意识）在某些时候能以某种方式起抑制作用。它有时聚焦了怀疑、冲突、恐惧等。它有时是自发性和表现性的抑制者（但对自我的观察对于治疗是必需的）。

这样说也是正确的，即某种自我觉察、自我观察、自我批评——即对自我的观察——对于“次级创造”也是必需的。以心理治疗为例，自我改善在一定程度上是一个人对进入意识领域的体验进行批评的结果。精神分裂的人有许多领悟体验，但不能在治疗上利用这些体验，因为他们有太多“总体体验”而缺少“自我观察和批评”。在创造性的工作中，同样，“灵感”阶段之后需要规范的构建工作。

畏惧消失　这表示我们的畏惧和焦虑也会消失。我们的抑郁、冲突、矛盾心理，我们的烦恼，我们的问题，甚至我们肉体的痛苦也一样。甚至——暂时地——我们的精神病和神经症也会消失（假如它们不那么严重，不妨碍我们对眼前问题变得深感兴趣并沉湎其间）。

在这样的时刻，我们是勇敢而自信的，无畏惧、无焦虑、无神经症、无疾病的。

防御和抑制的减轻　我们的抑制也会消失。我们的戒备，我们的（弗洛伊德所说的）防御和对我们冲动的控制（刹车），以及对危险和威胁的防御也一样。

力量和勇气　创造性的态度既需要勇气又需要力量。大多数对有创造性的人的研究报告有一种或另一种勇气的变式：顽强、独立、自足、一种傲气、性格的力量、自我的力量，等等；而受欢迎成为较次要的因素。在创造性态度中，畏惧和软弱被逐出，或较少出现。

我觉得创造性的这一方面似乎变得更好理解了，只要我们把它看作当下忘记自己和忘记他人这一综合特征的一部分。这样一种状态在本质上意味着较少畏惧，较少抑制，不需要防御和自我保护，较少戒备，不需要矫饰，不怕嘲笑、羞辱和失败。所有这些特征都是忘记自己和忘记观众的一部分。“专心”逐出畏惧。

或者我们能以一种更肯定的方式说，变得更有勇气使一个人自己更容易受到神秘、不熟悉、新颖、分歧与矛盾、不寻常与出乎意料等事物的吸引，而不是变得多疑，顾虑重重，戒备森严，或不得不使用减轻焦虑和防御的手段。

接受：肯定的态度 在沉湎于当下和忘我的时刻，我们又很容易在另一种方式中变得较多“肯定”而较少“否定”，即，我们倾向于放弃批评（杜撰、挑拣和选择、改正、怀疑、改善、质疑、拒绝、判断、评价）。这似乎是说，我们接受了。我们不拒绝，或不非难，或不进行有选择的挑挑拣拣。

不阻拦眼前问题也就是让它进来冲击我们，让它显露出它的意愿，让它走自己的路，让它成为它自己。我们甚至能赞同它的本来面目。

这样做，更容易在谦虚、不干预、承受的意义上成为道家式的人。

信赖同考验、控制、力争相对立。以上我们所说的一切包含一种对自己和对世界的信赖态度，它容许暂时放弃紧张和力求，意志力和控制，有意识的对付和尝试。容许对眼前问题的固有性质做出决定，此时此地必然含有松弛、等待和接纳的成分。试图统治、支配和控制的努力和一种对事情的真正妥协或真正领悟（或对问题，或对人）是对立的。涉及未来的问题时更是如此。我们必须信赖自己面对未来新事物时的应对能力。就是说，我们能看得更清楚，信赖包含自信、勇气、对世界无所畏惧。很清楚的是，这种我们自己对未知未来的信赖是一个条件，使我们能完全地、赤裸裸地、全心全意地转向现在。

（有些临床的例子可能有助于说明问题。分娩、小便、大便、睡眠、在水中漂浮、性顺从都说明，紧张、力争、控制不得不让位于松弛、信赖、相信应该让事情顺其自然。）

道家的接受　道家的学说和接受两者的含义都很丰富，这些含义都很重要，但也相当复杂，除非用修辞手段否则很难说清楚。道家对于随之出现的创造性态度有过一些细致的说明，许多讨论创造性的作者曾一再转述过，有时这样解释，有时又那样说。但每一个人都同意，在创造性的始发或灵感阶段，某种程度的接受、不干预或“任其自然”在叙述上是有特征可寻的，在理论上和动力学上也是必要的。我们现在的问题是：这种接受或“任随事物发生”和当下的沉湎与忘我有怎样的关联?

首先，用艺术家对自己作品的尊重作为一个范例，我们可以说，这种对眼前问题的尊重态度是一种谦恭和敬意（没有任何进行控制的想法侵扰），类似于“认真地对待它”。这等于把它作为一种目的，作为某物自身看待，承认它有自身的权利，而不是作为达到某种目的的手段，作为达到某一外部目标的工具。我们对于它存在的尊重态度包含着对它的尊重。

这种谦恭或敬意也可用于对待问题、对待材料、对待情境，或对待人。有一位作者曾称这种态度为遵从（顺从、服从）事实的权威，遵从情境的规律。更进一步说，从仅仅容许“它”作为它自己到一种亲爱的、关怀的、赞许的、欢欣的渴望，就像对自己的孩子、爱人、树木、诗词或玩赏动物那样，渴望它作为它自己那样的存在。

这样的态度对于观察或理解眼前问题的内容是必需的，它有助于理解问题的性质和问题的样式，无须我们的帮助，无须把我们自己强加于它，就像我们要倾听另一个人低声耳语时必须默不作声安静下来一样。

这种对于他人或物的存在的认知（存在认知）在第九章中有充分的说明。

存在认知者的整合（与分裂相对） 创造性活动倾向于成为整个人的活动（通常如此），它这时是最整合的，统一的，一体化的，一个指向的，全部组织在为迷人的眼前问题服务的。创造性因此是系统化的，是整个人的整体（或格式塔），它不像一层油彩那样涂在机体上或像细菌的侵入那样。它是分裂的对立面。当下的完整是较少分裂而较多一致的。

容许探究始发过程 人的整合过程的一部分是无意识、前意识，特别是始发过程的恢复（或诗的、隐喻的、神秘的、原始的、古代的、儿童般的东西的再现）。

我们有意识的理智是太过分析性了，太理性、太数量化、太原子论、太概念化了，因此，它丢掉了大量的现实，特别是不能领会我们自身内部的现实。

审美的观察而不是抽象 抽象活动是较主动和较多干预的（较少道家的），较审美态度而言有更多选择和拒绝。审美是品味、享受、欣赏、关切，它的方式是不干预、不侵扰、不控制。

抽象的终端产物是数学方程、化学公式、地图、图解、蓝图、草图、概念、抽取的轮廓、模式、理论体系，所有这些都距离原始的现实越来越远。审美观察的、非抽象观察的终端产物是知觉清单，其中的每一件东西都很容易获得同等的品位，而重要性高低的评价是不受重视的。我们在这里寻求的是知觉印象的更加丰富多彩，而不是更多的简化和节略化。

对于许多糊涂的科学家和哲学家而言，方程式、概念或蓝图已经变得比现象学的现实自身更真实了。幸亏现在我们已能解决，具体的东西和抽象的东西是相互影响和相互补充的，没有必要贬低其中一个或另一个。就当前的情况而言，我们这些西方的知识界人士最好调整一下现在的天平，强调一下具体的、审美的、现象学的、非抽象的方面，认识到现象的一切方面和细节，现实的全部丰富内容，包括它的无用部分，因为我们在对现实的描绘中曾过于看重抽象的方面了。

最完满的自发　假如我们完全将注意力集中于眼前的问题，由于它本身的缘故而对它入迷，心中不再有其他的目标或目的，我们便更容易成为充分自发的人，充分发挥作用的人，任我们的能量从内部自如地流出，自动地流出，无须努力，无须自觉的意志或控制，就像一种本能一样，自动地、无思想地作用着，即，达到最完满的、最少障碍的、最有组织的活动。

它们的有组织状态和眼前问题的一个主要决定因素很有可能就是眼前问题的固有性质。我们的能力于是最完善、最迅速、最不费力地适应于情绪，当情境改变时能灵活地改变，就像一位画家不断地使自己适应发展着的绘画要求，像一位摔跤运动员使自己适应他的对手，像一对舞伴娴熟地相互配合，像水流入缝隙和洼地。

（对独特性）最充分的表达　充分自发是忠实表现自由活动的机体及其独特性与风格的一个保证。两个词——自发和表现，都含有忠实、自然、真实、无矫饰、非模拟等意思，因为它们也含有非工具性的行为，没有有意的“尝试”，没有费力的争取或紧张，对于冲动和深刻人格表现为不加干预。

现在仅有的决定因素只剩下眼前问题的固有性质和人的固有性质，以及两者之间起伏波动相互适应的根本需要，需要形成一种融合，一个单元，例如，一支优秀的篮球队，一场弦乐四重奏。这一融合情境以外的任何东西都是无关的。这不是一种达到任何外部目的的手段，它自身即目的。

人与世界的融合 我们已升华到人与世界融合的高度，它常常是创造性中一个可观察的事实，而现在我们有理由认为这又是一个必不可少的先决条件。我想，我曾拆开并讨论的这个关系网络能帮助我们更好地理解，这种融合是一个自然的事件，而不是什么神奇奥秘的东西。我想，假如我们把它理解为一种同型现象，一种相互影响的模型，一种越来越密切的相合或互补，一种融化成为的一体，它甚至是可以用科学方法进行研究的。

这有助于我理解河库塞所说的话：“假如你想画一只鸟，你必须变成一只鸟。”

第五章

创造性——整体论的研究

我非常有兴趣地比较了创造性领域现在的研究情况和二十五年前的情况。首先我想说，其积累的资料总数——纯粹研究著述的数量——已远远超过了任何人的合理期望。

我的第二个印象是，和这一领域中的方法、精细测验技术以及纯信息量的大量积累比较，这一领域的理论进展不大。我想提出关于理论的问题，即，有关这一研究领域中的概念化方面有些什么问题使我不安，并说明这些使我不安的概念化问题的不良后果。

我想，最重要的问题是我的一个印象，创造性领域中的思考和研究大都太原子论、太特殊了，而不像它能够成为和应该成为的整体论的、机体论的或系统论的研究。

当然我在这里并不想进行任何愚蠢的二歧或非此即彼的争论。我不想表示对整体论的任何虔诚或对解析或原子论的任何敌意。对于我，问题在于如何使它们达到最佳整合，而不是在它们之间进行选择。避免非此即彼选择的一个途径是利用皮尔逊的旧分辨法，他曾将一般因素（G）和特殊因素（S）进行区分，两者都成为智力以及创造力的构成因素。

当我阅读创造性问题的文献时，我深感这一问题和精神病学的健康或心理学的健康之间有非常关键、非常深刻、非常重要和非常明显的关系，但它却没有被作为建立理论的基础。例如，在心理治疗、创造性这两类研究中，我们可以说他们之间很少有什么联系。我的一个研究生，理查德·克莱格曾发表过一篇我认为非常重要的文章，说明确实存在着这样一种关系。托兰斯的著作《重要的创造才能》中曾以表格形式列出全部已被证明和创造性有相关关系的人格特征，这是我们大家都有深刻印象的。他认为有三十个或更多的特征是显著有效的。克莱格所做的是把这些特征记录在表中，在相对应的栏中列出我曾用于描述自我实现者的特征（这些特征和其他人用于描述心理健康的项目有相当多的重叠，例如，罗杰斯的“充分发挥作用的人”，或荣格的“个性化的人”，或弗洛姆的“自主的人”，等等）。

到处都存在着重叠。在三十或四十个项目的表单中只有二或三个特征没有用来描述心理健康的人，它们也只是中性的。没有一个特征是属于对立面的，结果是，我们大致可以说，接近有四十或三十七八个特征和心理健康的特征是相同的——它们补充了心理健康或自我实现的综合特征。

我引述这篇文章作为讨论的起点，因为我坚信：创造性的问题就是具有创造力的人的问题（而不是创造性产物、创造性行为等的问题）。换句话说，他是一种特定的或特殊的人，而不只是一种老式的、平常的人，即使他现在获得了一些外部的东西，现在学会了一种新的技巧如溜冰，或积累了更多的经验，这些外部的东西虽然属于他“所有”，但并非他所固有，并非他的基本性质。

假如你认为那种人，那种有创造力的人，才是问题的本质，那么你面临的问题就成为人性转变、性格改变、整个人的充分发展的问题。这又把我们带入世界观的问题中，带入人生哲学、生活方式、伦理准则、社会价值等问题中。这和那种特别的、因果的、压缩的、原子的理论概念，研究和训练，形成了尖锐的和直接的对照，这一类说法我常常听到，例如：“创造力的起因是什么？”“我们能够做的最重要的、最特别的事情是什么？”“我们是不是应该在课程表上添上一门三学分的创造性课程？”我甚至料想很快就会有人问“它的定位是什么？”或试图插入电极促进它或抑制它。在我和研究与发展中心的人商榷工业问题时，我有过强烈的印象，发现他们总是寻求能发动创造性的秘密按钮，像灯的开关那样。

怎样才能得到有创造力的人呢？我的看法是：可能有成百和几乎成千的创造力决定因素。任何促进人向心理更健康或人性更完满发展的事物都等于是在改变着整个人。这一更人性、更健康的人能产生成倍、成百、成百万各种不同的行动、经验、观察、传达、教导、工作等，种种不同的行为都将是更有“创造性”的。他那时将简单地成为另一种人，这种人的各个不同方面都表现为不同的行为方式。于是，它有别于那种独一无二的、将特定产生更多创造性的按钮、机关或三学分的课程，这一更整体论、更机体论的观点将提出一个问题，这个问题更有可能得出一个答案："为什么不应该是每一门课程都有助于培养创造性？"当然，这种对人的教育应该有助于创造一种更佳类型的人，能促使一个人长得更大、更高、更聪明、更有理解力（更敏感）——附带地，也自然会使他在生活的各个方面更有创造性。

我头脑中突然出现一个例子。我的一位同事，狄克·琼斯，写过一篇博士论文，我认为从哲学观点看这篇论文是极其重要的，但它并未得到足够的重视。他对高中高年级学生进行了一种团体治疗，并在年终时发现种族偏见下降了，尽管一整年他都严守自己订立的规约，避免提到这一类词句。偏见不是按一下按钮就能创造出来的。你无须训练人染上偏见，你也不能真正直接地训练他们"消除偏见"。我们曾经实验过，没有得到很好的效果，但偏见的消除像火花一样从轮盘上飞过，作为变成一个更好的人的副现象、副产品，不论是由于心理治疗还是其他能改善人行为的影响。

大约二十五年前，我曾对创造性进行过调查研究，我的方法和传统的科学（原子论的）方法非常不同。我不得不发明整体论的交谈法。我试图去了解每一个人，尽我的可能进行深入、深刻、充分的了解，直到我觉得对于他们作为一个整体的人（作为独特的、个别的人）有了真正的理解。这像是在获取整个生活和整个人的非常充分的历史材料而不是为了特定的课题或问题，就是说，不是抽取这个人的某一方面而不涉及另一方面，而是在进行个案研究。

但正因如此该研究才能成为法则研究，才能再问特定的问题，进行简单的统计，得出一般的结论。你能把每一个人都看作一个无穷大，而多个无穷大可以相加，百分数可以求出，正如无穷数也能运算一样。

你一旦以这种方式对于人的样本有了深刻、深入和个别的了解，某些在典型传统实验中不可能的操作就变成了可能。我有一个大约包括120人的被试名单，我花去了大量的时间仅仅为了对他们进行一般性的了解。之后，我又提出某一问题，回顾我的资料并得出答案，即使所有120人都过世了也能得出答案。这和就某一单独的问题所做的特定实验形成对照，在这种实验中将变动某一变量而所有其他变量假定“保持不变”（尽管我们自然都非常清楚，有成千的变量在经典的实验范式中只能假定受到控制而不是实际受到控制，更不用说保持不变了）。

假如允许我直率地提出质疑，我要说我坚信，因果方式的思维方法虽然在非生命世界中相当起作用，而且我们已经学会利用它解决人的问题并多多少少取得了一些成功，但作为一种普遍的科学哲学它已经死去了。我们绝不能再这样做，因为它只能引导我们进入特定的思维，即关于某一原因有某一后果和某一要素产生某一要素的思维，而不是使我们对那种系统的和机体的改变保持敏感，对于这种改变，我曾试图说明，据设想其中任何单一的刺激都将会改变整个机体，而改变的机体又会引起生活各个方面的行为改变（这也适用于社会组织构架，不论其大小）。

例如，假定你想到身体健康，又假定你问“你是怎样使人的牙齿好些的？”“你是怎样使他们的脚好些的？”或他们的肾、眼睛、头发等，任何一位医生都会告诉你，最好的办法是改善一般健康状况。就是说，你要改善一般因素（G）。假如你能改善饮食和生活方式等，那么这些办法将能一举改善他们的牙齿、肾脏、头发、肝脏、肠，以及其他任何器官，即整个系统都得到改善。同样地，按照整体论的看法，一般的创造性也是从整个系统出发，获得一般性改善的。而且，任何能产生更有创造力的人的因素也能使人成为一位更好的父亲，或更好的老师、更好的公民、更好的舞蹈家，或其他更好的什么人，至少达到和G因素的增强相应的程度。当然，接着还要有特定的（S）因素与此相加，才能把好的舞蹈家或好的作曲家和好的父亲区分开。

葛洛克和斯塔克写过一本讨论宗教社会学的好书，我愿将其推荐作为一种对这一类型原子论的和特定思维的相当高明而又合理的描绘。特定思想家、S–R（刺激—反应）思想家、因果思想家、“一因到一果”思想家正在步入一个新的领域，这两位作者就是这样做的。首先，他们当然觉得必须给宗教下定义，当然，他们不得不下定义说宗教是纯粹的、分离的，说它不是任何别的什么，进而把它孤立起来，和其他每一事物分割开。然后开始用亚里士多德的逻辑“A”和“非A”绕来绕去。“A”是所有的“A”，不是“A”以外的任何东西，它是纯粹的“A”。而“非A”是纯粹的其他事物，因此两者没有重叠，没有融合，没有结合，没有熔接，等等。原有的可能性（一切有深刻宗教思想的人都非常认真看待的）——认为宗教态度能成为任何行为的一个方面或一个特征——的确是一切行为的特征之一——在这本书的第一页上便消失了。这使他们能够继续前进并陷入一种绝对的、全盘的混乱，是我从未见过的一种美丽的混乱。他们钻进了死胡同，停留在那里，使宗教行为和所有其他行为完全分开，以致他们全书所讨论的都是外部行为——去教堂或不去教堂，节约或不节约小片的木料，对某件事或另一件事表示或不表示敬意——这样便把被称为小“r”（宗教一词英文的首字母）的宗教完全排除在全书以外，小“r”宗教指的是那些有深刻宗教思想而又可能和宗教机构、超自然现象、偶像崇拜无关的人的宗教态度和情感、情绪等。这是原子论思维的一例，我还有许多其他例子。在任何生活时刻，一个人都能进行原子论思维。

我们也能以同样的方式解释创造性，只要我们想那样做。我们能把创造性弄成一种主日行为，它出现在一间特定的房间内，一座特别的建筑物中，比如在一个教室里，并出现在某一特定的时间，如星期四。它只有在那个房间和那个时间而不是在任何别的时间和地点才是创造性。而且只有某些领域和创造性有关，如绘画、作曲、写作，而不是烹调或驾驶出租汽车或做水管工。但我愿再次提出，创造性是几乎任何行为都有的一个方面，不论是感知的、态度的、情绪的、意识的、认知的，还是表现的。我想，假如你以这样的方式研究它，你将能提出各式各样有趣的问题，如果你以另一种二歧化的方式研究创造性，这些问题将不会出现。

这有点像你学跳舞时可能采取的不同方式。大多数人在一个特定的社会中都要经过亚瑟摩雷学校的训练，先出左脚然后迈右脚走三步，这样一点一点地你经历了大量外部的、有意识的运动。但我想我们都会同意，我甚至可以说我们都知道，有助于学会跳舞的心理疗法就在于使你懂得它有诸多效用，其中之一是拥有很好的舞蹈动作，就是说，能更自由地跳，更优雅、不拘束、不抑制、不自觉、不渴求，等等。同样地，我想，好的、成功的心理治疗（而我们都知道也有大量蹩脚的心理治疗）在我的经验里也能增进一个人的创造性而无须你有意去培养，甚至无须你提及这个词。

我还可以提出我的一个学生所写的一篇论文，它发掘出一些完全出乎意料的事情。它的开端是关于生孩子的高峰体验，来自母性的欢乐等。但它接下去转了话题，因为谭泽夫人曾发现，当生孩子是良好或伟大体验的时候，会有各式各样奇妙的改变发生。那时，许多事情在那位妇女的一生中都将改变。它可能有宗教转变体验的一些味道，或有类似伟大启蒙的效果，或类似伟大成功的体验，它强烈地改变了那位妇女的自我意象，因而也改变了她的一切行为。

我还要说，这种一般的研究似乎是一种谈论“气氛”的高明而富有成效的方法。我曾试图制定非线性系统组织的体制并找出这种组织中出现一切良好效果的原因。我能说的一切只有一句话，是整个场所造成了一种促进创造性的气氛。我不能拣出某一种主要原因来盖过其他。有一种一般性的自由，像空气一样，弥漫全身，无所不在，而不是你在星期二做的某一件小事——一件特定的，可以和其他事件分割开的什么事情。能增进创造性的正确气氛、最佳气氛将是一种理想国度，或优美心灵的组织[①]，像我采用的名称那样。那将是一种社会，它是特地为促进所有人的自我实现和心理

① 指人本主义心理学家和健康研究者在美国各地建立的“优美心灵组织”，包括早期的交友小组等。

健康而设计的。这就是我的一般说明，“G”说明。在此范围内并以此为背景，然后我们才能用一种特定的“轮廓”，一种特定的格局，用“S”或特殊因素使某人成为一位优秀的工匠而另一个人成为一位杰出的数学家。但没有那个一般的社会背景，在一个不良的社会中（这是一种一般的制度论述），创造性就会较少出现。

我想，在这里治疗方面的类似道理对我们也是有用的。我们从对这一研究和思想领域感兴趣的人那里可以学到很多东西。例如，我们必须正视他们提出的问题，如什么是同一性？什么是真实的自我？治疗和教育在帮助人趋向同一性时应该做什么？另一方面，我们已经有了一个关于某种自我、某种特征的模型，它在一定程度上可以被设想为生物性的。它是体质的、气质的、“类似本能的”。我们是一个物种，我们不同于其他物种。假如是如此，假如你能接受这一模型而不是“白板”模型，不是把人作为纯黏土，可以铸造或强化成为任何预先设计的形状，像某一专断的控制者所要求的样子，那么你也必须接受作为揭示、解除束缚的治疗模型，而不是作为铸造、制造和塑造的治疗模型。这对教育也适用。由这两种关于人性的不同概念所构成的基本模型也是不同的——在教育、学习，在每件事上都不同。

那么，创造性是否是一般人类遗传的一部分呢？它确实经常会丧失，或被掩盖、被歪曲、被抑制，受到任何可能的阻碍，那么任务就在于揭示什么是所有婴儿生来就有的东西。我想，这是一个非常深刻、非常重大的问题，一个我们必须讨论的基本哲学立场问题。

最后，我愿再说一点，一个“S”问题，而不是一个“G”问题。我愿问一问，什么时候我们不想要创造性？有时，创造性能成为一种可怕的累赘。它能成为一种麻烦的、危险的、混乱的事情。我曾从一位“创造性的”研究助手那里理解到这一点，她把曾研究了一年以上的课题混淆了。她变得“有创造性”了，中途改变了全部事务，甚至没有跟我打个招呼。她搞乱了所有的资料，浪费了我一年的工作，弄得乱七八糟。我们要求火车基本上正点运行，要求牙医一般不要有创造性。我的一位朋友几年前做过一次手术，他还记得当时一直感到不安和担忧，后来他见到了他的外科医师。很幸运，医师是一位精细专心型的人，非常干净利落，一丝不苟，小络腮胡子，须发整齐，一位十分正规、有节制而清醒的人。我的朋友宽慰地长嘘一声——这不是一个“有创造性”的人，这是一位能进行规范的、惯常的、平凡手术的人，不会玩任何花样或实验任何新法或进行任何新的缝合手术等。我想，这不仅在我们的社会中是重要的，我们的分工要求我们听从命令，执行计划，不出意外。而且它对于我们每一个人都是重要的，不仅就我们作为有创造性的工作者来说是如此，而且作为研究创造性的学者来说也是如此。因为我们都倾向于神化创造性过程的一个方面：热情、顿悟、启示、好主意、夜半灵感的来临，并往往会低估随后几年的艰辛劳动，那是任何美妙想法要成为有用的东西都不可缺少的。

只从时间的角度看，美妙的想法确实只占我们时间的一小部分。我们绝大部分时间用于艰苦的工作。我觉得，我们的学生不懂得这个道理。这些麻木的孩子更多出在我的门下，可能是因为我的学生常常同意我的某些看法，因为我写过有关高峰体验和灵感等的文章，他们就觉得这是唯一的生活方式。生活没有每日或每时的高峰体验就不能算是生活，因此，他们不能做任何烦人的工作。

有一个学生告诉我，“不，我不想做这件事，因为它不能使我感到愉快！”于是，我涨红了脸，怒气上升，“什么话！你干，不然我开除你！”然而他认为我在践踏我自己的原理。我也认为，要对创造性进行更有分寸和更平衡的描绘，我们研究创造性的人必须对我们给予他人的印象负责。显然，我们给人造成的一个印象是，创造性像闪电在某一伟大而光荣的时刻击中你的头脑。有创造性的人也是优秀的工作者这一事实往往被忽视。

第六章
创造中的情绪障碍

当我着手研究创造性方面的问题时，它完全是一个学院的、教授课业的问题。近几年来我被调到大工业或像美军工程设计院这样的机构，这真是一件使我诧异的事。对于新部门的业务我一无所知，颇感不安，就像我的许多同事遇到这种事情时一样。我不敢肯定，我所做的工作和我得出的结论以及我们今日关于创造性的认识在当代大机构的形式中有多少用处。实际上，我能提供的一切都是悖论、问题和谜，而这时，我不知道，它们将如何得到解决。

我想，对有创造性的人员的管理是既棘手又重要的问题。我简直不知道该怎么解决这个问题，因为我要谈论的实质上都是一些不合群的人。我在工作中遇到的那种有创造性的人往往在一个机构中很容易和人发生摩擦，由于很怕再发生这样的事，他们一般都躲在一个角落或顶楼里独自工作。大机构中“不合群者”的地位问题，我以为，是这个机构的问题而不是我的问题。

这也有点像是试图调和革命的社会和稳定的社会，因为我所研究的人本质上是革命的，他们是背对着现存的东西、不满意现状的。这是一个新的尖端领域，我想我要做的仅仅是扮演研究者、医师和心理学者的角色，把所学的知识抛出来，把所有的看法提供出来，希望能对有关的人有点用处。

在另一种意义上这也是一个尖端领域，那是你们都得非常深入开发的——一个新的心理学尖端领域。我可以这样简单概括我的思想：在最近十年左右的时间，我们已经发现，原来我们真正感兴趣的那种创造性的根源，或真正新思想的产生，是深蕴在人性内部的。我们现在甚至还没有找到一个非常恰当的词汇可以代表它。假如你愿意，你可以用弗洛伊德的术语来谈论，即“无意识”；或用另一个心理学派的术语，你可以选择“真实的自我”作为话题。但不论哪一种情况，它都是一个更深层的自我。它的更深层次是在一种操作的方式中表现出来的，如心理学家或心理治疗家所看到的那样，即从你不得不挖掘它的意义上来说它是更深层次的。它的深蕴就像矿藏的深藏一样。它是深藏在地下的，你不得不奋力透过表层才能得到它。

说这是一个新的尖端领域是就大多数人对它的无知来说的，这样说还有一个非常特别的含义，在历史上从未提到过这个含义。这是某种我们不仅不知道的东西，而且还是我们怕知道的东西。那就是说，有对于知道它的“抗拒”存在。这就是我要试着说明的问题。我是在谈论我称之为始发创造性的东西，而不是次级创造性。始发创造性来自无意识，它是新发现之源，真正新事物之源，是离开现存东西的新思想之源。这是一种和我称之为“次级创造性”不同的东西。这是一种多产性，心理学家安娜·萝曾在一些新近的研究中做过证明，她在一组又一组的知名人物——有能力的、硕果累累的、发挥作用的著名人物中发现了它。例如，在一项研究中，她研究了《美国科学家全书》中带星号的生物学家。在另一项研究中，她又对美国的每一位古生物学家进行了研究。她能证明一个非常特别的悖论，我们都不得不涉及的问题，即，许多优秀的科学家在一定程度上也是心理病理学家或治疗师称之为相当刻板、相当拘谨的人，是对他们的无意识有所惧怕的人，像我上面提到过的那样。于是，你可能得出我曾得出的一项特别的结论。我现在已习惯于两类科学和两类技术的想法。假如你需要，科学能被定义为一种技术，运用它，没有创造性的人也能创造和发现，只要能和许多别的人一起工作，站在前人的肩膀上，小心翼翼地工作，等等。那就是我称之为“次级创造性”和“次级科学”的东西。

但我想，我能揭示来自无意识的始发创造性，我曾在我选出进行仔细研究的特别有创造性的人中发现过这种创造性。这种始发创造性极有可能是一种每一个人都有的遗传素质。它是一种共同的和普遍的东西。在所有健康儿童中肯定都能发现它的存在。它是任何儿童都具有而大多数人长大以后又会失去的那种创造性。它在另一种意义上也是普遍的，假如你以一种心理治疗的方式挖掘它，假如你探入人的无意识层，你就会发现它的存在。我只要向你提供一个例子，一个你们自己或许都体验过的例子。

你知道，在我们的梦中，我们能比在醒时的生活中有更多的创造性。我们能变得更聪明、更机敏、更大胆、更有独创性，等等。把盖子掀开，把控制去掉，把压抑和防御撤除，我们一般能得到比表面可见的更多的创造性。我最近曾走访我的一些精神分析家朋友，想了解他们解放创造性的经验。精神分析家的普遍结论，我敢肯定那也是所有其他心理治疗师的意见，是说通常可以期望一般的心理治疗能释放出治疗前没有出现的创造性。要证明它是非常困难的，但那是他们都有的印象。假如你愿意，可以称它为专家意见。那是从事这项工作的人的印象，例如他们曾帮助那些想写作却有心理障碍的人。心理治疗能帮助这些人解除、克服这种障碍，使他们重新开始写作，因此，一般的经验是：心理治疗，或深入这些通常受到压抑的深蕴层，能使一种我们大家都有但又失去的遗传素质得到释放。

有一种形式的神经症能使我们在突破这一问题中学到许多东西，而且它是一种容易理解的事情。我想首先谈谈它，我指的是强迫症。

有这种神经症的人是刻板的、封闭的人，他们不能开怀玩乐。这是一些总想控制自己情绪的人，因而看起来相当冷漠，在极端的案例中他们甚至是毫无表情的。他们总是很紧张、很局促。这种人在正常状态下（发展到极端，它当然是一种疾病，不得不接受精神病医师和心理治疗医师的治疗）一般是非常有秩序、非常整洁、非常准时、非常有条理、非常有节制的，能成为很有用的人才，例如，优秀的簿记员，等等。现在，用心理动力学的术语可以非常简明地把这些人说成是**“极端分裂的”**，可能比大多数其他人分裂得更明显，如在他们意识到的事物与他们对自己的认识以及他们对自己隐藏的、无意识的、被压抑的东西之间的分裂。当我们更多地理解这些人并对压抑的原因有所理解时，我们就会懂得，这些现象也在一定程度上适用于我们所有的人，于是我们又一次从极端的例证中学到了有关较一般和较正常的知识。这些人必然会如此，他们没有其他的选择。他们不可能走另一条道路，这是唯一能使他们达到安全、秩序、无畏惧、无焦虑的道路，即通过条理化、预见、控制、驾驭的道路。这些合适的目标都只有用这些特殊的方法才能达到。对于这样的人，“新”东西是有威胁的，而任何新东西对它都不可能出现，因为他能把它纳入过去的经验，能使变动的世界冻结，能自以为什么都没有变。他只有依据那些过去很起作用的、“久经考验的”规律和法则、习惯、适应方式步入未来，并坚持在未来继续利用这些法则，他才会感到安全而无焦虑。

为什么他必须这样做？他害怕什么？心理动力学家的回答是——用非常一般的术语说——他害怕自己的情绪，或最深处的本能渴望，或最深蕴的自我，那些他拼命压抑的东西。他不得不如此！否则他觉得自己会发疯。这一出畏惧和防御的戏在人体内上演，但他使它趋向概括化，向外投射于整个世界，于是他很容易以这种方式看待整个世界。他真正防范的是自己身体内的危险，但此后只要他一看见任何使他想起这些内部危险以及和这些危险相似的东西，他就会在外部世界中与之战斗。他同自己趋向混乱的冲动作战而变得特别有条不紊。外界的混乱将使他受到威胁，因为这使他想起内部的混乱，或者害怕他抑制的冲动起来革命。任何危及这种控制的东西，任何能增强危险潜伏的冲动或削弱防御壁垒的东西，都将使这样的人担惊受怕。

这样的过程使他丧失很多东西。自然他能赢得一种平衡。这种人能终其一生不致垮掉，能掌握事态于控制之下。他极力控制，大量精力消耗于控制中，仅仅控制自己也会使其疲惫不堪。控制是疲劳的根源。但他能对抗下去，继续保护自己，防范他的无意识中的危险部分，或防范他的无意识自我，或他的真实自我，他曾受到教导认为那是危险的东西。他必须把一切无意识的东西驱逐出去。有一个寓言，说一个古代的暴君，他追逐一个侮辱了他的人。当他知道这个人躲藏在一个城镇里时，便下令杀掉城中每一个人，这只是为了能够确信那个人不致逃脱。强迫症患者的行为也类似。杀掉和逐出一切无意识的东西，为了能够保证它的危险部分不漏网。

我所说的这些话是要表明，我们的快乐、幻想、欢笑、游荡等能力成为自发的能力，以及这里对于我们最为重要的创造的能力，都是出于这一无意识，出于这一深蕴的自我，出于我们自己的这一部分。一般地说，我们对于这一部分是心存戒备因而力求加以控制的，而我们的创造能力则是一种智力游戏，是一种能使我们成为我们自己，能进行幻想、放任，并暗自着迷若狂的能力（每一真正新颖的思想起初看来都是疯狂的）。强迫症患者放弃了他的始发创造性，放弃了审美的可能性，放弃了他的诗意，放弃了他的想象，淹没了他一切健康的稚气。而且，这也适用于我们称之为良好适应的问题，适用于曾被描述为分毫不差地符合的本领，即，善于处世，很现实，按常识办事，成熟，能干大事。恐怕这些适应的某些方面也意味着放弃那些对良好适应构成威胁的东西。就是与世俗妥协，与常识的需要以及物质、生物和社会现实的需要妥协的动机和努力，它一般是以放弃我们深蕴自我的一部分为代价的。在我们中它不像上面说明过的情况中那样显著，但恐怕事情正在变得越来越明显了，我们称为正常成人适应的东西也越来越意味着背离那些会威胁我们的东西。而威胁我们的东西则是温柔、幻想、情感"稚气"。有一件事我未曾谈过，但最近我在对有创造性的人的研究中深感兴趣（在对非创造性的人的研究中也一样），那就是对于所谓的"女子气""女性"或我们直接称之为"同性恋"的任何事物的极端畏惧。假如他是在一种坚韧环境中被培养起来的，"女子气"实际上意味着一切有创造性的活动：想象、幻想、色彩、诗、音乐、温柔、感伤、浪漫，但这些都作为危及一个人的阳性形象而被隔离开了，一切被称为"柔弱"的东西往往会在正常男子的适应中受到压抑。而许多被称为柔弱的东西，我们知道其实一点也不柔弱。

现在我想，在讨论这些无意识过程时，讨论被精神分析家称为"始发过程"和"次级过程"的概念时，我的观点有点用处了。力求有条不紊地对待杂乱无章，以理性对待非理性，这是一项硬任务，但我们已经有办法这样做了。以下是我写过的一些评论。

这些始发过程，这些无意识的认知过程，即感知世界和思维的无意识过程，这些我们所关心的过程，是非常不同于常识法则的，不同于严密逻辑，以及精神分析家称为"次级过程"的东西。在次级过程中，我们是合逻辑的、明智的、现实的。当“次级过程”和始发过程隔离开来时，始发过程和次级过程双双受损。在极端情况下，把逻辑、尝试和理性同人格的深蕴层隔离开或完全分割，会造成强迫症，造成强迫性理智型人。这种类型的人简直无法在感情世界中生活，他们不知道自己是否在恋爱，因为爱情是不合逻辑的，他们甚至不能容许自己失声大笑，因为大笑是不合逻辑、不合理和不明智的。当这种情况发生时，当这个人已经分裂时，便出现了一种有问题的理性，以及有问题的始发过程。这些次级过程，被弄得分隔开和二歧化，可以认为主要是畏惧和挫折造成的一种结构，也就是一种防御、压抑和控制的系统，一种抚慰系统所造成的，为了能够以狡诈而隐秘的手段与一个使人受挫的、危险的物质世界和社会环境讲和，因为它们是满足我们需要的唯一源泉，使我们得到任何满足都不能不付出非常昂贵的代价。这样一种病态意识、病态我、意识我变得越来越遵循他们认为的自然和社会的规则行事。这意味着一种盲目性。强迫型人不仅失去了许多生活乐趣，而且他在认知上也变得对他自己的许多方面盲无所见，对他人的许多方面，甚至对自然的许多方面也同样看不见了。甚至作为一位科学家，他也会对自然的许多方面盲无所见。确实，这样的人也能做成某些事情，但我们必须首先问，像心理学家总要问到的：那是以怎样的代价做出的——对他自己而言（因为他并不快乐）？其次，我们还要问他们最终做到了什么？是否值得去做？

我遇到过的最好的强迫症例子是我过去的一位老教授，他是一个有节约癖的怪人。他把读过的所有报纸都按周分别捆好。每周的报纸都用一根小红线捆上，然后再按月放在一起用一根黄线捆好。他的妻子告诉我，他每天的早饭也是很规律的。星期一是橘子汁，星期二是燕麦粥，星期三是梅脯，等等。如果星期一给他吃梅脯就要闹一场。他节省旧刀片，把自己所有的旧刀片都攒起来，包裹好，贴上标签。当第一次进入他的实验室时，我记得他曾给每一件东西贴上标签（正如这样的人会做的那样）。每一件东西都要编组，贴上带有粘胶的小条作为标记。我记得他不惜花上几个钟头设法在一个小探针上贴标签。有一次我打开他实验室里的一架钢琴，那里也有一个标签，说明它是"钢琴"。这样的人真的有问题了，他自己也非常不愉快。这和我上面提出的问题很有关系。这些人做了一些事，但他们做的是什么事啊！这些事有价值吗？有时候有价值，有时候没有价值。很不幸，我们很多科学家是这种类型的人。在这种工作中，这样的性格偶尔也会非常有用。例如，这样的人能花上十二年对某一单细胞动物进行微细解剖分析。这种解剖分析需要耐性、坚持、顽强和求知欲，很少人能够具备这些特征，社会经常用得上这样的人。

于是，用这种二歧式的防范和畏惧的眼光看待始发过程——这就是疾病。但这不一定必然发展成为疾病。更进一步讲，我们用希望、畏惧和满足的眼睛看世界。假如你像一个真正幼小的孩子那样看世界、看自己和别人，以那样的方式思考问题，或许你会有所收获。从没有否定，没有矛盾，没有分裂的同一性，没有对立，没有互相排斥的意义上说，这是合乎逻辑的。对于始发过程而言，亚里士多德并不存在。始发过程不依赖于控制、禁忌、训练、抑制、延迟、计划和对可能或不可能的计算。它和时间、空间或顺序、因果、秩序，以及物理世界的规律无关。这是一个完全不同于物理世界的世界。当我们把始发过程置于一种必需的情境中时，当始发过程必须伪装自己从而防范意识的觉察，使事情不那么具有威胁性时，始发过程能像梦中做到的那样把几个物体浓缩为一个物体，能使情绪脱离它们真正的对象而到另外的无害对象上，能通过象征化进行掩饰，能成为全能的、无所不在的、无所不知的（我所说的一切都适用于梦）。始发过程和行动没有关系，因为它不用做什么或无须动作而只凭幻想使事情发生。对大多数人来说，它是前语言的、非常具体的、和原体验更接近的，并往往是可视的。始发过程是先于评价的、先于道德的、先于伦理的、先于文化的、先于善和恶的。在大多数文明化的人中，正因为始发过程被这种二歧化挡住了，往往成为孩子般的、不成熟的、若狂的、危险的、可怕的。记住，我曾提供一个人的例子，他已完全压制了始发过程，完全隔开了无意识。按照我所说的那种特定的方式看来，这样的人是病态的。

另一种人，他的二级过程——控制、理性、秩序、逻辑过程——已经完全破碎，他们也会成为精神分裂者，成为非常严重的患者。

我想，你们能看出这个论断的含义。在健康人中，特别是在有创造性的健康人中，我发现他们能在一定程度上融合并综合始发和次级两种过程，以及意识和无意识两者、深蕴的自我和自觉的自我两者，能高明且有成效地做到这一点。我可以肯定地说，这是可能做到的，尽管不普遍。可以肯定，用心理治疗可能有助于这一过程的发展。更深的和较长期的心理治疗甚至能更有效。这一融合中所发生的事情是，始发过程和次级过程两者互相渗透就能在特征上都有所改变。无意识不再变得更有威胁性。这样的人能带着他的无意识生活，他能带着他的稚气、他的幻想、他的想象、他的满足、他的女子气、他的诗意、他的疯狂生活了。像一位精神分析家用一句妙语所说的，他是一个“能倒退而为自我服务的人”。这是有意的倒退。这样的人能随时利用我们都很感兴趣的创造性。

在极端的例子中，我在前面提到的那种强迫型的人是不能娱乐的，他不能顺其自然。这样的人，举例说，往往避免社交聚会，因为他太敏感并设想聚会上自己可能看上去很笨。这样的人害怕喝醉酒，因为他会失去控制而造成很大的危险。他必须掌控所有的时间。这样的人很可能是一个难以被催眠的被试。他很怕麻醉，或任何其他有损于充分意识的状态。这是一些力求在聚会中保持尊严、秩序、自觉、理性的人，你认为在那样的环境中不应该那样。如我说的一个十分安于他的无意识的人顺其自然时，我就是针对这种情况说的——在这种聚会中要有点疯狂，有点傻，插科打诨，并以此为乐，无论如何要有狂热的时候——像那位精神分析家所说的“为自我服务”。这像是一种有意识的、自觉的倒退——而不是力图显得庄重和总是有所控制。（我不知道为什么会这样想：这就像一个被描绘为“像模像样”的人，甚至坐在椅子上也如此。）

也许我现在能够就这种对无意识的开放态度多说几句了。心理治疗、自我治疗和自我认识都是困难的过程，因为对于我们大多数人来说情况都是无意识和意识的彼此隔离。你如何能使这两个世界——心理世界和现实世界彼此相安呢？一般地说，心理治疗过程中，在专家的帮助下，来访者可以逐步面对最上层无意识的问题。这些上层无意识暴露在眼前，被容忍并被吸收了，原来并不危险，并不可憎。然后是再下一层，又下一层，同样的过程使一个人正视他十分畏惧的东西，并发现当他确实正视它时，并没有什么起初觉得可怕的东西了。他曾经害怕它，因为他一直是用儿童般的眼光看待它。这是对儿童般的误解。儿童畏惧而压抑的东西，被退出了常识学习和常规体验的范围以外因而得不到正常的发展，不得不停留在那里，直到它被某种特殊的过程触发。意识必须变得十分强大才敢于同敌人交朋友。

通观历史，在男人和女人的关系中也可以发现类似的问题。男人害怕女人，因而曾统治女人，这种统治是无意识的，我相信他们这样做的理由非常像他们对自己始发过程的畏惧。请记住，心理动力学家往往认为，男人和女人的关系很大成分是由这样的事实决定的，即女人会使男人想到他们自己的无意识，也就是想到他们自己的女性特质，他们自己的柔和温存，等等。因此，同女人作战或力图控制女人，贬低她们，这是控制我们每一个人的内部无意识力量之努力的一部分。在担惊受怕的主子和满怀憎恨的奴隶之间不可能有真正的爱。只有当男人变得足够坚强、足够自信，并足够整合时，他们才能容忍并最终喜爱自我实现的女子，喜爱人性完满的女子。但是没有一个男人（从理论上说）能在没有这样一个女子作为伴侣的情况下实现他自己。因此，坚强的男人和坚强的女人是彼此互为条件的，因为两者的存在谁也离不开谁。他们也是互为因果的，因为女人成长为男人，男人也成长为女人。而最后，他们也是相互报答的。假如你是一个很好的男子，你要赢得的也是那样的女子，那样的女子也是你应得的报答。因此，让我们回到类比上来，健康的始发过程和健康的次级过程，或健康的幻想和健康的理性，需要彼此的帮助，以便融合为一个真正的整体。

从时间顺序上，我们关于始发过程的知识最初是从研究梦、幻想以及神经症的过程中得来的，以后又从精神病研究和对疯狂过程的研究得来。这一知识只能一点一点地从病理学中解放出来，从非理性、不成熟、贬义的原始状态中解放出来。只是在近年，通过对健康人的研究，我们才逐渐且充分意识到创造性过程，意识到娱乐、对美的感觉、健康的爱、健康的成长、健康的教育，才懂得一个人既是诗人又是工程师，既是理性的又是非理性的，既是孩子又是成人，既是男性的又是女性的，既处在心理世界中又处在自然世界中。我们也是逐渐才懂得，如果天天都力求仅仅合理，仅仅合乎科学、逻辑，仅仅明智、实际、承担责任，我们便会有所失。我们现在越来越确信，整合的人、充分发展的人、充分成熟的人，必须是在这两种水平上同时发挥作用的人。当然，现在已很少有人贬低人性的这一无意识层面，把它说成是病态而不是健康的。弗洛伊德曾这样想过，但我们现在已经知道事实并非如此。我们现在知道，人类的全面的健康意味着在所有的水平上都发挥作用。我们不再说这一方面是“恶”而不是“善”，是低级而不是高级，是自私而不是不自私，是兽性而非人性。通观人类历史，特别是西方文明史，尤其是基督教史，总是不能摆脱这种二歧式。我们不能再把自己二歧化为洞穴人或文明人，恶魔和圣贤。我们现在能够把这看成一种不合理的二歧式，一种不合理的“非此即彼”，通过这种分裂和二歧化的过程本身，我们创造了一个病态的“此”和一个病态的“彼”，也就是创造了一个病态的意识和一个病态的无意识，一个病态的理性和一个病态的冲动。（理性能成为十足的病态，你在电视上的问答比赛节目中能很快看到这种病态。我听说有一个可怜的家伙，一位古代历史学家，他的收入极高，曾告诉某人他达到这一步只不过是靠熟记下全部剑桥古代史。从第一页开始直到末页，现在他已熟知这本书中的每一个日期和每一个名字。这个可怜的家伙！亨利曾写过一个故事，故事中的主人公认为既然百科全书概括了全部知识，他就无须为进入学校发愁了，只要熟记百科全书就行了。他从A部开始熟记，然后是B部、C部等。那就是一种病态的理性。）

我们一旦超越并解决了这种二歧式，一旦能把两极一起纳入它们本来就在的统一体中，例如，在健康儿童中、在健康成人中或在特别有创造力的人中，那么，我们就能认识到，二歧化或分裂本身是一个病理过程。这时也就有可能结束一个人的内战了。这正是我称为自我实现的人身上所发生的事情。最简单的办法是把他们描绘为心理上健康的人。那正是我们在这样的人身上所看到的。当我们从总体中挑拣出百分之一或千分之一最健康的人时，我们将发现这些人在他们一生中，有时得益于治疗，有时没有治疗，都已经能把这两个世界合二为一，并在两者中都能安然地生活。我曾描述健康人好像具有一种健康的稚气。它很难用言语说明，因为“稚气”一词习惯上意味着成熟的反面。假如我说，最成熟的人的生活也是孩子般的，这听起来像是矛盾，但实际上并不矛盾。也许我能用我说过的聚会的例子来解释。最成熟的人也是最能打趣的人。我想，这是一种更容易接受的说法。这些人也是能够倒退的人，他们能变得像个孩子并和孩子在一起玩，接近孩子们。我想，孩子一般会喜欢他们并愿意和他们相处，这绝非偶然。他们能倒退到那一水平。非意愿的倒退自然是一件非常危险的事，但自愿的倒退显然是非常健康的人所特有的表现。

至于如何达到这种融合，我简直不知道应该怎么说。在日常促进人内部融合的实践中，我所知的唯一真正可行的办法是心理治疗。这当然并不是一个可行的或受欢迎的建议。当然，也存在自我分析和自我治疗的可能性。任何能增进深蕴自我知识的技术在原则上应该也能增进一个人的创造力，使他能够利用幻想与观念这些原动力，能够超越这个世界和地球，摆脱常识的束缚。常识意味着现实中的生活，但有创造性的人是那些不想要现实而宁愿造就另一个世界的人。为了能够做到这一点，他们必须能够超越地球的表面，去想象、幻想，甚至成为疯狂的人和着迷的人，等等。我向那些创造性人才管理人员提出的实际建议很简单，就是注意发现这样的人才，因为他们是已经存在的，然后把他们提拔出来，并紧紧把握住他们。

我想我的这一推荐对于公司是起作用的。我试图向他们说明这些第一流的创造性人物是怎样的。他们往往正是那些在一个机构中制造麻烦的人，他们往往不遵循惯例，往往有点古怪，不现实，常被称为缺乏训练，有时不严格、“不科学”。那是就一种特定的科学定义说的，强迫性格较强的同事往往称他们幼稚、不负责任、野性未除、发疯、爱推测、无批判、无规律、容易激动，等等。这听起来像是对浪荡汉或波希米亚人或古怪人的描述。但我认为，我们应该强调，在创造性的早期，你已经开始成为一个浪荡汉或波希米亚人或古怪人了。有一种“头脑风暴”法可能有助于我们得到一个成为有创造性的人的方法，因为这一方法来自那些已经成功地变得有创造性的人。他们让自己在早期思想阶段成为这样的浪荡汉，他们让自己成为无批判的，他们任各式各样怪诞的想法进入脑海。在情绪和热忱的作用下，他们可能潦草地写出诗篇或公式或数学谜题，或制定理论、设计实验。这时，只有这时，他们才进入次级过程，变得较有理性，较有控制，并有批判了。假如你在过程的第一阶段就力求有理性、有控制、有秩序，你会永远得不到它。我所记得的“头脑风暴”法正是这样的：无批判——任观念自由发挥——自由联想——任它们跳到桌面上来，然后，只有这时，才能抛掉不好的想法，或无价值的想法，保留那些好的想法。假如你怕造成这样的狂想错误，你也就永远别想得到任何光辉的思想。

当然，这种波希米亚式的事务无须千篇一律或持续到底。我所谈论的是那样的人，他们在需要的时候能够这样做（倒退为自我服务；自愿的倒退；自愿的发狂；自愿进入无意识）。这些人后来又能戴上他们的帽子、穿上长衫，成长起来，变得理性了，明智了，有条理了，等等，并能用批判的眼光审查他们在热情迸发时和创造性燃烧时产生的一切。于是，他们有时又能说，“它在诞生时给人的感觉是那样的美妙，但它实际并不怎么样”，因而又把它抛弃。一个真正整合的人能够既是次级的，又是始发的；既是稚气的，又是成熟的。他能倒退，然后又回到现实中来，他的反应变得较有控制和批评精神。

我曾提及，这对一个公司或至少对公司中负责人事管理工作的人是有用的，因为他一直在考虑要解雇的正是这样的人。他非常强调执行命令和顺从机构的安排。

我不知道一个机构的管理者将要如何处理这些事情。我不知道这对纪律会有怎样的影响。这不是我讨论的范围。我不知道在一个机构的工作过程中怎样才有可能利用这样的人物，这个机构不得不有条不紊地按照某一设想进行工作。一个想法仅仅是完成一项任务必须经历的复杂过程的开始。这是我们将在美国而不是在地球上任何地方解决的一个问题，我推测可能还需要十几二十年时间。我们已经开始正视这个问题，巨额的经费现在正用于研究和发展，创造性人才管理已经成为一个新的课题。

我毫不怀疑，那些曾在大机构中行之有效的实施准则绝对需要某种改变和修正。我们将不得不寻求某种方法让人在机构中能表现出个人特色，我不知道怎样做到这一步。我想这将不得不成为一种实践的结果，这样试一试，那样试一试，再另外试一试，最后得出某种经验的结论。我要说，如果能认准这样做不是发狂而是创造性的特征，那将是有帮助的（顺便说一下，我不想对任何这样做的人都给予好的评价。他们有些人确实是发狂了）。现在我们已开始学会分辨。要学会尊重这种人或至少用开放的眼光看待他们，并设法使他们与社会合拍。这样的人今天大都是孤独者。我想，你们将更有可能在学院环境中而不是在大机构或大公司中发现他们。他们在学院会觉得更安适，因为在那里容许他们爱怎么发狂就怎么发狂。人人都期待着教授们的狂想，这对任何人都不会有什么影响。其他人都见不到他们，除非是听他们讲课。但教授有充足的时间在他的顶楼或地下室梦想着各种各样的事情，不论是否可行。在一个机构中，他们最终会精疲力竭。我最近听到一桩滑稽事：两位精神分析家在一次聚会中相遇。一位分析家走到另一位跟前打了他一记耳光。挨打的分析家毫无思想准备，愣了片刻，然后耸耸肩说，“那是他的问题。”

第七章

我们需要创造性人物

谁对创造性感兴趣？我的回答是，几乎每一个人都感兴趣。这种兴趣不再局限于心理学家和精神病学家，现在它也变成一个全国性和国际性的政策问题。一般人，特别是军事家、政治家和有思想的爱国者，必然很快都会达成这样的共识：世界上已呈现出军事僵局，这种僵局看来还会继续存在。今天军队的任务主要是防止战争，而不是制造战争。因此，大政治体系之间的不断斗争或冷战还将继续进行，但不是以军事的方式进行。其他中立国人民呼吁的体系将是优胜者。哪一种人最终能成为更好的人，更友善、更平和、不贪婪、更可爱、更值得尊敬？谁将对非洲人和亚洲人更有吸引力？

总体来说，心理上更健康（或更高发展）的人是一种政治的必需品。他必须成为一个不被仇恨的人，能和任何人相处，友好地相处，深入友好地相处。非洲人和亚洲人，他们对于任何恩赐态度、偏见或仇视都是非常敏感的。可以肯定，美国公民要实现领导并取得胜利必须具备的特征之一，就是不能有种族偏见。他必须有同胞兄弟感，必须有助人感，必须成为一个值得信赖的领导者而不是一个受到怀疑的人。长远地看，他不应成为专制主义者、虐待狂等。

普遍的需要

除此以外，对于任何能生存的政治、社会、经济体制来说，另一项更直接的必要条件就是要有更多的创造性人物。这种思路和我们大工业的侧重点是同类性质的，因为他们对可能出现的过时废弃都非常警惕。他们都警觉到，尽管他们现在富有并兴旺，明天早上醒来他们却可能发现有某种新产品问世，让其成为过时的。想一想什么是汽车厂家的命运吧，假如某人忽然带着一种廉价的、个人旅游用的工具在地平线上出现，他的售价只相当于一部汽车的一半，这种状况的一个后果是，富有的公司可能会提出以很大百分比的资金用于新产品的研究和发展，以及旧产品的翻新和改善。国际舞台上的类似现象是军备竞赛。的确，现在呈现出关于威慑性武器、炸弹和轰炸机的平衡。但是，假如明年发生了一件事，就像美国人发明原子弹时的情况那样，又将如何呢?

因此，现在所有大国都有大量的研究在国防和军事支出的项目下进行着。每一个国家都必须争取首先发现那种能使一切现有武器报废的新武器。我想，强国的统治者们已开始认识到，那些有能力做出这种发现的人正是那种罕见的怪人，那些创造性人物，那些他们总是以反射式的敌对态度相待的人。现在，他们将不得不学习管理创造性人才的方法、创造性人物的早期提拔、创造性人物的教育和培养，等等。

实质上，这就是我认为今天有那么多领导人对研究创造性的理论感兴趣的原因。我们所面临的历史环境有助于在有思想的人们中，在社会哲学家中，在许多其他类型的人们中创造出一种对创造性的兴趣。我们的时代比历史上任何时代更明显地处于流动中，处于变化中，更迅速地在改变。新的科学事实、新的发明、新的技术发展、新的心理事件、物质丰裕等正加速度积累，今天已向每一个人提供了一种不同于任何以往的情境。除别的事情以外，这一从过去到现在再到将来的新的连续性和稳定性的缺乏已使各式各样的改变成为必然，那是许多人现在还没有认识到的。例如，教育的全过程，特别是技术教育和职业教育，在近几十年已经完全改变。简单地说，学习知识已经很少有用处，知识太快就过时了。学习技术也一样，技术几乎一夜之间就过时。例如，工程学教授向他们的学生传授他们自己学生时代的所学也几乎毫无用处了，这些技术现已毫无价值。实际上，我们生活的每一领域几乎都面临旧知识、旧理论、旧方法的过时问题。我们全都是马车鞭子制造者，这种手艺现在已毫无价值。

新的教育概念

那么，什么是教育人（例如，成为工程师）的正确方法呢？很明显，我们必须把他们教育成为创造性人物，至少就对付新事物和即兴创作的意义上是如此。他们必须不怕改变，必须能安于改变，安于新事物，而且，假如可能（因为那样最好），甚至能享受新事物和改变的乐趣。这意味着我们必须教育和训练的不是旧的和标准意义上的工程师，而是新的意义上的即“有创造力”的工程师。

这一点，一般地说，也适用于事业和工业中的执行者、领导者和管理者。他们必须是能够处理任何新产品或任何旧工作方法的过时问题的人。他们必须是不反对改变而能预见改变的人，是能够以足够的勇气接受挑战并从中寻求乐趣的人。我们必须培育出一大批即兴创作者，“此时此地”的创造者。我们必须以一种与惯常方式大不相同的方式（即不作为一个具有丰富知识和经验从而能处理好未来紧急事务的人）给熟练的人、训练有素的人或受过教育的人下定义。我们称之为学习的许多做法已经变得无用了。简单地将过去应用于现在，或在现在情境中利用过去的技术的各类学习，在许多生活领域中都已经过时了。教育不再被认为仅仅是一种学习过程，它现在也是一种性格训练，一种人格训练过程，自然，这不是完全正确的，但它在很大程度上是正确的，而且它将变得越来越正确（我想这也许是我最彻底、直率而无误的畅所欲言的方法了）。过去在生活的某些领域中几乎变得毫无价值。过分依赖过去的人在许多职业中几乎变得毫无用处。我们需要一种新型的人，他能以一种即兴创作的方式妥善处理问题而无须前期准备，他能同他的过去决裂，他觉得自己足够坚强、勇敢，能在当下的情境中信赖自己。

所有这一切结合在一起，意味着对心理健康和力量的进一步强调。它意味着更加珍视充分注意当下情境的能力，倾听、观察我们面前的具体的、直接的契机。它意味着我们需要那些不同于一般类型的人。一般类型的人会觉得现在不过是过去的重现，而现在仅仅是未来威胁与危险的准备时期，因为他不相信自己能在无准备的情况下应付到来的时刻。这种新型的人，即使没有冷战，即使我们都联合在一个同胞兄弟般的种族中，也是我们所需要的，我们需要他是为了应对我们的新型世界。

我上面谈到的关于冷战的话题，以及我们现在面临的新型世界，使我们更有必要讨论创造性。实质上我们讨论的是一种类型的人、一种类型的哲学、一种类型的性格。于是，我们讨论的重点便从对创造性产品，从对技术更新和美术产品以及革新的强调等转移开来。我们必须变得对创造性过程、创造性态度、有创造力的人更感兴趣，而不单是对创造性产品感兴趣。

因此，我觉得更好的战略是把更大的注意力转向创造性的灵感阶段，而不是创造性的实施阶段，即转向“始发创造性”而不是“次级创造性”。

我们须更经常地作为例证的，不是那些具有社会价值的艺术或科学成果，而是即兴创作，那种灵活、恰当、有效应对任何突然呈现的情境的能力，不论情境是否重要。之所以如此，是因为我们用已完成品作为一种标准会引入太多混淆，如良好工作习惯、顽强、训练有素、耐性、良好编辑能力和其他一些特征，它们和创造性没有直接关系，或至少不是创造性独有的特征。

所有这些考虑使我们更愿意研究儿童而不是成人的创造性。研究儿童能避免许多混淆的问题。例如，在这里我们能不再强调社会改革或社会效用或创造产品。我们还能避开对先天杰出才能的专注从而也避免了问题的混淆（天才似乎和普遍的创造性很少关联，后者是我们所有人都有的禀赋）。

这也是我认为非言语教育非常重要的一些原因，例如，通过艺术、音乐、舞蹈的教育。我并不特别对艺术家的训练感兴趣，因为每种情况完成的方式都不同。对于儿童娱乐甚至对于用艺术进行心理治疗，我也不感兴趣。为了解决上述问题，我甚至并不关心艺术教育本身。我真正关心的是新型的教育，那是我们必须发展的。这种教育的目标是培养我们所需要的新型的人，发展过程中的人，有创造力的人，能即兴创作的人，自我信赖、勇气十足的人，自主自律的人。艺术教育家成为第一批沿着这一方向起步的人，那仅仅是一种历史的偶然。这也能同样容易地适用于数学教育。我希望有一天会是这样。

当然，今天在大多数地方，数学或历史或文学仍然是以一种权威的、记忆式的方式传授的（虽然这已经不适用于布鲁纳论述过的那种最新型的教育，那种有关即兴创作、猜测、创造性、娱乐的教育，也不适用于数学家和物理学家为高中创造的教学法）。问题仍然在于如何教导学生正视此时此地、即兴创作，等等，即如何成为有创造力的人，拥有创造性的态度。

新的通过艺术进行教育的运动和它对非客观性的强调，是一个不包含是与非的题目，可以把正确和不正确搁置一旁，从而能使儿童面对自身，面对自己的勇气和焦虑，面对他的旧框架或新鲜感等。说明这一点的好办法是指出，现实一经撇开，我们就有了一个良好的投射测验情境。这正是我们在投射测试和顿悟疗法两者中所做的，即，把现实、校正、对环境的适应、物理的、化学的和生物的决定因素统统撤销，让心灵能更自由地袒露出来。我甚至可以说，从这方面看，通过艺术进行的教育是一种治疗和成长的技术，因为它能让心灵的深蕴层暴露出来，使之受到鼓励、培养、训练和教育。

第三篇

价值

第八章

事实和价值的融合

此篇开始，我要对高峰体验这一概念做一解释，因为这种体验才能最容易也最充分地证明我的论题。高峰体验一词是对人的最佳时刻的概括，是对生活最愉快的时刻，对入迷、狂喜、幸福、最大欢乐体验的概括。我发现这样的体验来自深刻的审美体验，如创造时的入迷，爱情成熟的时刻，完美的性体验，父母的爱，自然分娩的体验，以及许多其他体验。我用一个词——高峰体验——作为一种泛指的和抽象的概念，因为我发现所有这些欣喜若狂的体验都带有某些共同的特征。的确，我发现有可能构成一种概括的、抽象的图示或模式描绘它们的共同特征。这个词使我能够在同一时刻谈论所有或任何这一类体验。

当我问被试（他们已向我说明他们曾有过高峰体验）处于这一时刻他们觉得世界有何不同时，我得到的答案可以被图式化和概括化。实际上也只能如此，因为没有别的方式能包容我所得到的成千上万的词或描述。我把一百多人在高峰体验时刻和以后对世界的描绘概括和浓缩为：真、美、完整、二歧超越、生机勃勃、独一无二、完善、必然、完成、正义、秩序、简单、丰富、不费力、娱乐、自足。

虽然这完全是我个人的浓缩和概括，我却毫不怀疑任何其他人也会得到同样的特征表。我相信那不会有很大不同，至少差异不会超过同义词选用或个别描述词。

这些词都是很抽象的。不抽象又能怎样呢？每一个词都可以在一个标题或项目下包括许多直接的体验。这意味着这样的标题是广泛概括的，也就是说，是非常抽象的。

这便是描绘高峰体验中所见世界的种种方式。这里可能有侧重点或程度上的差异，即在高峰体验中世界看起来更纯正、袒露，更真实，比在其他时刻看上去更美丽。

我想强调，我认为这些是描述性的特征，被试报告说，这些是关于这个世界的事实。它们是关于世界外观或世界看上去像什么的描述，他们甚至声称，它们是关于世界是什么的描述。它们和新闻记者或科学观察家在目睹某一事件以后所做的描述类似，属于同一范畴。它们不是“必须”或“应该”的陈述，也不仅仅是研究者愿望的投射。它们不是幻觉，不是缺少认知的情感状态的参照。它们被报告为一些启示，一些关于现实的、真正的和确实的特征，那是他们过去视而不见的。[①]

但特别是我们——心理学者和精神病学者——正处在一个科学新时代的开始阶段。在我们的心理治疗体验中，我们已经在患者中和我们自身中见到偶尔的启示、高峰体验、孤寂体验、顿悟和欣喜若狂的时刻。我们已经习以为常，我们已经懂得，虽然它们不都是确实存在的，但它们有些肯定是。

只有化学家、生物学家或工程专家才会继续怀疑这一又老又新的看法——真理可能以这种又老又新的方式出现：在一番探索中，在一种情感的启示中，在一种迸发中，冲过破裂的围墙，冲破抗拒，克服畏惧而出现。我们是一些专门同危险的真理打交道的人，同威胁自尊的真理打交道的人。

这种非人格的科学怀疑主义，即使在非人格领域，也是无根据的。科学的历史，或至少是伟大科学家的历史，是突然而狂喜地洞察真理的故事，这一真理随后才由更多缺乏想象力的工作者缓慢地、小心翼翼地、谨慎地给予证明，他们的作用更像珊瑚虫而不是雄鹰。例如，克库雷关于苯环的梦就是富于想象的。

---

① 当然，这一有关神秘启示真实性的问题是一个老问题。它涉及宗教的根源和起源本身，但我们必须非常审慎，不要被神秘物和高峰体验者的绝对主观观念引入迷途。对于他们，真理已揭示出来，我们大多数人在我们得到启示的时刻也已经体验到同样的确定性。

然而，人类在三千年有记载的历史过程中已经学会一件事，知道主观肯定是不够的，还必须有外部的证实，必须有某种办法核实宣称的真理，对成果的某种测试，某种实用的测试。我们必须以某种保留、审慎、清醒的态度研究这些说法，有太多的思想家、先知、预言家绝对肯定的感受最终被证明是不正确的。

这种幻灭的体验是科学的历史根源之一：对个人启示录的不信任，正式的、经典的科学长期以来曾拒绝私人的启示录，认为这些资料本身是没有价值的。

有太多的人想象力很有限，他们把科学的本质定义为对假说的审慎核实，弄清他人的思想是否正确。但是，只要科学也是一种发现的方法，我们就不能不学习如何培养高峰体验时的洞察力和想象力，然后，像运用资料那样运用它们。其他存在知识（Being-knowledge）的例子——对迄今尚未觉察的、高峰体验中的真理的真切感知——来自那种由爱而获得的清晰性，来自某些宗教体验，来自某些团体治疗的亲密关系体验，来自理智的启示，或来自深刻的审美体验。

在最近几个月，展现出来一种证实存在知识的崭新可能性。在三所不同的大学，麦角酸二乙基酰胺（LSD）能治愈大约50%的酒精中毒症。我们得知这一巨大福音、这一意料不到的奇迹时都非常高兴，但当我们冷静下来时，由于我们都是不容易满足的人，我们不免要问，“那些没有治好的人怎样了？”我从何弗医生的一封信中摘引一段话作为说明，这封信的日期是1968年2月8日。

我们曾有意地利用P.E.（高峰体验）作为治疗手段。我们给服用LSD和墨斯卡灵的酒精中毒者提供P.E.，利用音乐、视觉刺激、言语、暗示，以及任何能引起P.E.作用的东西。我们治疗过五百个酒精中毒者，取得了一些一般性规律。规律之一是：治疗后有节制反应的酒精中毒者大多数都曾体验过P.E.，相反地，任何未曾体验过P.E.的人都没有这样的反应。

我们也取得了有力的论据说明，情感是P.E.的主要成分。当LSD被试首先服用两天的青霉胺时，他们有一种体验和通常从LSD中得到的相同，但有明显的感情衰减。他们能观察所有看得见的变化，能引起思想中的各种变化，但在情感上是平淡的，他们是非参与的观察者而不是参与者。这些被试没有体验到P.E.。此外，只有10%的个体在治疗后效果较好，而在几项较大规模的追踪研究中，我们期待的治愈率是60%。

现在可以跳到我们的主题上来：这些描述现实、描述世界的特征表单，正如某些时刻所见的，也恰好与那些被称为永恒价值、永恒真实的特征相同。我们在这里看到了真、善、美三位一体的老相识，那就是说，这一描述性的特征表单同时也是一张价值的表单。这些特征正是那些伟大的宗教家和哲学家所珍视的价值，它几乎也和人类最严肃的思想家们一致认可的生活的终极或最高价值完全相同。

重复一句，我的第一次陈述是在科学领域内进行的，是公之于众的。任何人能做同样的事；任何人能自行核实；任何人能利用我曾用过的同样程序，并且，假如他愿意，也能客观地把问题与回答记录在磁带上然后公之于众。就是说，我所报告的一切都是公开的、可重复的、可以被肯定或否定；假如你愿意，甚至可以定量。它是稳定的和可靠的，因为当我重复做时我能得到近乎相同的结果。甚至以十九世纪科学最正统的、实证主义的定义看，这也是科学的陈述。它是一种认识的陈述，是一种对现实、对宇宙、对外部世界的特征的描述，那是讲话者和描述者身外的世界。这些论据能经受传统的科学方式的检验，它们的真或非真都能被判定。[①]

然而，关于世界看来如何的陈述也同时是一个价值陈述。这是最鼓舞人心的生活价值；这是人们愿意为之献身的价值；这是他们愿意用努力、痛苦和折磨为代价去换取的价值。这也是一些“最高的”价值，因为它们最经常地光临最优秀的人物，在他们的最佳时刻在最佳情况下来临。它们是高级生活、美好生活、精神生活的定义，而且我还可以附加说，它们是心理治疗的长远目标，是在最广泛的意义上的教育的长远目标。人类历史上的伟大人物之所以受到我们崇敬，就是因为他们具有这样的品性，这是我们的英雄、我们的圣贤，甚至我们的上帝的特性。

因此，这一认识的陈述和这一评价的陈述是同样的，“是”和“应该”等同。事实和价值等同了。作为一种情况被描述、被感知的世界变得和那个被珍视、被期望的世界等同了。是的，世界变成了应该成为的世界。应该成为的东西已经出现了，换句话说，事实在这里已和价值相融合。[②]

---

① 进一步的研究对于任何人都是可能的，只要他愿意做这样的研究。我的学生和我曾做过一些。例如，在一项非常简单的实验中，实验只是为了证明可能是什么，我们发现大学女生从被爱的体验中显然更经常感受到高峰体验。另一方面，大学男生显然更经常从胜利、成功、克服困难、取得成绩中感受到高峰体验。这和我们的常识是一致的，也和我们的临床经验相符，许多这一类的其他研究也能做；特别是现在这一领域的研究是非常广阔的，因为我们知道，高峰体验能借助于药物的力量有意地被制造出来。

② 在一开始，我就想避免一种混淆，避免我所用的“ought”一词和霍妮的“neurotic shoulds”（神经症的应该）相混淆，霍妮的用语见《神经症和人的成长》第三章。人被设想成的样子往往是外表上的、任意的、演绎的、尽善尽美的。用一句话表达，就是不真实的。我在这里所用的“ought”一词指有机体固有的，能真正实现的真实潜能，而且最好是在病痛条件下实现。

“价值”一词的难题 很明显，我所讨论的问题和价值是有关系的，不论这个词的定义如何。当然，“价值”有许多定义，对不同的人有不同的含义。事实上，它在语义上相当混乱，我相信我们很快就将放弃这一含义混杂的词而宁愿选用更精确、更操作化的定义代表每一依附于它的亚含义。

用另一个形象的说法，我们可以将“价值”概念设想为一个大的容器，装有各式各样杂乱的和模糊不清的东西。大多数谈论价值的哲学家曾力求找到一个简单的公式或定义能把容器内的每一件东西拴在一起，尽管许多东西是偶然进入这个容器的。他们问道，“这个词真正的意思是什么？”他们忘记了它仅仅是一种标签，并不真正代表任何意思。只有繁复的说明才起作用，那就是说，需要把不同的人实际上对这个词的不同用法归类研究。

跟着到来的是一系列有关这一问题不同侧面的简短意见、假说和提问；是各种不同的使事实和价值相互融合的方式或接近融合的方式，就“价值”一词和“事实”一词的各种意义来说的融合。这好像是一种转移，关注中心从词典编辑者之间的争论转移到对心理学和心理治疗领域中的操作和实际发生的事情：从语义世界转移到自然世界。实际上，这将是把这些问题引入科学领域的第一步（科学的广泛定义包括经验资料和客观资料）。

作为“应该—是—探索”的心理治疗 我现在要用这样的想法来看待心理治疗和自我治疗的现象。人们在寻求同一性、真实自我时提出的问题很大一部分是“应该”的问题：我应该做什么？我应该成为什么？我应该怎样解决这一冲突？我应该从事这一事业还是那一事业？我是否应该离婚？我应该活下去还是死去？

大多数未受过教育的人很愿意直接回答这些问题。“假如我是你……”他们说，然后提出建议和劝告。但受过训练的人懂得，这样做不起作用，甚至有害。我们不说我们认为别人应该做什么。

我们懂得，从根本上说，一个人要弄清他应该做什么，最好的办法是先明白他是谁，他是什么样的人，因为达到伦理和价值的决定、聪明的选择、应该的途径是经过“是”，经过事实、真理、现实来发现，经过特定的人的本性来发现。他越了解他的本性，他的深蕴愿望、他的气质、他的体质、他寻求和渴望什么，以及什么能真正使他满足，他的价值选择也变得越不费力，越自动，越成为一种副现象（这是弗洛伊德的重大发现之一，也是常被人忽略的一方面）。这样一来，许多问题立即消失了：只要知道了什么合乎一个人的本性，什么是合适的、正确的，另外的许多问题就很容易解决了。[①]（我们还必须记住，对一个人自己深蕴本性的认识同时也是对一般人性的认识。）

那就是说，我们帮助他经由“确实性”寻求“应该”。发现

---

① 同一性、真实性、自我认识等的完成肯定不会自动解决一切伦理问题。在虚假问题褪色以后，还有许多真实问题存留。但是，即使是这些真实问题，对于一个眼光明亮的人来说也容易得到较好的处理。忠实于自己和清楚认识自己的本性是达到真诚道德决定的先决条件。但我的意思不是说，成为真诚的和自知的就足够了。真诚的自知对于许多决断肯定是不够的：它是绝对必需的，但不是充分的。我在这里也不谈心理治疗的毋庸置疑的教育特征，即医师的价值（假如仅仅作为一种榜样）在不知不觉中的灌输。问题在于：什么是心？什么是外界？什么应尽量扩大？什么应尽量缩小？我们的目的是靠揭示达到纯自我发现吗？什么是实用的正确的目的？我还愿指出，拒绝把自己强加于患者或对他进行灌输可以经由弗洛伊德的镜像超脱或存在治疗中的存在爱的“谈心活动”来完成。

一个人的真实本性既是一种“应该”的探索，又是一种“是”的探索。这种价值探索，由于它是对知识、事实和信息的探索，即对真理的探索，因而也正好是处于明智的科学范围内的。至于心理分析方法，以及一切其他非干预的、揭示性的道家治疗方法，我能以同等的准确程度说，它们一方面是科学的方法，另一方面也是价值发现的方法；这种治疗是一种伦理的探索，甚至在自然主义的意义上也是一种宗教的探索。

在这里请注意治疗的过程和治疗的目标（“是”和“应该”之间的另一对应含义）是不能分割的。把两者分开只能是荒唐的或悲剧的。治疗的直接目标在于弄清某人是什么；治疗的过程也是要弄清某人是什么。你要弄清你应该如何吗？那么请先弄清你是什么人吧！“变成你原来的样子！”关于一个人应该成为什么的说明几乎和关于一个人究竟是什么的说明完全相同。①

在这里，“价值”，就目的的意义说，就你力求达到的终点、极限、天国的意义说，当下恰恰就存在。一个人努力寻求的自我，于一种非常真实的意义上存在于当下，正如什么才是真实的教育，一个人在四年路途的终点得到的那张文凭不等同于每时每刻的学习、领悟和思考。宗教的天国，据设想要在生命完结以后才能进入，因为生命是无意义的，但实际从原理上说是我们一生任何时刻都能达到的。我们现在就能进入天国，天国就在我们的周围。

存在和形式可以说是紧紧靠在一起、同时存在的。旅行能给予

① 真实的自我在一定程度上也是构建的和创造的。

目的快乐，它无须只作为达到目的的手段。许多人发现得太晚，工作多年后享受到的退休原来还不如工作时光那么值得回味。

接受　另一类事实和价值的融合来自我们称之为接受的态度。这里的融合与其说来自现实的改善，不如说来自应该按比例的下降，来自对期望的重新确定，使期望更接近现实，因而更有可能达到。

当我们对自己有过于完美的要求，自己的理想形象在顿悟中破裂时，从相关的治疗过程中我所说的这一层含义就能得到阐明。当我们容许自己有某些怯懦、妒忌、敌意或自私的闪念时，完美勇士、完美母亲或完美逻辑家和理智者的自我意象就会崩塌。

这往往是一种令人沮丧甚至绝望的真切认识。我们会感到有罪，或堕落，或毫无价值。我们认为我们的“是”距离我们的“应该”极端遥远。

但是，同样十分突出的一点是我们在成功的治疗中一定要经过接受的过程。我们从憎恶自己向顺从的态度转移。但从顺从中我们有时又进而会想：“那终究不是一件坏事。那确实完全合乎人性，完全可以理解，为什么亲爱的妈妈有时会恨她的宝宝。”有时我们还会看到自己甚至走得更远，达到一种对人性的充满爱的接受，并且出于对失败的充分理解，最终会认为人性是令人满意的、美丽的，是一种光荣。某位妇女，从对男子气满怀恐惧和憎恨，到最终开始喜欢它，甚至会因它而产生宗教的敬畏感，直到狂喜的地步。起初她认为是恶的东西，最终变成一种光荣。重新确定了她对男性的看法，她的丈夫能在她眼前变成他应该成为的样子。

如果我们放弃苛求，放弃我们关于他们应该如何的规定，放弃我们对他们的要求，我们所有人都能从儿童那里体验到这一点。如果我们偶尔这样做了，我们也就能把他们瞬时视为完美的，现时确实能让人极敏锐地感受为美丽的、非凡的、十分可爱的。我们关于意愿和希望的主观体验，也就是不满足的体验，于是能同满足、同意义，以及同“应该”出现时我们所感受的主观体验相融合。我引用阿兰·瓦茨说得非常好的一段话来说明我的意思：“……在死亡来临时，许多人都有一种奇异的感受，不仅觉得能接受一生中已经发生的每一件事，而且觉得那也是他们所愿。这不是在迫切需要意义上的愿望，它是对不可避免和愿望两者同一的意外发现。”

说到这里我们也想到罗杰斯的各种小组实验，它们都证明，在成功的治疗过程中，理想自我和实际自我逐渐趋向融合。用霍妮的话说，真实的自我和理想化的形象徐缓地被改变并移向融合，逐渐变成同一的东西而不是远不相同的东西。更正统的、弗洛伊德的关于粗暴的和进行惩罚的超我的概念也与此类似，超我在心理治疗过程中能按比例地降下来，变得更和善、更认可、更可爱、更自我赞同，用另一种方式说，个人对个人自我的理想和个人对个人自我的实际觉知逐渐靠拢，能容纳自尊因而也能容纳自爱了。

我举的例子是分裂人格和多重人格病例。在这样的病例中，表现出来的人格总是过于循规蹈矩的、谨小慎微的、假正经的类型，拒绝潜在的冲动以致完全压抑这些冲动，他只能从自己的心理病理的、儿童般的、冲动的、寻求快感的、无控制的等方面全面突破而得到满足。二歧化会使两种“人格”都受到歪曲；融合将引起两种

“人格”的真实改变。个体从专断的“应该”中解脱出来才有可能拥抱并享受现在的“是”。

有几位罕见的心理医师，对于窥视癖，他们利用揭露的手段，好像撕掉假面具一样，患者露出真相原来“并不至于如何”。这是一种控制战略，一种胜人一筹的本事。它变成一种社交攀比的形式，一种使自己感到有力量、强大、占优势、高超，甚至飘然欲仙的方法。对于某些自视不高的人，这是使他们变得敢于与人亲近的办法。

这在一定程度上意味着被揭露的东西——那些畏惧、焦虑、冲突——是低级的、不好的、罪恶的。例如，弗洛伊德，甚至直到他生命的最后，都不曾真正喜爱过无意识而仍然把它说成是危险的、罪恶的，必须受到控制的。

幸好，我认识的多数医师在这方面的表现是完全不同的。一般地说，他们关于人的深层蕴含知道得越多，他们也越喜爱它们，尊重它们。他们喜爱人性，不会依据某一存在的定义或柏拉图的本质作为衡量标准，不会因为人性达不到怎样的水平便谴责它。他们发现有可能设想人是英勇的、纯洁的、聪明的、有才华的或杰出的，甚至当这些人是患者，暴露了自己，暴露了他们的“弱点”和“罪恶”时也一样。

或者，用另一种方式说，假如一个人更深入地观察人性而感到以前的幻想破灭，那么这等于说一个人曾有过一些不能实现的或见不得光的幻想或期望，即，那是虚假的和不真实的。我记得二十五年前在我的一项性学研究中有一位被试，她丧失了对宗教的信仰，因为她简直不能相信这样的上帝竟会发明这样一种淫秽的、肮脏的和令人作呕的制造婴儿的方式。我又想起中世纪有关僧侣的记述，他们深为他们的动物本性（例如排粪）和他们宗教的追求二者的不相容所苦恼。我们的专业经验使我们能对这种不必要的、自己制造的愚蠢置之一笑。

一句话，基本的人性已被称为肮脏的、罪恶的或野蛮的，因为它的某些特征已被先验地确定为如此。假如你把排尿或月经定位为肮脏的，那么随之人体也变成肮脏的。我曾认识一个人，他每次受到妻子的性吸引时都深为内疚和羞耻所折磨，他是"语义上的"邪恶，专断定义的邪恶。因此，以一种更接受现实的方式重下定义，是一种缩小"是"和"应该"之间距离的方法。

统一的意识 最佳条件下的事实即价值（应该成为的已经实现）。我已经指出过，这一融合能沿着两个方向发生，一个方向是改善实际状况使它更接近理想，另一方向是让理想按比例下降，让理想能更接近实际存在的事物。

也许现在，我可以加上第三条道路，即统一的意识。这是一种能力，能在事实——"是"中同时发现它的特殊性和它的普遍性；既把它视为当下，又把它视为永恒，或者宁可说是能在特殊中通过特殊看到普遍，能在暂时和瞬时中通过瞬时看到永恒。用我自己的话来说，这是存在领域和缺欠领域的一种融合：当沉浸在缺欠领域中时意识到存在领域。

这不是什么新东西。禅宗、道家或神秘文献的任何读者都能理解我所谈论的问题。每一位神秘论者都曾力图描绘具体物的这种生动性和特殊性，同时又描绘它的永恒、神圣、象征的性质（类似一种柏拉图式的本质）。而现在，除此以外，我们又有了许多实验家（例如赫胥黎）的描绘，描绘用致幻剂进行实验的效果。

我能利用我们对儿童的认识作为普通一例。在原理上，任何儿童都可能变成任何东西。它有巨大的潜能，因此，在一定意义上，它是任何东西。假如我们有任何敏感性，我们观察他们时应该能意识到这些潜能并肃然起敬。这个特殊的婴儿可能被认为是未来的总统、未来的天才、未来的科学家或英雄。实际上，他此刻确实在一种现实意义上也具有并就是这些潜能。他现实性的一部分正体现了这些各式各样的可能性。任何丰富而又充分的观察都能看到这个婴儿具有的这些潜能和这些可能性。

同样地，任何充分的对女人和男人的认识都包括他们的神性、牧师的可能性，体现在真实而有限的人类个体中并光彩熠熠地展现在你的眼前：他们维护什么，他们能成为什么，他们使我们想到什么，我们歌颂他们什么。（一位感性的人看到一位妇女喂宝宝吃奶或烘烤面包，或看到一位男子保护他的家庭免遭危难，他怎么可能无动于衷？）

每一位优秀的医师对于他的患者都必须有这种统一的认识，不然他绝不能成为一个合格的医师。他必须能给予患者“无条件的积极关注”（罗杰斯用语）——把他看成是一个独一无二的、庄严的人——同时又意识到患者是有缺点的，他是不完善的，他需要接受改善的治疗。[①]患者作为人类一员的这种尊严是需要注意的：我们对于任何患者都应尊重，不论他所做的事情多么可憎。这是废除死刑运动中所蕴含的那种哲学，包括禁止过度贬抑个人或禁止残酷的和异常的惩罚。

我们要有统一的认识，既认识人的圣洁庄严的一面，又认识其世俗庸俗的一面：无视这些普遍的、永恒的、无限的基本特征的本质是一种退步，退步到了具体的、物的水平。因而是一种局部的盲目（参看下文讨论“应该的盲目性”）。

这个问题之所以和我们的讨论有关，是因为这是一种同时看到“是”和“应该”的方法，既看到直接的、具体的真实性，又看到可能成为的、能够成为的东西，看到目标价值，它不仅可能实现而且当时就存在，就在我们的眼前。这也是一种我能教给某些人的方法。因此，在原理上，它使我们看到，有意地、自愿地融合事实与价值的可能性就在我们面前。读荣格、埃利亚德、坎贝尔或赫胥黎的书而又让我们的认识不受长期影响，不使事实和价值融合在一起，那是很难做到的。我们须等待高峰体验带来融合！

“实体化” 这一问题的另一种说法是关于它的另一个侧面。如果一个人足够聪明想这样做，几乎任何方法活动（方法价值）都能转化为结束活动（结束价值）。一个人起初为了生计不得不从事

① 同时接受和融合这一似乎矛盾的认识常被拿来和宗教的、上帝的语言中的认识相比。例如，一位信教的妇女的信中有这样的话：“我在成长—安全观念和二歧（自私—不自私）观念中看到和现实—潜势观念的类似。上帝在观察我们并爱我们，也同时看到了我们的潜能，要求我们的潜能向前发展。当我们变得更神圣时，难道我们不能接受他当时的状况同时召唤他走下一步吗？”

一项工作，最终却喜欢上了工作本身。甚至最沉闷、最单调的工作，只要在原理上是有价值的，就能受到尊崇并成为神圣的（从一个简单的方法变成一个目的，具有了价值）。有一部日本电影（*Ikuri*）非常清楚地说明了这一点。当癌症导致的死亡临近时，原本最沉闷的办公室工作也变得实体化了，生命变得有意义和有价值，无论它应该是什么样子。这也是另一种融合事实与价值的方式：一个人能使事实转化为目的价值，只要把它看成那样并使它成为那样。（我觉得，神圣化或统一的观察和实体化有所不同，虽然两者有重叠。）

事实的向量性质　我引用韦特海默的一段话作为研究的开始：

> 什么是结构？七加七等于……这种情境是一个带有缝隙、缺口（空位）的系统。我们可以用各种方式填满缺口。从它在整体中的作用看，一种填法（十四）是和情境相符的，适合缺口的，是这一系统的结构所需要的。它适当地处理了这一情境。另外的填法，如十五，就不适合。它们不是正确的填法。它们是任意确定的，是盲目的，或破坏了缺口在结构中所具有的作用。
>
> 这里，我们有“系统”概念、“缺口”概念，不同“填充”、情境需要的概念；有“需求性”。
>
> 假如一条数学曲线有一个缺口，有一个地方缺少点什么，情况也类似。从曲线的结构看，要填满缺口往往有一些限制，某一填充对于结构是适合的、明智的、正确的；另外的则不

行。这和内在必要性的概念是有联系的。不仅逻辑运算、结论等，而且发生的事情，主体的作为，存在的状况，也能在这样的意义上成为合理的或愚蠢的、合逻辑的或不合逻辑的。

我们可以制定一个公式：给定一情境，一个系统带有一个空缺，某一填充是否适合这一结构，是否正确，往往取决于这个系统的结构、情境的结构。这里存在着一些需求，在结构上决定的需求，存在着纯理论的明确判断，能分辨哪一种填充适合情境，哪一种不适合，哪一种违背了情境的需求……这里坐着一个饥饿的儿童；那边有一个男人在盖一个小屋，缺少一块砖。我一只手拿着一块面包，一只手拿着一块砖。我把砖递给饥饿的儿童，把面包递给了那个男人。这里我们有两种情境、两个系统。但是我的分配对于填充作用来说是盲目的。

接着，在脚注中，韦特海默附加说：

在这里，我不能讨论这样的问题——如阐明"需求"概念等。我只能说，通常对"是"和"应该"的简单分割必须改正。这样一种顺序的"决定"和"需求"是客观的性质。

《格式塔心理学文献》一书的大多数作者也有类似的论述。事实上，格式塔心理学的全部文献都证明，事实是动态的，而不是静态的；它们不是无向量的（仅有数量），而是有向量的（既有数量，又有方向），如克勒曾特别指出的。在哥尔德斯坦、海德尔、莱温和阿施的著述中，我们甚至能找到更有力的例证。

事实并不仅仅躺在那里，像碗里的麦片粥；它们做着各式各样的事情。它们自行分类；它们完成自身；一个未完成的系列“要求”一个美好的完成。墙上卷曲的画请求弄得平整；未完成的课题总是不断打扰我们直到我们完成为止。蹩脚的格式塔会使自己成为较完美的格式塔，没用的复杂印象或记忆会使自己简单化。音乐的和谐要求正确的和弦才能达到完美；不完善的趋向完善。一个未解决的问题坚持不懈地指向它的恰当解决。“情境的逻辑要求……”我们总是这样说。事实是有权威的、有要求的特性。它们需要我们；它们可以说“否”或“是”。它们引导我们，向我们提出建议，表明下一步该做什么并引导我们沿着某一方向而不是另一方向前进。建筑师谈论地基的需要；画家会说那块油画布“要求”多用些黄颜色；服装设计师会说，她设计的服装需要一种特别的帽子搭配。啤酒和林堡搭配比和罗克福搭配更好，或像某些人说的，啤酒“喜欢”一种乳酪胜过另一种。

哥尔德斯坦的著作尤其证明了生物机体的“应该”。一个受损伤的机体不满足于它的现状，不安于受损。它努力着，敦促着，推进着；它和自身作战、斗争，要重新使自己成为一个完整的统一体。从一个丧失了某一能力的统一体，力争变成一个新型的统一体，使已丧失的能力不再危害它的统一。它管理自己，制造自己，再造自己。它肯定是主动的而不是被动的。那就是说，格式塔和机体论心理学家不仅有“是”的洞察，而且有“向量”的洞察（“应该”的洞察？），而不是像行为主义那样的“应该盲”，认为生物机体仅仅是被“做成”那样，而不是自己也在“做着”，也在“要求着”。这样看，弗洛姆、霍妮、阿德勒也可以说有“是”和“应该”的洞察。有时我发现，应该认为所谓的新弗洛伊德派是综合了弗洛伊德（他缺乏充分的整体观）和哥尔德斯坦以及格式塔心理学家，而不仅仅是背离弗洛伊德的异端。

我想坚持的是，许多事实的这一类动力特征，这一类向量的性质，恰恰落入了“价值”一词的语义范围。至少，它们在事实和价值之间的二歧鸿沟上架起了桥梁，这种二歧之分已被大多数科学家和哲学家徇惯例不假思索地视为科学自身的一个规定性特征。许多人把科学规定为在道德上和伦理上是中性的，关于目的应该没有什么可说。他们就这样给不可避免的后果敞开了大门，那就是说，假如目的必须来自某处，又假如目的不能来自知识，那么，它们便只能从知识以外的地方得来。

“应该性”由“事实性”所创造　这一点由一些简单易懂的阶段引出并扩大至范围更广的概括。事实的“事实程度”、它们的“事实的”性质的增强同时也引至事实“应该”性增强。“事实”程度产生“应该”程度，我们可以这样说。

“事实”创造“应该”，某物被认识得越清楚，某物也变得越真实、越不会被误解，它也会获得越多的“应该”性质。某物变得越“是”，它也变得越“应该”——它获得更高的需求度，它更高声地“要求”特殊的行动。某物被理解得越清楚，也变得越“应该”，同时也变成行动的更佳向导。

在实质上，这表示，当任何事物十分明确、十分肯定、十分真实、毫无疑义时，它就会在自身内部提出它自己的需求，它自己的需要品格，它自己的适合性。它“要求”某些行动而不要求其他行动。假如我们规定伦理学、道德和价值为行动的向导，那么，引向最坚决的行动的最容易理解和最好的向导就是非常确实的事实。事实越正确，它们越是更好的行动向导。

我们可以利用一个不能确定的诊断作为例子来说明这一点。我们都见过青年精神病医师的犹豫不决和摇摆不定，对患者宽容、敏感和下不了决心，他们在诊断中完全不能肯定是怎么回事。当他参照许多其他诊疗意见和一连串相互印证的测试时，假如这完全符合他自己的观察并做过反复核实，他会变得十分肯定，例如，确诊患者是精神疾患，于是，他的行为以一种非常重要的方式向肯定改变，向坚决和有把握改变，变得确切知道该做些什么，以及什么时候做和如何去做。这种确定感武装了他，使他敢于反对患者亲属的不同意见和对立看法，反对任何其他有不同想法的人。他能排除对立果断行事仅仅因为他没有怀疑；用另一种方式说，他理解了问题的真相。这一认识使他能够不顾可能加之于患者的痛苦，不顾患者的眼泪、抗议或敌意，毫不犹豫地前进。只要你相信自己，你便不再惜力。肯定的知识意味着肯定的理论决断。诊断的确定意味着治疗的确定。

在我自己的经验中，也有一个例子能说明道德的坚定是怎样来自事实的确定的。在读研究生期间，我曾研究过催眠术。大学有一项规定禁止催眠，理由是（我猜测）它不能成立。但我确信它能成立（因为那时我正在做这件事），并相信它是通向知识的一条康庄大道，一种必需的研究途径。我的无所顾忌使我自己也感到吃惊，我甚至不惜说谎或偷偷摸摸地进行。我不过是做必须做的事，因为我敢肯定它是一件应该做的正当事（请注意“应该做的正当事”这一短语，它既是一个认知词，又是一个伦理词）[①]。我只不过比他们懂得的要多些。我无须生这些人的气，我仅仅认为他们在这件事上是无知的而不重视他们（这里我撇开了不恰当的确信感这一非常困难的问题：那是另一个问题）。

另一个例子：当父母犹豫不决时，他们是软弱的；当他们确信时，他们变得坚强、肯定而明确起来。假如你确切知道你的所作所为是什么，你就不会犹豫，即使你的孩子哭喊、痛苦或抗议。假如你知道，你必须拔出一根刺或一个箭头，或者假如你知道你必须动刀才能救孩子的命，你就能毫不手软地去做。

这正是知识带来明确决断、行动、抉择的地方，使我们知道该做什么，因而给了我们力量。这非常像一位外科医生或牙科医师所处的情境。外科医生剖开肚子找到发炎的阑尾，他知道最好把它割掉，因为如果让它烂在肚子里就会死人。这是一个例子，说明真理命令必需的行动，“是”命令“应该”。

所有这一切都和苏格拉底的信念有联系。苏格拉底曾认为，没有人会自愿地选择虚假而抛弃真理，或择恶弃善。这里的假设是：

① “错误”“不好”“正确”也是这样的认知评价词，那位英语教授的故事是进一步的说明。他告诉他的学生他们写作时最好不要用两个不雅的词，一是“lousy”，一是“swell”。等了一会儿，一个学生问道：“那么，它们究竟是什么意思呢？”

无知使错误的选择成为可能。不仅如此，而且全部杰弗逊的民主论都以这样的信念为依据，即充分的知识引导出正确的行动，没有充分的知识也不可能有正确的行动。

自我实现的人对事实和价值的认识　若干年前，我曾报告说，自我实现的人是对现实和真理很有认识的人，也是对是非一般不会混淆的人，他们能比一般人较快并较有把握地做出伦理决断。从那以后，第一个发现经常得到支持，我也认为我们今天能比二十年前更好地理解这一点。

然而，第二个发现一直是某种难解之谜。当然，我们今天对于心理健康的心理动力问题知道得更多了，因而我们能够更安于这一发现，并更倾向于希望未来的研究能够肯定它是事实。

我们当前讨论的上下文允许我提出我的强烈印象（这当然必须得到其他观察者的印证），即这两个发现可能是有内在联系的。那就是说，我认为对于价值的明确认识在一定程度上是对于事实的明确认识的一种结果，或者说，它们甚至可能是一回事。

我称之为B认识——对存在的认识，对不同的认识、对人或物的内在本性的认识，更经常地出现在更健康的人中，并似乎不仅是对深层确实性的一种认识，而且同时也是对有关对象的应该性的一种认识。那就是说，应该性是深刻认识的事实性的一个内在固有的方面：它自身也是一个有待认识的事实。

这一应该性所要求的品格，或需求性，或固有的行动需求，似乎只对这样的人有影响：他们能清楚地看到所得印象的内在本性。因此，存在认知能引导出道德的肯定和决断，正如高智商能引导出对复杂事实的明确认识，或也如一位体质敏感的美术鉴赏者往往能非常清晰地看到色盲不能看到或其他人视而不见的东西。一百万色盲看不到地毯的绿色，那也没什么要紧。他们可能认为地毯是灰色的，但这对于那位清晰、生动而无误地看到事实真相的美术家毫无影响。

因为更健康、更有认识的人很少是“应该盲”——因为他们能让自己认识到什么是事实所希望的，什么是事实所要求的，什么是事实的暗示、需要或恳求——因为他们能让自己像道家那样任由事实引导——他们因而会在一切价值决断方面较少踌躇，这些决断取决于现实的性质，或其本身就是现实的一部分性质。

只要一个对象的“事实面”和“应该面”可以分开，分开谈论“是认识”和“是盲”以及“应该认识”和“应该盲”便可能是有益的。我相信，一般人因而可以被说成是“是认识”而“应该盲”。健康人是更能认识“应该”的人。心理治疗导致更高的“应该认识”。我的自我实现被试的更坚定的道德决断可能直接来自更明确的“是认识”，更明确的“应该认识”，或同时来自两者。

即使有可能使问题复杂化，我仍不禁要附加说，“应该盲”可以部分地理解为一种对潜能、对理想的可能性的盲目。作为一个例子，让我引述亚里士多德所说的关于奴役的“应该盲”。当他审查奴隶时，他发现奴隶确实在性格上是奴性的。这一描述性事实那时被亚里士多德认为是奴隶的真正的、最内在的、本能的性质。因此，奴隶本性如此，他们应该成为奴隶。金西也犯了类似的错误，把简单的、表面的描述和“正常状态”混淆了。他看不到本来

“可能”成为怎样的。弗洛伊德和他关于女性柔弱心理的学说也是如此。在他的时代女性通常的确如此，但看不到她们进一步发展的潜能正如看不到一个孩子有机会长大成人一样。对未来可能、变化、发展或潜能的盲目必然导致一种现状哲学，把“现状的是”（包括全部现有的以及可能有的）当作标准。正如西利说到描述的社会科学家时所说的，纯描述仅仅是一张应邀加入保守党的请帖。[①]脱离价值的“纯”描述，除了其他问题以外，仅仅是草率的描述而已。

道家的倾听　一个人能找到对于自己来说是正确的东西，需通过仔细地、像道家那样地倾听自己内部的呼声，为了让自己被铸造、被引导、被指引而倾听。好的心理医师以同样的方法帮助求诊患者——让他听到自己被淹没的内部呼声。他自己本性的微弱命令，要知道，按照斯宾诺莎的原理，真正的自由是由接受和爱必然、爱真实的本性所组成的。

同样地，一个人要发现正确对待世界的方法，也要靠倾听其本性和呼声，靠对它的需求和暗示的敏感，要安静下来让呼声能被听到；要能承受、不干预、不要求，并由它自然发展。

我们在日常生活中时时刻刻都在这样做。只要我们知道关节在

---

① 迄今为止，我在“应该认识”的题下分别列出了几种认识。一种是感知领域的格式塔—向量（动力的或方向的）方面的认识。第二种是对作为现在存在的未来的认识，即对作为未来成长和发展的潜能和可能性的认识。第三种是同一型的认识，在这种认识中，知觉对象的永恒面和象征面连同它的具体面、直接面和有限面同时被认识，我不能肯定，我所说的“实体化”，即对一项活动作为一个目的而不仅仅作为一个手段的认识，与此有怎样的相似或不同。由于它们是不同的操作，我愿暂时仍然让它们分隔开。

那里，怎么掌握刀和叉，切开一只火鸡就变得更容易，即对有关事实有充分的了解。假如事实已被充分了解，它们就会引导我们、告诉我们该做什么。但这里还蕴含这样的意思：事实是不会高声说话的，理解事实是困难的。要想听到事实的声音必须保持安静，非常接纳地谛听，以道家的方式谛听。那就是说，假如我们希望让事实告诉我们它们的应该性，我们必须学会以一种非常特殊的方式洗耳恭听，这种方式可以称为道家的——静默的，不作声，安宁的，充分地听，不干预的，接纳的，耐心的，尊重眼前的问题，谦恭对待眼前的问题。

这也是一种关于古老苏格拉底学说的现代说法：从来没有什么人有了充分的知识还去作恶。虽然我们不能断言，因为我们现在当然知道还有除无知以外的恶行，但我们仍然可以同意苏格拉底的看法，把对事实的无知看成恶行的主要缘由。这等于说事实本身在其本性范围内含有一些暗示，告诉我们应该做些什么。

用钥匙开一把难开的锁是另一种类型的活动，最好也用道家的方式进行，轻轻地、细心地、摸索着进行。我想我们都能理解这是一种非常有效的方法，有时是最好的方法，解决几何学问题、治疗问题、婚姻问题、职业选择，以及道德意识问题、是非问题也应如此。

这是接受事实的“应该”性质的必然结果。假如有这种性质存在，我们就必须认清它。我们知道这不是一件容易的事儿，我们应该研究那些能使我们达到最大可能“应该认识”的条件。

第九章

存在心理学简说[①]

存在心理学（*Being-Psychology*）[②]的定义（论题、问题、研究范围）

1. 讨论目的（而不是手段或工具）；目的状态，目的体验（内在的满足和愉快）；人，自身作为目的（庄严的、独特的、不能类比的，和其他人同样可贵，而不是工具或达到目的的手段）；使手段变成目的、使手段活动转化为目的活动的技术。讨论物本身，像它们处在自身本性状态中的样子，在它们自我生效的范围内，内在

① 这些片段还不是最终的形式，它们也没有形成一个完整的结构。它们以前人的文章中提出的观点为基础，并将这些观点推演到它们的理想程度。它们是1961年在我作为加利福尼亚拉霍亚地区西方行为科学研究所安德鲁·凯客座研究员任期内写出的。可参考另一些关于存在心理学的解释。

② 马斯洛所说的“Being-Psychology”和兴起于欧洲的“Existential Psychology”（存在主义心理学）不是一回事。两者的不同见马斯洛的《存在心理学探索》第二章。——译注

有效时，它们的固有价值和自身价值才无须学证。当下的状态，现在被充分体验，现在本身（作为目的），不是作为过去的重复或未来的序曲。

2. 讨论终结和末端状态，即完成、顶点、终局、结尾、全体、极致、完美（没有任何缺欠的状态，不再有任何需要，不可能再做改善）。纯愉快的状态，欢乐、幸福、狂喜、入迷、实现、现实化；希望实现的状态，问题得到解决，愿望得到批准，需要被满足，目标达到，梦想成为现实等状态。已经在那里的状态；已经到达那里而不是正在努力争取到达那里。高峰体验。纯粹成功的状态（一切否定暂时消失）。

2a. 完成和终局的不愉快、悲剧状态，在它们产生存在认知的范围内。失败、无望、绝望、防御瓦解的状态，价值系统的无能为力，面临真正犯罪的深渊，所有这些在有足够力量和勇气的某些情况下，都能迫使人达到对真理和真实的认知（作为一个目的，不再作为一种手段）。

3. 觉得完美、认为完美的状态。完美概念。理想、模式、极限、范例、抽象定义。人，作为他潜在的存在，或可以被设想为完美的、理想的、模式的、真诚的、完满人性的、范例的、超凡的、值得模仿的，或在这些方面具有潜势存在的人（人性发展的理想限度，他在逐步趋近，但绝不会一劳永逸地达到）。他的注定目标、他的命运。这些理想的人类潜能使我们从理想中推知心理治疗、教育、家庭训练、成长的极致、自我发展等的最远目标（参看下文“规定存在价值的操作”）。讨论内核的定义和人的规定性特征；

他的本性，他的“固有内核”或“内部核心”；他的本质，他现时存在着的潜能，他的必要条件（本能、体质、生物本性、内在固有的人性）。这使得“完满人性”“人性程度”或“人性萎缩程度”的（定量的）说明成为可能。欧洲概念的哲学人类学。“必要条件”，规定性特征（人性概念的定义），要与典范（榜样、柏拉图的理念、理想的可能、完美的观念、英雄、模板）区分开。前者是极小值，后者是最大值。后者是纯粹的、静态的存在，是前者力图成为的，前者所有的是很低的归类条件，例如，人是无羽毛的两足动物。而且，人类成员资格是全或无的，不在其内，就在其外。

4. 无欲求、无目的状态，无缺失性需要、无激动、非竞争、非努力的状态，享受奖赏、得到满足的状态。取得收益。（因此，能“让一个人的兴趣、希望、目的完全处于视野以外；能在某一时刻完全放弃一个人的个性，继续作为纯认识的主体……能清晰地观察世界。”——叔本华）

4a. 无畏状态；无焦虑状态。勇气。无碍的、自由的流动，无抑制、无阻挡的人性。

5. 超越性动机（在一切缺失性需要、一切缺失和要求得到满足以后的行为动力）。成长动机。“非激发的”行为。表现。自发性。

5a. 纯（始发的或整合的）创造的状态和过程。纯此时此地活动（在可能的范围内“摆脱”过去或未来）。即兴创作。人与情境（问题）的相互吻合，将人—境融合为一种理想限度的运动。

6. 关于希望（或注定的目标、使命、命运、天职）、自我完成的描述、实证以及临床上、人格学上或心理测量上说明的状态。（自我实现、成熟、充分发展的人，心理健康，真实，真正自我的达成，个性化的完成，创造性人格、自我同一性、潜在势能的领悟、确认或实现。）

7. 存在认知。和心灵以外的实在打交道，集中于实在的性质而不是正在进行认识活动的自我的性质或兴趣。看透人或物的本质。领悟。

7a. 存在认知发生的条件。高峰体验。最低点或孤寂体验。死前存在认知。严重精神病倒退状态下的存在认知。存在认知式的治疗洞察。对存在认知的畏惧和躲避；存在认知的危险。

（1）存在认知感知的本质。存在认知所描述的和完美推断的实在的性质，即在最佳条件下的描述和推断，实在被设想为不依赖于观察者。非抽象的实在。（参看关于存在认知和缺失认知的解释）

（2）存在认知观察者的本质。真实，因为超脱、无欲念、不自私、“无偏见”、道家思想、无畏、此时此地（参看关于纯洁认知的注释）、承受、谦虚（不骄傲）、没有得失的考虑，等等。我们自己作为最有效的实在观察者。

8. 超越时间和空间。时间和空间被遗忘时的状态（被吸引、集中注意力、着迷、高峰体验、最低点体验），无关或有阻碍或有害时的状态。以无时间的、永恒的、无空间的、普遍的、绝对的、完美的视角看待宇宙、人、物、经验。

9. 神圣的东西；崇高的、实体的、灵魂的、卓越的、永恒的、无限的、唤起敬仰的、绝对的；敬畏状态；崇拜、供奉状态，等等。“宗教”虔诚状态，就其自然主义的一面而言。从永恒面来看待的日常世界、日常的物和人。统一的生命；统一的意识。暂时和永恒的融合状态，局部和普遍、相对和绝对、事实和价值的融合状态。

10. 单纯状态（用儿童或动物作为范例）。（参看存在认知，用成熟的、聪明的、自我实现的人作为范例）单纯感知（理想状态是对重要和不重要之分；一切皆有可能出现；一切皆有可能有趣；形和基的较少区分；只有简陋的结构和环境的不同；较少手段—目的之分化，一切皆有其自身的价值；没有未来，没有预知，没有预警，因而没有惊异、忧虑、失望、期待、预测、焦虑、排练、准备或烦恼；一件事情像另一件一样有可能发生；无干预的承受；接受发生的一切；几乎没有抉择、偏爱、挑选、分辨；对有关和无关很少区分；很少抽象、怀疑）。单纯举止［自发，表现，冲动；没有畏惧、控制或抑制；没有狡诈，没有别有用心的动机；诚实；无畏；无企图；无计划、无预谋、无排练；谦恭（不骄傲）；没有不耐烦（当未来未知时）；没有改善或改造世界的冲动——单纯和存在认知有很多重叠；或许它们将来会证明是完全等同的］。

11. 倾向终极整体的状态，即倾向整个宇宙，倾向全部实在，以一种统一的方式看待实在；每一事物也都是每一别的事物，任何事物都和每一事物有联系；全部实在不过是我们从不同角度观察的单一事物。帕克的宇宙意识。对世界某一部分的着迷的观察就好像它是整个世界。看某一事物就像它是所有的一切，这是一种技术，例如在艺术和摄影中，在剪裁、放大、扩充中，等等。（切断对象和他物的一切联系，把它从背景中突出出来，去掉它的嵌入状态，等等，让它显现自身，绝对地、新鲜地显现）。观察它的一切特征，而不是依据效用、危险、方便等概念进行抽象。一物的存在即全物；抽象化必然会从手段的观点进行观察并使它脱离物自身的领域。

超越分割、离散、互相排斥，超越排中律。

12. 观察到或推论出的存在特征（或价值）。存在王国（参看存在价值表）。统一的意识（参看有关存在价值操作定义的备忘录，下文第四节）。

13. 二歧（两极、对立、矛盾）已得到解决（被超越，相结合，相融合，整合）的一切状态，例如，自私和不自私，理智和感情，冲动和控制，信赖和意愿，意识和无意识，相反的或敌对的利益，愉快和悲哀，眼泪和笑，悲剧和喜剧，阿波罗（太阳神）和狄俄尼索斯（酒神），浪漫和经典等的二歧统一。一切能使对立转化为协作的整合过程，如爱、艺术、理智、幽默，等等。

14. 一切协同状态（在世界上，在社会中，在个人内部，在本性中，在自我中）。自私变得和不自私同一的状态（当我追求“自私的目的”而必须为其他每一个人造福的时候；当我成为利他的人而使我自己也得益的时候，即当二歧已得到解决并被超越的时候）。能使美德得到报酬的社会状态，即当美德能够得到外部奖赏如同得到内在满足一样的时候；当美德、直爽、智慧、优美、诚实等不会代价太高的时候。能培养和鼓励存在价值使之实现的一切状态。能使人易于从善的状态。阻止怨恨、反价值和反道德（对卓越的仇视和畏惧，对美、善、真等的仇恨和畏惧）的状态。一切能增进真、善、美等之间相关关系的状态，使这些美德趋向理想统一的状态。

15. 能使人的困境（存在的两难处境）暂时得到解决、整合、被超越或被遗忘的状态，例如，高峰体验，存在幽默和笑，“愉快的结局”，存在公道的胜利，“有价值的死亡”，存在爱，存在艺术，存在悲剧或喜剧，一切整合的时刻、行动和领悟，等等。

《存在心理学探索》中所用“存在”一词的多种用法的简要说明

1. 它被用来指代整个宇宙、每一种存在物、实在的一切。在高峰体验中，在着迷、集中注意状态，注意力能会聚于某一单个的物或人，并得到一种反应，“似乎”那就是全部存在、全部实在。这表示从整体上看一切都是相互关联的。唯一完整的东西是整个宇宙。任何有缺陷的物体都是局部的、不完全的，切断了固有的联结和关系，为了暂时的、实际的便利才如此。它也指代宇宙意识，并表示层次整合而不是二歧化。

2. 它指代“内核”，个人的生物本性——他的基本需要、能力、爱好；他的不能再简化的本性；“真正的自我”（霍妮）；他的内在的、根本的、固有的本性。同一性。由于“内核”既是普遍的（每一婴儿都有被爱的需要），又是个体的（只有莫扎特才是完美莫扎特式的），这个说法能表示“成为完满人性的”和（或）“成为完全特异的”。

3. 存在意味着“表现一个人的本性”，而不是竞争、努力、紧张、意愿、控制、干预、命令（含有一只猫就是一只猫的意思，而不是说一位女性扮演者是一女性，或一个小气鬼“试图”成为慷慨的）。它指代不费力的自发性（像一个聪明人表现出智慧，像一个婴儿显得孩子气那样），使最深层的、最内在的本性在行为中表现出来。由于自发性很难做到，多数人都可以称为“人的扮演者”，即他们“试图”成为他们所设想的人的样子，而不是恰好成为他们本来的样子。因此，它也意味着诚实，坦荡，自我揭露。多数运用过自发性的心理学家暗自抱有未经充分审查的想法，认为神经症不是最深层本性的一部分，不是内核的一部分，或人的真实存在的一部分，而宁可说它是人格更表面的一层，它掩盖或歪曲了真实的自我，即神经症是对真实存在、对一个人深部生物本性的一种防御。“试图”可能不如“成为”（表现）好，但它比试也不试要好些，比无希望、不竞争、放弃要好些。

4. 存在可以指“人”“马”等概念。这样一种概念具有规定性特征，以特定的方式包括和排除内部的成员。就人类心理学说，这是有局限性的，因为任何一个人既能看成“人”这一概念或“类”的一员，又能看成某一独特类（如“爱迪生·西姆斯”）的唯一成员。

并且，我们还能以两种截然不同的方式利用“类”这个概念，或尽量减少或尽量扩大规定。尽量减少规定能使“类”几乎不排除任何一个个体。这不能给我们提供任何划分等级的依据或以任何方式在人与人之间进行区分。一个人或者是类的一员，或者不是类的一员，或在类内或在类外，两者必居其一。

除此以外，“类”还能用它的完美范例（楷模、英雄、理想的可能性、柏拉图的理念、推演到理想的极限和可能）来规定。这种用法有许多优点，但它的抽象的和静态的性质必须引起注意。在描绘我能找到的现实中最优秀的人物（自我实现的人，他们没有一个是绝对完美的）和描绘理论上的纯范例概念（从对现实非完人的描述出发进行推演构成的）之间有很深刻的区别。“自我实现的人”这一概念所表明的不只是那样一些人，而且是他们趋近的理想极限状态。这应该不难理解。我们习惯于蒸汽机或汽车的蓝图或图解，自然绝不会把它们和我的汽车或你的蒸汽机的照片相混淆。

这样一种定义使我们有可能把本质的东西和外周的东西（偶然的、表面的、非本质的）区分开。它提供了一些标准，能区分真实的和不真实的，真的和假的，必需的和可以省却的或可以牺牲的，长远的、永恒的和过渡的，不变的和可变的。

5. 存在能表示发展、成长和变化的“终局”。它指代最终的产物或限度、目标、变化的末端，而不是变化的过程，如在下句中表明的：“这样，存在心理学和变化心理学能和谐一致，儿童，虽然单单是他自己，却能向前运动并成长。”这听起来非常像亚里士多德的“终极因”，或末端、最终的产物，意思是橡籽在它的本性中现在就是橡树，那是它将会变成的。（这是一种诡异的说法，因为我们有拟人化的倾向，说橡籽“试图”成长。它不是这样的，它不过“是”一个婴儿。正如达尔文不会用“试图”一词解释进化，我们也必须避免这一用法。我们只能把它向自己的极限成长解释为它的存在的副现象，解释为同时期的机制的“盲目”副产品和过程。）

存在价值（作为高峰体验中所见世界的描述）

存在的特征也就是存在的价值。［可以类比为完满人性者的特征，完满人性者的爱好；高峰体验中人格（同一性）的特征；理想艺术的特征；理想儿童的特征；理想数学证明、理想实验和理论，理想科学和知识的特征；一切理想心理治疗（道家的不干预）的长远目标；理想人本主义教育的长远目标；某些类型的宗教的长远目标和表现；理想的良好社会和理想的良好环境的特征。］

1. 真：诚实；真实；坦率；单纯；丰富；本质；应该；美；纯；洁净和纯粹的完全。

2. 善：正直；希求；应该；公正；仁慈；诚实；我们喜爱它，被它吸引，赞同它。

3. 美：正直；形态匀称；活泼；单纯；丰富；完整；完善；完全；独一无二；诚实。

4. 完整：统一；整合；倾向唯一；相互联结；单纯；组织；结

构；秩序；不分离；协同；同一体倾向。

4a. 二歧超越：接受，坚决，二歧、两极、对立面、矛盾的整合和超越；协同（对立转化为统一，敌对者转化为相互合作或相互鼓励的伙伴）。

5. 活泼：过程；不死气沉沉；自发；自我调整；充分运转；改变中保持原样；表现自身。

6. 独特：特有的风格；个人的特征；非可比；新颖；可感受的特性；就是那样；不像任何别的东西。

7. 完善：没有什么是多余的；也不缺少任何东西；一切都在合适的位置上，无须改善；恰当；正是如此；适宜；无可超越；应该。

7a. 必需：不可免；正像那样；任何一点也不要改变；那样就很好。

8. 完成：完结；终局；合法；事情已经完成；格式塔不再改变；目的实现；终点和末端；没有缺失；全体；命运的实现；终止；顶点；圆满结束；新生前的死；成长与发展的终止和完成。

9. 公道：公平；应该；适宜；结构的性质；必需；不可免；无偏私；不偏袒。

9a. 秩序：合法则；正确；没有多余的东西；安排妥善。

10. 单纯：忠实；坦率；本质；抽象；无误；基本骨架结构；问题的中心；不拐弯抹角；仅仅必需的东西；无修饰；没有多余的东西。

11. 丰富：分化；复杂；错综；全体；无缺失或隐藏；都在眼

前；“无所谓重要或不重要”；一切都同等重要；没有什么是不重要的；一切顺其自然，无须改善、简化、抽象、重新安排。

12. 不费力：自如；不紧张，不力争，或无困难；优雅；完美的运转。

13. 欢娱：欢笑；欢乐；有趣；高兴；幽默；生气勃勃；不费力。

14. 自足：自主；独立；除自身以外不需要任何别的东西；自我决定；超越环境；分立；依据自己的法则生活，同一性。

以可测形式呈现的、说明存在价值含义的操作定义

1. 首先看到的是对自我实现（心理上健康）的人的特征描述，像他们自己报告的那样，像研究者以及和他们关系密切的人所认识的那样。

2. 作为自我实现的人的偏爱、选择、迫切需要、价值，见于他们自身，见于他人，见于外界中（假定有相当好的环境条件和相当好的选择者）。有这样的可能：除自我实现的人以外还有许多人有同样的、虽然有较弱的偏爱、需要，但要求非常好的环境条件和非常好的选择者。任何存在价值偏爱可能性的增大有赖于选择者心理健康的增进，环境的合作和选择者的力量、勇气、活力、自信等的增强。

假设：存在价值是很多人（大多数？所有人？）所深深渴望的（能在深部治疗中发现）。

假设：存在价值是能使人得到终极满足的东西，不论人是否有意识地寻求、偏爱或渴望它，即存在价值带来完善、完成、实现、宁静、命运实现等感受。从产生良好效果（治疗和成长的效果）[①]的意义上说也是如此。

3. 向调查研究者报告世界的特征（或这类特征的迹象），这些特征是高峰体验者在高峰体验中领悟到的（在种种高峰体验中世界看来如何）。这些资料一般都能得到文献中关于神秘体验、爱的体验、审美体验、创造体验、父母和生育体验、理智领悟、治疗洞察（不经常）、体育运动、躯体感受（有时）的普通报告的支持，也能得到宗教著作在某些方面的印证。

4. 高峰体验者向调查研究者报告的自我的特征（“敏锐的同一性体验”）。

5. 调查研究者观察到的高峰体验者的行为特征（与上文4相同）。

6. 对于其他存在认知（当有足够力量和勇气时）也同样，例如，某些高峰体验；某些最低点和孤寂体验（精神病式倒退、面临死亡、防御的崩溃、幻觉或价值体系、悲剧和悲剧体验、失败、面临人生的困境或存在的两难处境）；某些理智的和哲学的卓识、构建和洞察；关于过去的存在认知（“拥抱过去”）。这一“操作”或数据来源本身是不充分的；即需要其他的证据。有时需要其他操作发现的支持，有时需要与之对立的操作。

---

① 参看《存在心理学探索》第三章。

7. 被视为“优秀”艺术的特征（“优秀”迄今的意思是“本研究者所推荐的”），例如，绘画、雕刻、音乐、舞蹈、诗，其他文学艺术。

一项试点实验：儿童的非写实绘画由艺术裁判按十分制评级，一种标准是从“最大一般美感值”到“最小一般美感值”，另一组裁判按十分制评价“完整性”，又一组评价“活泼性”，第四组评价“独特性”。四种变量是正相关。一项试点调查：可以通过对绘画或短故事的评审印象得出关于绘画者健康的优于随机的判断。

可以检验的假设：美、智慧、善良和心理健康之间的相关关系随年龄的增加而增强。以十进位为区分，将不同年龄的人的美、善良、智慧和健康进行评级，每一项评级由不同的裁判组做出。全部评级应该是正相关的，三十多岁的人相关值应该更高，四十岁该值仍然很高，等等。迄今为止该假设只得到偶见的观察的支持。

假设：对小说按所有十五种存在价值进行评级将证明，“贫乏”的小说（由裁判做出）不如“杰出”的小说更接近存在价值。对于“杰出”音乐和“贫乏”音乐也同样。非规范性的陈述也是可能的，例如，哪些画家、哪些语言、哪种舞蹈有助于提高或增强个人特征、诚实、自足，或其他存在价值，或说明这些价值的作为范例？还有，哪些著作、诗为更成熟的人所喜爱？如何才能利用健康人作为“生物学的试金者”（存在价值的更敏感、更有效的观察者和选择者，像煤矿中的金丝雀）？

8. 我们对各年龄阶段儿童心理健康的增进和减退的原因所知很少，但仅就我们所知而论，大体也能看出，健康的增进意味着趋向种种（也许是全部）存在价值的运动。学校、家庭等良好外部条件可能被认定是引向心理健康或存在价值的。用可以检验的假设来表述，那就是说，心理上更健康的儿童，要比不那么健康的儿童更诚实（更美，更有道德性，更完善，等等）。健康可以用投射实验测定，或用行为选样或精神病学诊断或典型神经症的症状来鉴别。

假设：心理上更健康的教师应该能引导他们的学生向存在价值运动，诸如此类。

非规范式的问题：哪些条件能增进儿童中的整合作用？哪些条件能使之削弱，如诚实，美，娱乐，自足，等等？

9. "优秀的"（价值2）或第一流的数学论证是"单纯"、抽象真理、完善和完成以及"秩序"的终极形式。这些论证被认为而且常常被认为是非常美的。一旦做出以后，它们看起来似乎很容易而且确实容易。这一趋向完善的运动，对完善的渴望、爱、崇拜，在某些人那里甚至是需要，等等，已被大概类比为一切机器制造者、工程师、生产工程师、工具制造者、工匠，以及企业、军队中行政工作和组织管理的专家等。事实表明他们也在追求上述存在价值。这可以依据他们在以下两种情况之间做出的选择测定：例如，一台精致简单的机器和一台不必要复杂的机器，一个平衡的锤子和一个很不平稳的锤子，一架"充分"运转的引擎和一架部分运转的引擎等。更健康的工程师、工匠等会自发地证明更希望他们的一切产品具有存在价值或更接近存在价值，这些产品比由那些较不成熟的工程师、工匠等制作的存在价值较差的产品更受欢迎，卖更高价钱。类似的事情可能也适用于"好的"实验、"好的"理论和"好的”科学研究。很可能，在这里上下文中对“好的”这个词的强大行列式的用法正如数学上的意义一样是“更接近存在价值的”。

10. 大多数（主张洞察、揭露、非权威、道家方式的）心理治疗师，不论哪一学派，当他们谈论心理治疗的终极目标时，仍然既在描述的意义上，也在理想、抽象概念的意义上，会谈到完满人性的、真挚的、自我实现的、有个性的人，或某些近似的说法。当引出进一步的细节时，这往往意味着某些或全部存在价值，如诚实，好行为，整合，自发，趋向充分发展、成熟和潜能之间的和谐运动，本质上的充分表现，成为一个人可能成为的一切并接受一个人深蕴自我的一切方面，不费力，自如地发挥作用，有能力娱乐和享受，独立，自主，自我决定。我怀疑没有医师会真的反对这些品质中的任何一种，甚至有些人可能还想追加一些细节。

关于成功和不成功心理治疗的实际影响，罗杰斯派有过大量的证明。据我所知，这些证明无一例外都支持或符合这样的设想：存在价值是心理治疗的长远目标。这种做法在心理治疗之前和之后还可以用来检验未经验证过的假设——治疗还能增进患者的美和他对美之享受的敏感和渴望。对于自我实现幽默感的一组类似假设也是可以验证的。

试点实验：为期两年的小组治疗实验的非定量观察显示，大学男生和大学女生，在我和参与者自己看来，似乎都变得更美或更漂亮了（而且据陌生人判断也确实变得更美、更有吸引力了），因为在小组成员的生活中有增强的自爱、自尊，以及更多的乐趣（出自对他们更深的爱）。一般来说，假如我们强调治疗的揭示面，不论它所揭露的是什么，所揭露的内容都在一定意义上早已存在了。因此，揭示疗法所揭露的或现实的不论什么，都非常可能是生命体在体质上、气质上或遗传上所固有的，即它的本质、生物学上给定的它的最深处的实在。因而揭示疗法所驱散的东西，是偶然的、是生命体获得的或强加于生命体上的。那些表明存在价值能由于揭露疗法而得到增强或实现的有关证据支持了一种信念，即认为这些存在价值是最深层的、最基本的、最内在的人性属性或规定性特征。这个大命题在原则上完全是可验证的。罗杰斯的“趋向和离开”疗法对什么有助于趋向存在价值和什么会助长脱离存在价值提供了很大的可能性，能研究这样的研究。

11. “创造性的”“人本主义的”或“全面发展的”教育的长远目标，特别是非语言（艺术、舞蹈，等等）教育的目标和存在价值有很多重叠，我们可能证明其和存在价值是同一的，加上各式各样的很可能只是手段而不是目的的心理治疗附加物。也就是说，这种教育有意地需要像理想的心理治疗一样的最终结果。因此所有各种已经做出和将要做出的关于治疗效果的研究，能大体上和“创造性”教育进行类比。在教育方面也像在治疗方面一样，我们能够看出随着有效规范概念盘旋上升的可能性——即能使学生最佳“存在化”的教育是“良好”教育，这样的教育能帮助学生变得更诚实、更善良、更美、更整合等。这很可能对于高等教育也适用——假如把获得技巧和工具排除在外，或仅仅作为达到终极存在的手段。

12. 对于神学与非神学宗教的某些说法，以及每一种宗教的合乎教法的与神秘主义的说法，上述原则也差不多同样适用。它们总是宣传：（1）有一个上帝，他是大多数存在价值的体现；（2）理想的、宗教的、上帝的臣民是最能表现或至少渴望得到这些上帝般存在价值的人；（3）一切技巧、礼节、仪式、教义都可以被认为是为了达到这些目的的手段；（4）天堂是这些价值的所在、状态、达到价值目标的时刻。拯救、赎罪、皈依，都是对上述真理的接受。由于这些命题是由选出的证据支持的，它们需要一种处于它们自身之外的选择原则，即，它们和存在心理学相符合，但不能证明存在心理学为真。宗教文献是一个有用的储库，等待着智者的挑选和利用。至于上述的其他命题，我们可以把事情调转过来并作为待试的理论命题，例如，存在价值是“真正的”或有作用的、有效益的、有帮助的宗教的解释。这一标准现在也许能由禅宗、道家和人本主义的一种结合体系达到最佳的满足。

13. 我的印象是，大多数人在艰难或恶劣的环境条件下会离开存在价值，因为这些条件威胁缺失性需要的满足，如集中营、监狱、饥饿、瘟疫、恐怖、周围的敌意、被遗弃、无依托、价值系统的广泛崩溃、价值系统的不存在、无希望，等等。现在还弄不清楚为什么少数人在这些完全同样的“恶劣”条件下能趋向存在价值。但两种趋向的运动都是可以得到验证的。

假设：“良好条件”的一个好的说法是“协同”，本尼迪克特曾把它定义为“社会体制的条件，能使自私和不自私相融合，能把事理妥善安排，使我追求‘自私的’满足时会自动地帮助他人，而当我试图利他时能自动地也奖赏并满足我自己，即这时自私和利他之间的二歧或两极对立已经解决并被超越”。于是又假设：一个好的社会是能使美德得到报酬的社会，一个社会或亚团体或一对伴侣或一个人自身中协同作用越大，他们也越接近存在价值；不好的社会条件或环境条件是使我们的个人利益相互敌对或相互排斥而使我们彼此拆台的条件，或使个人满足（缺失性需要）供应短缺以致不是所有人都能满足需要，除非以危害他人为代价。在好的条件下，我们追求美德，追求存在价值，无须付出代价或很少付出代价；在良好条件下，有道德的事业家在财政上更成功；在良好条件下，有成就的人受人爱戴而不是受人仇视、惧怕或忌恨；在良好条件下，赞美也更有可能（和爱或权势无关）。

14. 有某种证据表明，总体来说，我们称为“好的”工作和“好的”工作条件有助于使人趋向存在价值，如人在不那么合适的工作中最珍视自我实现的可能性。这是良好环境条件的一个特例。这里暗含的可能性是非规范的陈述，如说哪一类条件能促进完整、诚实、特异风格等的形成，从而用“引向存在价值”取代“良好”这个词。

15. 基本需要的层次系统和它们的优势顺序已由一种“重建生物学”的实践而发现，即这些需要受挫会引起神经症。也许不会等太久，我们将得到十分灵敏的心理学工具，足以验证一个假设：任何一种存在价值受到威胁或受到挫折，都会引起一种病态或存在不适，或一种人性萎缩感，也就是说，存在价值也是上述意义上的“需要”（我们为了完成自己或变成完满的人而渴望得到它们）。

无论如何，现在已有可能提出一些可以调查的问题，但迄今还没有被调查过："生活在一个不正直的世界中会有什么影响？生活在一个邪恶的世界，丑陋的世界，一个分裂的、破碎的世界，一个死气沉沉、静止不动的世界，一个陈腐而又僵化的世界，一个不完善、未成熟的世界，一个没有秩序或公正的世界，一个不需要复杂化的世界，一个过于简单化、过于抽象化的世界，一个吃力的世界，一个缺乏幽默感的世界，一个不容独处或独立的世界中，会有什么影响？"

16. 我已经指出过，"良好社会"的一个可用的操作意义是在何种程度上它能够向它的所有成员提供基本需要的满足，在何种程度上提供自我实现和人性完成的可能性。除这一说法以外，还可以再加上一个命题："良好社会"（与不好的社会相对的）提倡、珍视、争取、促进存在价值的实现。也可以用非规范的词句来说明，像我们上文所说的那样。抽象化的理想的心灵将完美地实现存在价值。良好社会（优美心灵组织）和协同社会有多大程度的相似呢？

存在爱怎样能带来无偏私、中立、超然、更大的清晰性？

什么时候爱会带来盲目性？什么时候爱意味着更大的清晰性？什么时候爱又使问题变模糊？

转折点在于：当对对象本身的爱变得非常深切、非常纯洁（无矛盾心理）时，我们希望它好，而不是看它能为我们做些什么，这时对象不再是手段而变成了一个目的（有了我们的允许）。这里可以举苹果树为例：我们非常喜爱它，不想让它成为任何别的东西；它成为那样子我们就很高兴。任何干预（插手）都只能造成危害并使它不那么像一棵苹果树，或不能靠它自身固有的、内在的规律那么完善地生活。它看来是那样的完美，我们甚至怕碰它，怕削弱了它。自然，假如它被看成是完美的，便没有改善它的可能。事实上，改善（或修饰，等等）的努力本身就是一种证明，即对象被看成不够完美的。改革者认为，其头脑中的“完美发展”画面，要比苹果树自身的最终结局更好，即他能比苹果树做得更好，他懂得更多；他能比它自身更好地塑造它。因此我们下意识地觉得改善狗的人并不真是一个爱狗者。真的爱狗者看到谁剪狗的尾巴将会发怒，也看不惯修剪或整形狗耳，或按照来自某一杂志的形式有选择地育种，弄得它神经质、病恹恹、不怀胎、不能正常生育、患癫痫病，等等（但这样的人确实自称是爱狗者）。那些培育矮树的人、训练熊骑自行车或猩猩吸烟的人也一样。

因此，真正的爱是（至少有时如此）非干预、非要求的，能在事物自身中得到乐趣，因而能不带狡诈、预谋或任何自私的想法注视对象。这表示较少的抽象（或选择对象的局部或某些属性或个别特征），较少非整体的观察，较少的原子化或分解。这等于说，对结构、组织、塑造、铸型有较少主动或强求，或削足适履，或先入为主，即对象保持更完整、更统一，那等于说，保持本来面目。对象较少按照有关或无关、重要或不重要、形或基、有用或无用、危险或不危险、有价值或无价值、有利或无利、好或坏或其他自私的观察标准来测定。对象也不那么容易被成规化、类化，或纳入某一历史序列，或只看作一类的一员，作为一种类型的一个样品或一例。

这意味着对象的（整体的）各部分（既包括核心又包括外周）的一切方面或特征（既包括重要的又包括不重要的）都能更容易得到同样的关心或注意，每一部分都会是有趣的和奇妙的。存在爱指的是不论对爱侣、对婴儿、对一幅画或对一朵花，几乎总是能保证带着满满的、以强烈和着迷的关心进行的观察。

从这种整体的网络中看，微小的瑕疵也能被看成“逗人喜爱的”、迷人的、珍贵的，因为有其独特之处，因为它们赋予对象以特性和个性，因为它们使它成为它本身而不是什么别的东西，也许恰恰是因为它们是不重要的、外周的、非本质的。

因此，存在爱者（存在认知者）会看到一些细节，这些细节往往逃过缺失爱者或非爱者的眼睛。他会更容易地看到对象自身性质的本来面目，接受它本身的资格和存在方式。它自己娇嫩的、软骨的结构更容易屈服于接纳式的观察，这种观察是非主动的、非干预的、不那么傲慢的。那就是说，它为人所见的形态，当应用存在认知时，要比认知者强加一种结构于它时更由它自身的形态所决定，后一种认知者更可能是太粗鲁的、太不耐心的，太像屠夫肢解死尸一样，为了他自己的口味挑挑拣拣，太像征服者要求无条件投降，太像雕塑家按照模型雕塑黏土，而黏土是没有自己的构型的。

什么人在什么条件下选择存在价值?

有证据表明，存在价值更经常被“健康人”（自我实现的、成熟的、创造性的等）选取。也被占压倒优势的“最伟大的”、最受人赞美的、最受人爱戴的人物选取，这是全部人类史的记载。（这是否是他们为人赞誉、爱戴、被认为伟大的原因？）

有关选择的动物实验表明，牢固的习惯、以前的学习等能降低生物性效能、灵活性，以及对自愈选择的适应性，例如，肾切除的白鼠就是如此。关于熟悉作用的实验证明，假如之前十天以上被迫选取了这些东西的话，人们会继续选择和偏爱甚至低效能的、烦人的、起初不喜欢的东西。一般的经验也支持这些发现，例如，在良好习惯的形成方面就是如此。临床经验表明，对习惯的和熟悉的东西的这种偏爱，在更焦虑、胆怯、僵化、拘束的人中，也更强烈、更僵化、更带强制性、更神经质。临床证据和某些实验证据表明，自我力量、勇气、健康和创造性更有可能使成人和儿童宁愿选择新的、不熟悉的、不习惯的东西。

熟悉从适应的意义上看也切断了选择存在价值的趋向。坏的味道不再有坏味；惊人的事不再惊人；恶劣的条件适应了便不再引人注目，即不再被意识到，即使它们的恶劣影响可能在没有意识觉察的情况下继续存在，例如，持续噪音、持续丑恶或长年缺乏食物的影响。

真正的选择意味着可供选择的事物在同等条件和同一时刻下的

呈现。举例说，因习惯于重播质量很差的留声机便宁愿选取它而不要高保真留声机，习惯于高保真的人宁要高保真，但当两组人都面对两种选择——质量低和质量高的音乐重播时，两组人最终都选择了高保真机的较佳重播（艾森伯格）。

占压倒优势的关于分辨的实验文献证明，当可供选择的事物同时在一起而不是远远分隔地呈现时，分辨更有效。我们可以预期，在两幅画中选取较美的，在两瓶酒中选取较纯正的，在两个人中选取较活跃的，当可供选择的对象在空间和时间上更靠近时，这种选择就更有可能。

假设实验：假如质量的等级是从1（不好的卷烟、酒、织物、奶酪、咖啡等）到10（好的卷烟、酒等），习惯于2级的人很可能选择1，假如唯一可供选择的品种处于另一级，如10，但有可能这个人将选择2而不是1，选择3而不是2，等等，这样最终引导到选择10。可供选择的对象必须在上述谈论的范围内，等级不能相距太远。也可以用同法测验起初偏爱高质量酒的人。让他们在10和9、9和8、5和4等之间选择，他们很可能也会继续选择较高的价值。

在上述的各种意义上，揭示洞察疗法被看作是引向“真正选择”的过程。在成功的治疗以后，人们做出真正选择的能力要比治疗前大得多，即它是由体质因素而不是由文化因素决定的，它是由自我而不是由外部的或内部的“他人”决定的。选择是有意识的而不是无意识的，畏惧已极度缩小。成功的治疗增强了喜欢存在价值的倾向，也更以存在价值为榜样。

这表示选择者的性格因素也必须保持恒常或被估计在内，例如，要通过实际感受理解“较好”选择（在价值的层次系统中位置较高，趋向存在价值）能给人以较好体验，这对于精神受到创伤、受消极限制或一般神经质的人，对于害羞、胆怯的人，对于狭隘的、贫乏的、受强制的人，对于僵化的、定型的、因循守旧的人来说会有更大的困难。（因为他们可能惧怕尝试这种体验，或惧怕体验这种爱好，或可能拒绝这种体验，抑制它，压抑它，等等）。这种性格上的制约大体上由体质的和获得的两种因素决定。

许多实验证明，社会暗示、不合理的广告、社会压力、宣传等，对选择的自由甚至认知的自由有很大的影响：人们可能因误解而误选。顺从的人比独立、坚强的人受此影响更大。有一些临床心理学和社会心理学的理由使我们能够预测，年轻人比年长的人受此影响更大。不过，所有这些来自阈下条件作用、宣传、权威暗示，或虚假广告、阈下刺激、隐蔽的阳性强化等影响和类似的东西，都依赖于盲目、无知、缺乏见识、隐匿真相、说谎和缺乏对情境的意识。使无知的选择者自觉地意识到他是怎样被操纵的之后，大多数这一类影响都能得以消除。

真正自由的选择——这时选择者内部固有的本性是主要的决定因素——是通过摆脱社会压力而得到增进的，是通过独立人格而不是依附人格而得到增进的，通过年龄上的成熟以及力量和勇气而不是软弱和畏惧而得到增进的，通过真理、知识和清醒的意识而得到增进的。满足这些条件的每一种都应该能够增高存在选择的百分比。

价值的层次系统中，存在价值是“最高”一层，它在一定程度上是由基本需要的层次系统决定的，是由缺失需要对成长需要的优势、体内平衡对成长的优势等决定的。一般地说，如果有两种缺失需要得到满足，更占优势的是“较低的”一种，它会被优先选择。因此，我们预测的对存在价值的高度可能的选择机会在原则上依赖于较低的、更占优势的价值的先行满足。由这一结论可产生许多预测，例如，有安全需要保障的人比安全需要受到挫折的人更有可能选择真而不是假，美而不是丑，善而不是恶，等等。

这意味着一个古老问题的重述：在什么意义上“高级乐趣”（如贝多芬）比“低级乐趣”（如猫王）优越？怎么能以此证明为什么人会“沉溺于”低级乐趣？这能教育吗？能教育一个不想受教的人吗？

对高级乐趣的“抗拒”是什么？一般的回答（除所有上述考虑之外）是：高级乐趣比低级乐趣在感受上更优越，对任何一个曾有机会获得这两种体验的人来说都是如此。但必须有上述所有特殊实验条件才能使人有能力做出真正的选择，即有能力充分地和自由地比较这两种感受。成长在理论上之所以是可能的仅仅是因为“高级”感受优于“低级”感受，因为“低级”满足会变得令人厌烦（参看《存在心理学探索》第四章关于“乐趣和厌烦带来的成长以及随之发生的对新的高级体验的探求”的讨论）。

另一类型的体质因素也决定选择和价值。人们发现小鸡、实验室白鼠、田间动物出生时在选择能力上有差异，特别是对有益食物的选择。就生物学的意义来说，有些动物是善择者，有些是非善择者。假如任它们自己选择食物，后者会得病或死亡。儿童心理学家曾以非正式的方式报告过人类婴儿的同样情况，儿科专家等也有类似的报告。所有这些生命体在为得到满足和克服挫折而斗争的能力上也有差异。此外，对成人进行的体质研究表明，不同的身体类型对满足的选择也有所不同。神经症是对选择能力、存在价值喜爱、真正需要满足等的强有力的破坏者。我们甚至有可能依据个体对生命体健康进行不利的选择说明其心理上的不健康，如毒品、酒精、不好的食物、坏朋友、不合适的工作等。

除一切明显的影响以外，文化条件也是可能达到的选择范围的主要决定因素，例如关于事业、关于食物的选择等。经济工业条件也很重要，例如大规模的、追求利润的、成批销售的工业在向我们提供如廉价的和优质的服装方面是非常好的，但在供应优良的、无毒的食品如无化学物质的面包、无细菌的牛肉、无激素的禽类等方面则是非常不好的。

因此，我们可以期待存在价值更受以下几种人的喜爱：（1）更健康、成熟的人，（2）年长的人，（3）更坚强、独立的人，（4）更有勇气的人，（5）更有教养的人，等等。能促进更多人选择存在价值的条件之一是，巨大社会压力的消除。

对于那些不安于运用“好”“坏”“高”“低”等词的人来说，他们都能接受一种非规范的表述形式，虽然也能做出对这些词的操作性定义。例如，非人的战神（罗马神话）会问：“什么时候、在什么条件下，真理而不是谎言会被选中？整合而不是解体、完善而不是不完善、秩序而不是紊乱会被选中？等等。”

另一古老的问题也可以用这种更佳的处理方式重新表述，即人根本上是善良的还是邪恶的？不论我们对这些词的意义如何定义，人被证明具有善恶两种冲动，并在善恶两种方式之间行动（自然，这种说法并没有回答哪一方面是更深、更基本，或更类似本能的这一问题）。为了科学调查研究的方便，我们最好把这个问题换一个提法：在什么条件下和在什么时候谁将选择存在价值，即成为“善良的”？什么会使这一选择的可能性缩小或增大？什么样的社会使这种选择的可能性增大？什么样的教育、心理治疗、家庭？这些问题又引出进一步的问题：我们怎样才能使人变得“更好”？我们怎样才能改善社会？

第十章

一次人类价值讨论会的评论

这四篇文章看起来似乎完全不同，但实际上并非如此。[①]它们

① 这四篇文章是由C・比勒、H・芬加雷特、W・莱德勒和A・瓦茨于1961年12月15日在旧金山加州心理学会的一次集会上提出的，讨论会主席L・N・所罗门曾概述每一位作者的观点：

在领头的文章中，比勒博士从一种精神分析的立足点出发，探索把生命的基本倾向作为与自然和谐的价值体系的一个可能的基础。她提出一些用于研究这一领域的实证操作，并说明她认为现在什么是最有希望的方法。

芬加雷特博士抓住了道德内疚的哲学问题，提出了一个具有深刻意义的问题：行为是否必然反映一种对于行动背后的愿望的内部认可（在某种意识水平上）。他对这一问题的肯定回答引导出某些有趣的结论，涉及道德内疚和神经症内疚之间的区别问题。

莱德勒博士在他的文章中把他作为一位分析家的体验公之于读者，特别谈到那些引导他达到他的信念的重要事件，他从而认为心理治疗今天必须是有价值方向的。一位医师不能再“长久沉默地、漫不经心地、没有批评地、不给予劝告地、不介入地倾听”。价值是在这样的时刻进入心理治疗的，即医师在他和今日患者——缺乏自身同一性的青年——的治疗中相遇他自己的理解和道德心，在这一点上医师得到充分解释。

瓦茨博士的文章提出一种西方读者可能感到很新颖的理论，它同时也是极为重要的关于人的本性的理论，他吸收了道家的传统观念，描绘了皮肤以内的人和皮肤以外的世界，两方面都以皮肤作为一个共同的边界，那是属于双方的。这样的想法很容易随之引出对一个统一领域的行为的概念化，它对于任何价值与道德的理论都有丰富的含义。

在价值信念方面都有一些共同的基本观点的改变。这是一些革命性的改变，是在最近才发生的，是我们大家都应该意识到的改变。

在这些文章中没有对价值的来源进行人类以外的探讨。不涉及超自然的东西，没有圣书，没有视为神圣的传统。所有的发言者都同意，引导人类行动的价值必须在人和自然实在自身的本性中寻求。

人们认为不仅所说的价值的所在是自然的，而且发现这些价值的程序也是自然的。价值只能由人的努力和人的认识去揭露（或发现），通过人的实验的、临床的和哲学的经验。这里涉及的力量都是人的力量。

进一步的含义是，它们只能是被发现、揭露或找出，而不是被发明、构建或创造。这又意味着，它们在某种意义上和在某种程度上存在着，可以说是等待着我们去发现它们。在这个意义上，价值像其他自然界的秘密一样被看待，虽然我们现在可能还不很清楚，但毫无疑问将来终究会探测和搜索到。

这四篇文章在含义上都抛弃了简单化的科学概念，即一种认为科学是“客观的”（就这个词的传统含义而言）、仅仅是公开的、仅仅是“外在的”的看法，该概念认为一切科学陈述都能套入物理主义的形式中，即使现在不能将来也能。

这样一种对心灵的认可当然必定会破坏绝对客观主义的科学论。有些人会感到，这样的“心灵主义”会毁灭一切科学，但我不同意这样一种愚蠢的看法。相反地，我要说，内含心灵的科学更强大。例如，我认为，这一扩大的、内容更丰富的科学概念肯定能较好地处理价值问题。我们知道，力求成为纯客观和非人格的科学是狭隘的，其中根本没有价值、目标或目的的地位，因而不得不把它们划到存在的界限以外。它们的事实性不得不遭到否认，或者永远置于科学认识能达到的范围以外（这使它们成为“无关紧要的”、不值得认真审查的）。谈论价值变成“不科学的”甚至反科学的，于是它们被推到另一边，推给了诗人、哲学家、艺术家、宗教学家和其他心肠虽热而头脑较软的人。

换句话说，这些论文实质上是“科学的”，即使在“科学”一词的较古老的和较原始的意义上说也一样。据我看，这些论文在精神和方法上和1920或1925年前后关于维生素的讨论没有什么本质的不同。它们那时也如我们今天一样处于临床的、前实验的阶段。

假如事实如此，我们自然应该保持讨论和设想的开放性和多样化。我们不应过早地封闭，将多种可能关在门外。这一讨论会中研究的多样性似乎是很符合需要的，假如有时间甚至能谈得更多。现在已不是传统学派的时代，我很高兴地注意到二十年前学派之间的激烈论战已由一种对于合作与分工的谦和模式所取代。

我相信我们也需要谦虚地无约束地承认，我们是被迫对价值问题关心的，不仅由于科学和哲学的内在逻辑的驱使，而且也由于我们的社会文化，或宁可说我们的整个种族当前所处的历史地位。通观历史，价值问题只有争论不休和有疑问时才有人研究探讨。我们的处境是传统的价值体系已经全都失败了，至少对于富有思想的人来说是如此。如果我们的生活没有值得信仰和赞许的价值，那似乎是不可想象的，因此我们现在正处在投身于一个新方向，即科学价值观方向的时刻。我们正在尝试一种新的实验，用以区分作为事实的价值和作为愿望的价值，希望能由此发现我们能相信的价值，而之所以相信是因为这些价值是真的，并不只是因为它们是满足幻想的。

第四篇

教育

第十一章

认知者与认知

我的总体观点是：很多人与人之间的沟通困难是内在沟通障碍的副产物；而人与世界之间的相互沟通，主要取决于双方的同构性（即相似的结构或形式）；世界可以传递给个人的只是与他相配的、他应得的或是“孜孜以求”的；在很大程度上，他可以从世界获得的和可以给予世界的，只有他自身而已。正如乔治·希滕贝格在评论某书时所说的，“这样的作品就像是镜子：如果是一只猿猴在照镜子，那么镜子里就不会出现一个天使。”

出于这个原因，这项对人格“内部结构”的研究是了解人能传递给世界什么和世界能传递给人什么的必要基础。每位治疗师、每位艺术家、每位导师都本能地知道这一事实，但还应该对此加以更详细地阐述。

当然，在这里我赋予沟通最为广泛的含义：涵盖了认知和学习的所有过程，以及艺术与创造的所有形式，并且包含了初级过程的认知（原始的、神话的、隐喻的、诗意的、概念的）以及语言的、理性的、次级过程的沟通。我想说的是我们看不见的、听不到的，以及能触及我们的一切事物；我们无法表达、无法感知，以及我们能表述清楚或结构清晰的一切。

这一观点的主要结论是：由于外在的困难与内在的困难是相似的，我们应当期望与外部世界的沟通，并伴随着人格发展的不断完善，伴随着人格的一体化和整体性，伴随着人格各部分之间的磨合而不断提高，即对现实的认识应不断提高。于是，一个人的感知能力会像尼采曾暗示的那样变得更加敏锐。尼采曾说过，一个人要想更好地被理解就必须为自己赢得荣誉。

人格的内部分裂

首先，什么是我所说的内部沟通失败？最根本最简单的例子就是人格的分裂，其中最引人注目的、最为人所知的形式就是多重人格。我已经研究了我在文献中能找到的所有案例和一些自己经历的案例，以及不太戏剧性的神游症和失忆症。对我而言，他们似乎陷入某种常见模式中，我将其表述为一种初级的普遍理论，它对我们现在的工作是有所帮助的，因为它阐述了一些我们所有人都存在的分裂问题。

在我所知的每个案例中，这种“正常的”或表象人格是害羞的、安静的或内向的，通常是女性，相当保守和自律，相当顺从甚至是自我牺牲，没有攻击性而且“善良”，往往胆小怕事，易受欺负。在我知道的所有案例中，那个突然闯入意识，控制身体的“人格”是完全相反的，冲动任性而非自律，自我放纵而非自我牺牲，大胆、厚颜无耻而非害羞，蔑视习俗，渴望及时行乐，好斗而苛求，不成熟。

当然，我们可以在所有人身上都能见到这种不太极端的分裂的形式。这是冲动与自律之间、个人需求与社会需求之间、不成熟与成熟之间、不承担责任的寻欢作乐和承担责任之间的内部冲突。非常成功的同时，我们可以既是恶作剧、幼稚的捣蛋鬼，又是冷静、负责任、能控制冲动的公民，如此，我们就能达到同等程度的更少分裂和更多整合。顺便说一下，这是多重人格的理想治疗目标：保留两种或所有三种人格，但要达到一种完美的融合，或是在意识或前意识控制下的整合。

每一种多重人格都能以不同方式和世界相互交流。他们用不同的方式谈话，用不同的笔触书写，沉迷于不同的爱好，表现出不同的恋爱形式，选择不同的朋友。在我接触到的一个案例中，“任性孩子”的人格有着随心所欲的、孩子气的字体，用词和拼写会出错，“自我牺牲、易受欺负”的人格有着胆小如鼠、因循守旧、好学校女生的笔迹。一个“人格”阅读和研究书籍，另一个却做不到，因为缺乏耐心和不感兴趣。如果我们想让他们尝试的话，他们的艺术作品一定也有很大的差异。

同样，对于我们当中的其他人来说，我们人格中那些被拒绝并贬斥到无意识状态的部分，会不可避免地突然爆发，公然影响我们与外界的沟通。采纳或是给予这一部分的结果既对我们的感知造成影响，又影响我们的行动。通过投射实验或者通过艺术表现，我们很容易证实这一点。

投射实验能显示我们是如何看待这个世界的，更确切地说，我们是怎么规划世界的，我们能从世界获得什么，我们让它告诉我们什么，我们选择看到的是什么，我们选择不听不看的又是什么。

在我们的表现力方面也存在着类似的情况。我们展示自己。我们分裂到何种程度，我们在表现和沟通上也出现何种程度的分裂、偏离和片面性。我们的整合、完整、统一、主动和充分发挥作用达到何种程度，我们的表现和沟通就能达到何种程度的完整、独特、活跃而有创造力，而不是压抑、守旧和矫揉造作，是诚实的而不是虚假的。临床实验表明，这样的情况也同样出现在图案和文字的艺术表现上，出现在一般动作表现上，很可能会出现在舞蹈、体育运动和其他全身活动的表现上。对沟通的影响不仅存在于我们与他人的主动交流上，也存在于我们与他人的被动交流上。

我们自身那些被拒绝和被压抑（出于恐惧或羞耻感）的部分并不是不复存在了。它们没有死去，只是潜藏起来。无论这些我们人性中潜藏的部分是如何影响我们的沟通的，我们通常是无法注意到它们的存在的，或是感觉不到它们是我们的一部分，例如，“我不知道我怎么会说这样的话。”“我不知道什么支配了我。”

对我而言，这种现象意味着表现不只是一种文化问题，也是一种生物学现象。我们必须讨论一下人性中类本能的因素，那些人性中固有的方面，不能被文化扼杀，只能被压抑，并仍将继续影响我们的表现——即使是通过一种潜在的方式——尽管文化在支配全局。文化只是人性的必要因素，而不是充分因素。的确，只有身处某种文化之中，我们才可能学会相应的口语表达。但同样明确的是，在相同的文化环境中黑猩猩是不会学会说话的。我之所以这么说是因为我隐约感觉到对于沟通的研究更专属于社会学层面上，而在生物学层面的研究是不够的。

继续这一相同的主题，为了探讨人格的内部分裂是如何毒害我们和世界之间的相互沟通的，我将援引几个著名的病理学案例。我引用它们也是因为它们似乎是普遍规律的例外，这一普遍规律认为健康和完整的人能成为更优秀的感知者和表现者。有大量临床和实验证据支持这一普遍规律（例如，艾森克和他同事们的工作）。但是，也有一些例外迫使我们谨慎对待这一观点。

精神分裂症患者是指那些控制和防御机制正在崩溃或已经崩溃的人。这样的人倾向于陷入个人的内在世界，与他人和自然界的接触也往往遭到破坏。但这也涉及他们与世界相互沟通中发生的某些破坏。对世界的恐惧切断了与世界的沟通。内部的冲动和声音也因此变得如此高涨，以至于扰乱了现实的验证。但同样明确的是，精神分裂症患者有时也显示出一种选择优势。由于其过于受控于被禁止的冲动和初级过程的认知，这样的患者据报告偶尔会在解释他人的睡梦和挖掘他人的潜在冲动方面异常敏锐，例如，潜藏的同性恋冲动。

从另一个角度看也是相同的。一些最好的精神分裂症治疗师，本身就是精神分裂症患者。在很多地方我们都能看到这样的报告，既往的患者能成为极为优秀的、理解病情的护理人员。这种作用类似于戒酒互助协会的原理。我的一些精神病专家朋友，正在寻求一种对患者的参与性理解，通过LSD（一种麻醉药）或酶斯卡灵（一种致幻剂）获得一种短暂的精神病体验。所谓不入虎穴，焉得虎子。

在这一领域中，我们也能从病态人格中学到很多东西，特别是“陶醉”型人格。这种人格被简要描述为没有良知、没有负罪感、没有羞耻心、没有对他人之爱，毫无禁忌并难以控制，这使他们能更好地做他们想做的事。他们往往会成为伪造者、骗子、卖淫者、多配偶者，依靠取巧谋生者而不是努力工作者。这些人，由于自身的缺陷，通常不能理解他人感受到的良心的谴责、遗憾、无私的爱、同情、怜悯、内疚、害羞或难为情。你不是什么，你就不可能认知和理解什么。你所属的人格类型也不可能主动告诉你它是什么。但迟早你的人格信息会传达出来，所以最终精神病患者被视为是冷酷的、可怕的和可憎的，即使最初他们看起来是兴高采烈、无忧无虑、欢乐和神智健全的。

我们又得到一个例证，说明病态与普遍的沟通阻断相关，也与一些专业领域中表现出的敏锐与技巧性相关。精神病患者在发现我们当中的精神病态因素方面非常敏锐，无论我们是如何的小心掩饰。他可以发现并利用我们心中隐藏的骗子、伪造者、说谎者、偷窃者、伪装者、假冒者，并利用这一技巧谋生。他说，“你不能欺骗一个诚实的人。”而且非常相信自己具有探测任何“灵魂中的窃贼”的能力。（当然，这意味着他可以探测出没有窃贼的存在，换言之，性格可以在外貌和举止中显露出来，至少是对于那些怀有强烈兴趣的观察者而言，即人格可以将其自身传递给能理解它并能认同它的人。）

男性和女性

个人内部的沟通和人与人之间的沟通这两者之间的密切关系，在男性与女性的关系中显得尤为清晰。请注意我没有使用“两性之间”的说法，因为我的观点是，两性之间关系很大程度上取决于每个人内在的男性气质与女性气质、男人与女人之间的关系。

我能想到的最极端的例子是男性妄想狂患者，这样的人经常有发生被动同性关系的渴望，简而言之，就是有被强壮的男性鸡奸和伤害的愿望。这种冲动对其而言是极为可憎和无法接受的，所以他试图压抑它。他使用的一个主要方法（投射法）是帮助他否认自己的渴望，并将这一渴望从自身分裂出去，与此同时让自己思考、谈论并专注于有吸引力的其他主题。是别人想要强奸他，而不是他希望被强奸。在这些患者中有一种疑心症，并以一种最明显、最可怜的方式表现出来，例如，他们不会让任何人站在他们身后，他们总是保持背靠墙的姿势，等等。

这并不像听起来那么疯狂。纵观历史，男人总是把女人当作祸水，因为男人总是受到女人的诱惑。当男人爱上一个女人时，他会变得温柔体贴，无私而文质彬彬。如果他们所处的文化正好将此当作非男性化特征，他们就会因此怨恨女人，因为女人使他们变得软弱（去雄），于是他们发明了参孙和大利拉的神话来证明女人是多么可怕。他们传达恶意。他们谴责镜子，因为它有映射作用。

女人，特别是“进步的”和受过教育的美国女人，经常与她们内心深处的依赖、被动和顺从的倾向作战（因为这种潜意识对她们意味着一种自我或人格的放弃）。于是，这样的女人很容易将男人看成有统治欲的人和强奸者，并按照这种方式对待他们，经常驾驭他们。

因为这样的原因，以及其他一些原因，男人和女人在多数文化、多数时代中，都是彼此误解的，没有真正善待对方。从现实的情况来看，他们之间的沟通始终很糟糕。通常是一个性别统治另一个性别。有时他们也设法相处，就是将女人的世界从男人的世界中分离出去，运用男性和女性特征相距甚远、无法重叠的理念，将二者进行彻底分工。这样的做法能得到某种方式的和平，但肯定不会存在友谊和相互理解。关于改善两性之间的相互理解，心理学家提出的建议是什么呢？对此荣格派给予了极为清晰的心理学解释，同时也得到了普遍的认同：两性之间的对抗主要是个人内部（他或她）的男性气质和女性气质之间的无意识争斗的一种投射。两性之间的和谐，依赖于个人内部的和谐。

如果一个男人，在与他内在的、自己和所在文化认定的所有女性本质做斗争，他就会和外部世界中这些相同本质斗争，特别是他所处的文化价值观是男性优于女性的情况下，而通常情况正是如此。如果认为女性本质是情感丰富，缺乏逻辑感，有依赖性，热爱色彩，对儿童充满柔情，他就会害怕自己身上存在的这些本质，并与之宣战，还试图做一个与此相反的人。在外部世界，他也会与这些本质做斗争，拒绝它们，把它们贬斥为女人特性。男同性恋者在引诱或搭讪别人时，经常会惨遭他想接近的男子的毒打，这很有可能是缘于男子被他们引诱而产生的恐惧感。这一结论得到了事实强有力的支持，即毒打往往发生在同性行为之后。

在这里我们看到的是一种极端的二歧化、非此即彼、亚里士多德式的思维方式，而对于戈尔茨坦、阿德勒、科日布斯基等人来说这是极为危险的。对于相同问题，我的心理学说法是："二歧化意味着病态，病态意味着二歧化。"如果这个男人认为你要么是个男人、纯男人，要么是个女人、除了女人什么也不是，那么他注定要和自己作战，并永远疏远女人。他能够理解心理学的"两性现象"到何种程度，并逐渐认识到非此即彼定义的武断性和二歧化思维方式的自然致病过程，他就能在何种程度上发现并理解差异是能够彼此融合、相互结构化的，并不需要彼此排斥、相互对立，他也就能在何种程度上成为一个更完整的人，能够接受并喜爱自己内心的"女性气质"（如荣格所称的"灵性"）。如果他能与他内心的女性气质和谐相处，他就能与外部世界的女性和谐相处，能更好地理解她们，减少对她们的矛盾心情，甚至更欣赏她们，因为他意识到，与他自身软弱的盗版女性形式相比，她们的女性本质要优越得多。与一个让你惧怕、憎恨并深感神秘的敌人相比，你当然能够更好地与你尊敬和理解的朋友进行沟通。要想和外部世界的某一部分交朋友，就要先和你内心世界的那部分交朋友。

在这里我并不是暗示一个过程必然在另一个过程之前。这两个过程是同步的，当然也可以有另外一种开始，即接受外部世界的某个事物有助于接受内心中的相同事物。

初级和次级过程的认知

对于那些必须首先成功应对外部世界的人来说，他们会更为坚定地抛弃内在的精神世界，沉迷于常识性的“现实”的外在世界。而且，外在世界越严酷，对内心世界的排斥就越强烈，这种“成功”的调整就越危险。因此，对于诗意、幻想、梦境、感性思维的恐惧，男性要强于女性，成人要强于儿童，工程师要强于艺术家。

同样，我们还观察到另一个深刻的、西方化的，也可能是普遍人性化的二歧化例证：用二歧化的思维方式考虑可供选择的或不同的对象，一个人必须选择这一个或那一个，这就意味着放弃了未被选择的对象，貌似鱼与熊掌是不能兼得的。

此外还有更为普遍的事例也能说明这一点，我们对内心中哪些方面视而不见、听而不闻，也同样会对外部世界中的那些方面目盲、耳聋，在娱乐、诗意、美感、原始创造力等方面都是如此。

这个例子之所以特别重要，还有另外一个原因，在我看来，对于教育学家来说，可以将调解这样的二歧化的思维方式作为一个切入点，有助于解决全部的二歧化问题。也就是说，这可能是一个良好的、有现实意义的开端，教会人类停止二歧化的思维方式，学会用一种整体思维方式思考问题。

这对那种过分自信和孤立的唯理论、唯文字论、唯科学论的强大合力，给予了强烈的正面攻击。宏观语义学家、存在主义者、现象学家、弗洛伊德主义者、禅宗佛教信仰者、神秘主义者、格式塔治疗师、人本主义心理学家、荣格派、自我实现心理学家、罗杰斯派、柏格森派、“创造性”教育学家以及其他很多学者，都指出了语言、抽象思维和正统科学的局限性，而这些曾被认为是控制人类内心深处的黑暗、危险、邪恶的手段。但现在我们已经明确地知道我们的内心深处不仅仅是神经症的源泉，也是健康、快乐和创造力的源泉，我们开始谈论健康的无意识、健康的退化、健康的本能、健康的非理性和健康的直觉。同时我们也开始希望这些能力能拯救自己。

自律性和同律性

当我们试图理解内在与外在、自我与世界之间的关系时，我们面对的另一难题是自律性和同律性之间复杂的相互关系。我们会很容易同意安吉亚尔的说法，在我们的内心有两大意向或需求，一种趋向自私，一种趋向无私。自律性的倾向，就其自身而言，引导我们趋向自我满足，拥有战胜世界的力量，并遵从其自身法则，在我们内心日益完整地发展为独特的自我，而这源于其自身内在的动力，心灵生长的原始法则，而非外界环境因素的造就。这些心灵法则与外在现实的非心灵世界的法则是不同的、分离的甚至是对立的。对同一性的追求，或对自我（个性化、自我实现）的探索，伴随着成长和自我实现心理学家的努力，已被我们所熟知，在这里暂且不谈存在主义者和很多学派的神学家。

但是我们也意识到有同样强大的趋势，看似是矛盾的，趋于放弃自我，将自身沉浸在非我之中，趋于放弃意志、自由、自我满足、自我控制和自律。这种病态形式将导致狂野的浪漫主义充斥在血液、身体和本能中，导致受虐狂，导致对人类的轻视，要么完全向人的外部世界，要么就向最低层次的动物本能寻求价值，而这两者都充满了对人类的蔑视。

在其他著作中，我已经对高同律性和低同律性进行区分。在本文中，我将对高自律性和低自律性做出区分。我希望能更好地揭示这些差异是如何帮助我们理解内部与外部之间的同型性，进而为改善人格与世界之间的沟通奠定理论基础。

情感稳定的个体和不稳定的个体，在自律性和力量上是不同的。非常宽泛但并不过分地说，不稳定的自律性和力量是一种战胜世界的强化剂，在一种非此即彼的二歧化中，身在其中的两者不但完全被隔离，而且相互排斥，如同敌对的双方。我们可以称之为自私的自律性和力量。在一个每个人不是铁锤就是铁砧的世界中，这样的人一定是铁锤。我最初用猿猴来研究力量的不同本质的时候，我将其称之为专制或法西斯式的统治。此后在对大学生的研究中，称其为不稳定的高位统治。

稳定的高位统治则完全是另外一回事。这里充满了对世界和他人的感情，对世界有兄长般的责任感、信任感和认同感，而不是敌对感和恐惧感。因此这些个体将他们超凡的力量用于欢乐、爱和帮助他人。

根据种种理由，现在我们发现，可以说心理健康与不健康的自律性之间的差异，也是心理健康与不健康的同律性之间的差异。同样我们还发现，这一差异让我们看到自律性和同律性是相互联系的，而不是相互对立的；随着个体更健康、更真诚的成长，高度的自律性和高度的同律性会一起成长，一起出现，最后往往融合在一起，构成一个包含两者的更高级的统一体。自律性和同律性之间，自私和无私之间，自我和非我之间，纯精神世界和外部现实世界之间的二歧化现象都趋于消失，并被看作不成熟和发展不完善的副产物。

虽然这种二歧化的超越性在自我实现者中很常见，但也可以见于大部分其他人中，我们处在自我内部以及自我与世界之间整合的最关键时刻时，当男人与女人、父母与子女之间的爱达到极致，人就能达到力量、自信和个性特征的顶点，同时他就会融入他人之中，失去自我意识，并在某种程度上超越自我和私心。这样的超越性也会发生在创造的时刻，在深邃的美学体验中，在内观体验中，在分娩时，在舞蹈中，在运动体验中，以及其他我统称为高峰体验的时刻。在所有这些高峰体验中，要明确区分自我与非我已是不可能的。随着一个人的整合，他的世界也整合了。当他感觉良好时，他的世界也感觉良好。诸如此类。

首先，应当注意到所有这些都是经验性的论述，而不是哲学或神学的论述。任何人都可以重复这些发现。毫无疑问，我是在谈论人的体验，而不是超自然的体验。

其次，要注意到这里暗含着与各种神学论述的分歧。在神学中，超越自我的界限意味着摒弃、否定或失去自我、个性特征。

高峰体验在普通人中和自我实现者中是相同的，是越来越高的自律性不断发展的最终产物，确立自我同一性；它们是自我超越的结果，而不是自我毁灭的结果。

第三，还要注意到这是短暂的体验，而不是永恒的体验。如果是进入另一个世界，那也总会有回到平凡世界的时候。

充分发挥作用，自发性，存在认知

我们可以开始对更整合的人格有科学的认识，因为它会影响信息的传递和接收。例如，卡尔·罗杰斯和同事们的很多研究都指出，当患者在治疗中有所好转时，他会通过很多方式变得更为整合，更加“开放地体验”（更有效的感知）和更“充分地发挥作用”（更真诚的表达）。这是我们实验研究的主体，但这些普遍结论，也得到了很多临床和理论作者的一贯赞同与支持。

我自己的尝试性探索（不足以称之为当代意义上的研究）从另一个角度得到了相同的结论，即对健康人格的直接探索。首先，这些探索支持整合是心理健康的某方面特征这一发现。其次，它们也支持健康的人更主动、更善于表达，其行为反应更轻松、更全面、更真诚这一结论。第三，它们支持的结论还有健康的人有更好的理解力（对自身、对他人、对现实中的一切），尽管我曾经指出这种优势不是一贯性的。有一个流行的故事，精神病患者说“2加2等于5”，而神经病患者说“2加2等于4，但这是我不能容忍的！”我或许可以加上无价值论者——一种新的病态——说“2加2等于4。那又能怎样！”实际上更健康的人会说“2加2等于4，多有趣呀！”

或者换一种说法，在约瑟夫·博瑟姆和我最近发表的一个实验中，我们发现与不稳定的观察者相比，稳定的个体认为照片上的面孔往往更有热情。然而，这是由于善良或天真的投射，还是更敏锐的感知力造成的呢？这个问题还需要进一步的研究。我们需要一个实验，可以将被观察面孔的热情和平静分为可知的等级。这样我们就可以发问，那些看到或将面孔归属于更热情的稳定的观察者是否是正确的？或者他们对热情面孔的判断是正确的，对平静面孔的判断是错误的？他们看到的是他们想看到的吗？他们会要求自己喜爱他们的所见吗？

最后要说的是存在认知。对我而言这是对现实最纯粹、最有效的感知（虽然这仍有待于实验的检验）。它是对认知对象更真实、更确切的感知，因为它最超然、最客观、最少受到认知者的愿望、畏惧和需求的污染。它是不干预、不苛求、最能包容的。在存在认知中，二歧化趋于融合，分类趋于消失，感知对象是独一无二的。

自我实现者更倾向于这种感知形式。但是我可以这样说，在我询问过的所有人中，几乎都存在这样的感知，即他们生活中出现过最高潮、最快乐、最完美的时刻（高峰体验）。现在我的观点是：详细询问表明，当感知对象变得更个体化、更统一、更完整、更令人愉快、更丰富多彩时，感知的个体也会在同时变得更活跃、更完整、更统一、更丰富多彩、更健康。这些变化是同时发生的，并可以从任何一方开始。即感知对象（世界）变得越完整，人也变得越完整。同样，人变得越完整，世界也变得越完整。这是一种动态的相互关系，互为因果的关系。一条信息的含义显然不仅仅取决于它的内容，还有赖于人格对它的反应程度。更“高深”的含义只有更“高深”的人才能领会。站得高，看得远。

正如艾默生所说，“我们是什么，我们就只能看到什么。”但是我们必须补充说明的是，我们看到的东西往往反过来使我相信它是什么和我们是什么。人与世界之间的沟通关系是一种相互塑造、彼此互升互降的动态关系，这一过程我们可称之为“互惠同构”。高水平的人才能理解高水平知识；同样高水平的环境往往会提升人的水平，如同低水平的环境能降低人的水平一样。它们之间相互影响，彼此变得更为相似。这些观点也同样适用与人与人之间的关系，并有助于我们了解人是如何相互帮助、相互塑造的。

第十二章

教育和高峰体验

如果你选择学习心理学的课程或一本教科书，在我看来，其中大部分都是不切题的——也就是说，非“人本主义”的。它们大都会说学习是联想、技巧和能力的获取，是人性、人格和个体本身的外在表现，而不是其内在固有的。如果捡起硬币、钥匙、财物等，就如同捡起心理学上的各种强化和条件反射一样，那么在某种深层次的意义上说，拾起这一过程很容易就消失了。一个人获得一种条件反射并不是什么重要的事情；如果蜂鸣器的声音让我产生了流口水这样的条件反射，然后又消失了，这对我来说不算什么；无论是什么，我都没有失去任何有价值的东西。我们几乎可以这样说，这些大量的讨论如何学习的心理学书籍是无足轻重的，至少对于人类的核心、灵魂和本质来说是如此。

在这种新人本主义哲学观点的启发下，一种新的学习、教学和教育的观念出现了。简而言之，这一观念认为教育的功能、教育的目标——人类的目标、人本主义的目标、迄今为止人类所关注的——在根本上就是人的“自我实现”。成为完整的人类是人类种群或特殊个体所能达到的最高程度的发展。通俗来说，就是人达到他能达到的最佳状态。

这一目标要求我们在心理学课程的教学中做出非常重要的改变。这不是一种联想式学习。通常，联想式学习是肯定有效的，特别是在学习那些没有真正后果的事情上，或是在学习那些最终可以相互转化的方法和手段上。我们必须学会的很多东西就是这样的。如果一个人要记住某一外语词汇，他可以通过死记硬背的方式学会它。这时，联想的规律会有所帮助。或者，如果一个人想在驾驶过程中养成各种自动的习惯，诸如对红灯的反应之类的事情，那么条件作用就很重要。特别是在一个技术化的社会中，这是十分重要和有用的。但是，就成为一个更好的人而言，就自我发展和自我完善或“成为完整的人”而言，最佳的学习体验就非常不同了。

在我的一生中，这样的体验远比在上课、听讲、记忆十二对颅神经和解剖人脑，或记忆肌肉附着点，在医学院，在生物课或诸如此类的课程中学到的东西重要得多。

对我而言极为重要的体验是作为父母。我们第一个孩子的诞生改变了我的心理学生涯。他使我从前为之如痴如醉的行为主义显得十分愚蠢，我对这种学说再也无法忍受。它是不能成立的。有了第二个孩子，又使我懂得了人在出生之前就存在着极大的差异，这让我再也无法用通过教育就能使任何人学会任何事这样的心理学方式来思考问题。也无法同意约翰·华生的理论：“给我两个婴儿，我会把一个培养成这样的人，另一个培养成那样的人。”就好像他从来没有过孩子。现在我们都已然非常清楚，任何父母都不可能按照自己的意愿造就他们的孩子。孩子们会进行自我塑造。当孩子们受到的压力过大时，我们能做到的和能施加的最大影响不过是作为反抗的对象。

另一个影响深远的学习体验，在我看来远比我进修的任何课程或得到的任何学位更有价值，那就是人格心理分析：发现自我的同一性和内在的自我。还有一个基本的体验——意义非凡——就是婚姻，其教育意义远大于我所取得的哲学博士学位。如果一个人希望有朝一日能拥有我们都渴望的那种智慧、理解力和生活技能，那么他就必须思考我所谓的内在教育——内在学习，也就是说，要逐步学习成为一个普通的人，一个更高等级的人，最终成为一个杰出的人。我现在正忙于掌握内在教育这一概念的全部附带表现。只有一件事情是非常明确的，那就是我们的传统教育看起来确实存在问题。如果学习的目的是成为一个好人，那么以此为出发点来思考并对你的高中课程发问，“我的三角学课程如何能帮助我成为一个更好的人呢？”一个声音就会回答说，“天哪，这根本不可能！”所以在某种意义上说，三角学对我而言是浪费时间。我幼时的音乐教育也并不成功，因为它使一个深爱音乐并迷恋钢琴的孩子不再去学习它。我曾有一位钢琴老师，但他实际教授给我的是远离音乐。这导致我成年后要重新自学音乐。

请注意我一直在谈论最终目标。这是对十九世纪科学和当代专业范畴哲学的革命性批判，因为它们本质上只是一种技术，而不是哲学的最终目标。因此，我拒绝将实证主义、行为主义和客观主义归入人性理论范畴中。同样我也拒绝科学的所有研究模式和这些模式下取得的所有成果，由于历史的偶然性，科学的研究始于对非人性、非人的物的研究，而这些研究一直没有停止。物理学、天文学、力学和化学实际上是不可能有所发展的，除非它们脱离价值评价体系，采取价值中立的方法才有可能出现纯粹的描述性。现在我们可以清楚地认识到这一重大错误在于，这种源于对事物的研究模式被不合理地应用在对人的研究上。这种方法是可怕的、无效的。

绝大多数建立在实证模式上的，建立在科学的客观主义、联想主义、脱离价值、价值中立模式上的心理学，如同由无数细小事实堆积而成的珊瑚礁或山脉，肯定不是错误的，但几乎是微不足道的。在这里我要指出的是（为了不显示出我自身的科学缺陷），我认为我们已然认识到了大量与人类密切相关的事物，但是我仍坚持认为我们学习、掌握这些事物主要是通过非物理主义的方法，通过我们越来越关注的人本主义的科学方法。

最近在林肯中心艺术节的开幕式上，阿奇博尔德·麦克利什在谈世界形势时说过这样一段话：

> 错误不在于伟大的科学发现——知识丰富总比无知好，无论这是怎样的知识或是怎样的无知。错误在于知识背后的信念，这种信念认为知识能改变世界。但这是不可能的。知识没有人的理解就像一个答案没有它的问题一样——毫无意义。人的理解只能通过艺术表达出来。艺术创造了人的观点，将知识

转变为真理……

从某种意义上说，我不同意麦克利什的说法，尽管我可以理解为什么他会这么说。他所说的话缺少关于现代革新的知识，缺少对人本主义心理学的认识，还缺少了这样的科学概念，即不但否认价值中性和价值中立的观点，而且实际将价值发现作为必要责任和义务——依据经验发现、证实、验证人性本身所固有的价值。这项工作正在积极进行中。

麦克利什先生的观点适用于十九世纪二十到三十年代。也适用于当今那些不懂得当代新心理学的人。“人的理解只能通过艺术表现出来”这种说法曾经是正确的。但幸运的是，如今它不再正确了。现在我们已经可以做到主动收集那些有助于人类理解的知识，知识中蕴含着价值提示，知识有其自身的指向性，知识能达到某种层次。

“艺术创造人的观点，将知识转变为真理。”我反对这一观点，但是我们最好讨论一下它。我们必须有一些标准来区分好的艺术和坏的艺术。据我所知，在艺术评论领域中还没有这样的标准。而这样的标准已经开始出现了，所以我要留下一个提示，一个经验性提示。当一种可能性刚开始浮现时，我们将会有一些客观的标准来分辨好的艺术和坏的艺术。

如果你们的观点和我相似，那你们就会知道在艺术领域，我们已经陷入了全盘的价值混乱之中。在音乐领域，大家正在试图证实约翰·凯奇优于贝多芬或猫王之处。在绘画和建筑领域，也存在着类似的混乱。我们已没有共同的价值观。我不会浪费时间去阅读音乐评论，因为对我而言它毫无意义。同样，我也不再阅读艺术评论了。而且我发现书评也经常是无益的。这个领域存在着一个完全混乱和无序的评价标准。例如，《星期六论坛》近期发表了一篇赞扬让·热内某一低劣著作的评论。这一评论由一位神学教授撰写，其内容真是一团混乱。评论认为由于某种悖论的存在，邪恶已然变成一件好事，并玩弄文字说：如果邪恶成为彻底的邪恶，那么从某个角度说是件好事，并对鸡奸和吸毒之美充满溢美之词，这对于那些花费大量时间试图将人们从这些痛苦中解救出来的可怜的心理学家来说，真是难以理解。一个成年人怎么能把这样的书作为道德篇章或指导推荐给年轻人呢?

如果阿奇博尔德·麦克利什说艺术作品引导产生真理，那么他所想到的一定是他挑选出来的特殊艺术作品，但是他的儿子可能并不赞同他的观点。这样一来，麦克利什真的没什么可说了，在这一点上他是无法说服别人的。我认为这可能是某种信号，表示我们现在正处在一个转折点。我们正在经历一个转折，一些新的事物正在发生。其中有一些我们可以察觉到差异——不是兴趣和主观价值上的差异，而是经验性的发现。这些正在被发现的新事物引发了各种关于价值和教育的命题。

首先是发现了人有更高层次的需求，人有类似本能的需求，这是他生物学特性的组成部分——例如，获得荣誉的需求，被尊重的需求，和拥有自我发展自由的需求。更高层次需求的发现具有各种革命性的含意。

其次，是我曾对社会科学提出过的观点：很多人已经开始发现物理主义、机械论的模式是一种错误，它会引导我们……去向何方？引向原子弹；引向美妙的杀人技术，如同在集中营中见到的那样；引向艾希曼。实证主义哲学或科学无法驳倒艾希曼这样的人物。他不可能由此被驳斥；直到他死时，他也不可能知道他错在哪里。在他看来，他没有做错任何事；他出色地完成了任务。他确实做得很好，如果你能够忘记其目的性和价值观。我要指出的是，所谓专业科学和专业哲学就是致力于研究那些忘掉价值的命题，将价值观排斥在外。由此必然将社会引向艾希曼，引向原子弹，或天知道哪里去！

我很担心，这种把优秀的方法和人才与内容和目的分离的倾向，将导致这样的危险。

对弗洛伊德做出的伟大发现，现在我们可以有所添加。现在我们正在纠正他的一个大错误，那就是他认为无意识仅仅是不可取的邪恶。但是无意识也是孕育创造性、欢乐、幸福、善良和人类伦理与价值观的根源。现在我们知道有健康的无意识，就如同有不健康的无意识一样。新心理学正在全力研究这一点。实际上，存在主义精神医师和心理治疗师正在把这一观点用于实践。新的治疗方法也正在实践中。

因此，我们有好的意识，也有坏的意识——有好的无意识，也有坏的无意识。而且，在一种非弗洛伊德的意义上说，好的是真实的。弗洛伊德是其实证主义的坚定支持者。请不要忘记，弗洛伊德出身于物理主义、化学主义学科。他是一个神经病学家，白纸黑字信誓旦旦地要发展出一种能完全还原为物理学和化学表现的心理学。这是他为之献身的事业。当然，他自己已经证明他的观点是不能成立的。

对于我宣称我们已经发现的更高层次的本性，问题是我们要如何解读它？弗洛伊德式的解释依旧是还原论。用这种理论来解释，如果我是一个善良的人，那这就是为了掩饰我想要杀人的愤怒的反向形成。某种程度上，杀戮是要比善良更为基本的本性。仁慈是一种掩盖、压抑和防御的手段，以防我意识到我是一个真正的谋杀者这一事实。如果我是一个慷慨的人，那这就是对吝啬的反向形成。我的内心是真正吝啬的。这是一件非常奇怪的事。现在我们非常清楚地知道，在某种程度上这是用未经证明的假定进行辩论。例如，他为什么不说杀人是对被害者的爱的反向形成？这也是个合理的结论。事实上，这对某些人来说是更为真实的。

但是，让我们回到核心观念上来，回到科学中这一令人兴奋的新发展、这一新的历史时刻上来。我有一种非常强烈的感觉，我们正处于历史大潮之中。一百五十年后，历史学家将如何评论我们所处的年代？什么是真正重要的？什么是正在进行的？什么是已经完成的？我相信那些很多上了头版头条的事件已经完成，现在正在成长的人类的“发展尖端”将会在一二百年间繁荣昌盛，只要我们能坚持下去。历史学家将会如何评论这个席卷历史的时刻？在这里，正如怀特海德指出的，当你获得了一个新的模式、新的理论框架、新的感知方式，当旧字句有了新的定义、新的含义，突然间，你会得到一种启示、一种顿悟，你会用不同的方式看待事物。

例如，我所谈论的新事物引发的后果之一，就是对弗洛伊德某一理论直接的、经验性的否定（非伪善的、武断的、先验的、一厢情愿的），否认了个人需求与社会、文明需求之间存在着一种必然的、内在固有的对立。因为事实并非如此。现在我们已经知道如何设置条件，使个人需求与社会需求协调一致而非对立，使两者为了共同的目标而努力。我认为这是一个经验性论述。

另一个经验性的论述是关于高峰体验。我们向群体和个体询问这样的问题："你生活中最快乐的时刻是什么？"或者像一个调查者曾询问的那样："你是否有过极端快乐的体验？"有人可能会认为，对一般人而言这种问题只能招来白眼，但是我们得到了很多答案。显然，极端快乐的体验都作为个人隐私，是没有办法在大庭广众之下谈论的。这样的体验被认为是令人尴尬的、可耻的、不"科学"的——对很多人而言是极端罪恶的。

在对高峰体验的调查中，我们发现有很多触发事件、很多种经历能激发高峰体验的产生。显然，大多数人或几乎所有人都有过高峰体验或狂喜的时刻。这个问题也可以这样问："在你一生中最喜悦、最快乐、最幸福的时刻是什么时候？"你也可能会提出我问的这样的问题："在那一时刻你有什么不同的感觉？世界看起来有何不同？你有怎样的感觉？你有怎样的冲动？你已然发生了怎样的变化？"我要的是获得高峰体验最简单的两种方法（依据经验性报告的简单统计）：音乐和性。性教育先撇开不谈，因为这样的讨论还不够成熟——尽管我确信有一天我们不会再把它当作笑料，而是认真对待它并教导孩子们，如同音乐、爱、洞察力、美丽的草坪、可爱的婴儿等许多可以通向天堂的道路一样，性是其中之一，音乐也是其中之一。它们恰恰是最容易、最普遍和最易理解的途径。

就我们鉴定和研究高峰体验的目的而言，列出所有触发事件的列表是理所应当的。由于列表过长，所以有必要进行概要说明。看起来任何真正卓越、真正完美的经验，任何趋向于绝对公平正义、完美价值观的活动都能激发高峰体验。当然并非总是这样。但这是我对许多集中研究过的各种事件所做的概括。请不要忘记，在这里我是作为一个科学工作者在说话。这听起来不像是科学的言论，但这是一种新的科学。一篇即将发表的学术论文表明，在这一人本主义学科中，已经出现了自亚当和夏娃以来真正的生育改进。有一篇关于在自然生育时经历高峰体验的专业论文表明，生育是激发高峰体验的强大源泉。我们知道在此过程中如何促使高峰体验的产生；我们知道用怎样的最佳生产方式有利于产妇得到一种伟大而神秘的体验，你甚至可以称其为一种宗教体验——一种启发、一个启示、一种醒悟。顺便说一下，这就是他们在访谈中说到的——简直是成为一个不同的人，而伴随着大量的高峰体验而来的是我所说的“对存在的认知”。

我必须对那些未被触及、未经研究的问题建立新的词汇表。上述“存在认知”实际上具有柏拉图和苏格拉底所说的真正的认知的含义；你可以说，这几乎是一种幸福的、纯卓越、纯真理、纯善良等诸如此类的技术。是呀，为什么不能是快乐的、幸福的技术呢？在这里我必须要附加说明一下，这是唯一已知的能在父辈中诱导高峰体验的方法。当我和妻子第一次对大学生开展这样的调查时，偶然发现了很多诱发事件。其中之一是女性会谈到拥有孩子时的高峰体验，但是男性没有这样的描述。现在我们有方法使男性也能在分娩时获得高峰体验。言简意赅地说，这意味着一种改变，用不同的眼光看问题，生活在不同的世界中，拥有不同的认知能力，在一定意义上说是从此以后向着幸福生活不断前进。我还是暂且说到这里，因为现在这些各种通向神秘体验途径的资料实在是太多了。

迄今为止，我发现这些高峰体验的报告多来自我们所说的“经典音乐”。我还没有发现哪一个高峰体验是来自约翰·凯奇的音乐或安迪·沃霍的电影，或是抽象派绘画等艺术形式。我确实没有这样的发现。高峰体验报告了欣喜万分、心醉神迷的感觉，出现了另一个世界的美景，体验了另一种生活水平，这些都来自经典音乐——伟大的经典杰作。我必须要说，对于这些融合后形成的舞蹈或旋律，到目前为止，就这一研究领域而言，它们之间实在没有什么区别，它们已经彼此融入了。甚至，我还要加以说明，当我说音乐是通向高峰体验的道路时，其中也包含了舞蹈。对我而言，它们已然融为一体。韵律体验，即使是非常简单的韵律体验——伦巴舞，或孩子们可以用鼓敲打出的各种鼓点：我不知道你是否想称其为音乐、舞蹈、韵律、体育或其他什么。对躯体的爱、对躯体的认知、对躯体崇尚——这些显然是通向高峰体验的良好途径。同样这些也是通向“存在认知”，感知柏拉图式的本质、内在价值、终极存在价值的良好途径（并不确保如此，但统计学上显示是良好途径），这种认知还有治疗效果，不但能促进疾病痊愈，而且可以促进自我实现的成长，趋向完满人性的成长。

换言之，高峰体验经常是有结果的。它们会产生非常重要的结果。音乐和艺术在某种意义上也有同样的作用，也有一定程度的重叠。它们也有类似于心理治疗的作用，如果一个人能坚持正确的目标，如果他知道自己是什么样的人，如果他能意识到自己前进的方向。一方面，我们当然可以说说恋人分手时的症状，像分手时的陈词滥调、焦虑，诸如此类；另一方面，我们也可以讨论自我发展、勇气增长、奥林匹斯山诸神或上帝般幽默之类的发展，以及感官意识、躯体意识等的发展。

更为重要的是，音乐、韵律和舞蹈是有助于发现自我同一性的最佳途径。我们的构造使得像音乐这样的诱因、这样的刺激会对我们的自主神经系统、内分泌腺、我们的感觉、我们的情绪产生各种各样的作用。事实正是如此，只是我们还没有足够的生理学知识了解为什么会这样。但这是明确的、毋庸置疑的真实体验。这有点类似于疼痛这种毫无争议的体验。体验空虚的人（很不幸大多数人都是如此），他们不知道自己内在发生的事情，他们按照钟表、日程安排、规则、法律、他人的指导性暗示来生活，对这些人来说，音乐、韵律、舞蹈是一种发现自我是什么的方法。这时会有来自内心的信号，有个声音会大声呼喊，“天呀，这是多么美好，永远不要质疑它！”这是一个途径，一个我们尝试教导自我实现和发现自我的方法之一。自我同一性的发现可以通过有冲击力的声音得到，也可以通过获得倾听自我的心声、获得感知内心反应和变化的能力来得到。这也是一个实验性的教育方式，如果我们有时间来讨论这一问题，它将引导我们进入另一个平行的教育体系，另一种教育流派。

数学也能像音乐一样美妙，一样能引发高峰体验；当然，有些数学教师会极力阻止这种情况的发生。我从来没有想过可以把数学当作美学来研究，直到我30岁时读到一些相关著作后，才恍然大悟。同样历史学、人类学（从学习另一种文化的意义上说）、社会人类学、古生物学或是对科学的研究都是如此。这里我想再次提出我的论据。如果一个人可以和伟大的创造者、伟大的科学家、创新型科学家一起工作，那么他就会发现高峰体验就是他们的交流方式。科学家的形象必然改变，取而代之的是对创造型科学家的理解，而他们是依靠高峰体验生活的。这样的人是为那些光荣时刻而生的，当一个问题获得解决时，当他在显微镜下突然发现事物极为不同的表现时，他便拥有了启示、启发、豁然开朗、心领神会、极度狂喜的时刻。对他而言这是至关重要的时刻。科学家们会对这样的体验感到极为害羞、极为尴尬，并拒绝在公众场合谈及此事。要通过一种非常精心设计的问答法才能获取这样的资料，庆幸的是我得到了。对于这种情况，如果可以设法说服一位创造型科学家，他是不会因为这样的体验而受到他人的耻笑的，那么他就会羞涩地承认他确实有过高度兴奋的情感体验，比如一个至关重要的相关性最终得到证实的时刻。科学家们仅仅是不愿谈论这些感受，而那些教你如何进行科学研究的教科书，则全然没有涉及这些感受。

根据上述情况，我认为我们是可以改善现状的。假如我们能充分意识到我们工作的重要性，也就是说，假如我们在哲学上也能够有足够敏锐的洞察力，那么我们就可以利用那些极易产生狂喜的体验，那些极易使人得到启发、经历、启示、极度幸福、欣喜若狂的体验。我们可以利用这种体验作为一种模式来重新评估历史教学或其他种类的教学工作。

最后，我要设法解决的问题——我非常肯定地说，这个问题涉及艺术教育中的每个人——就是有效的音乐教育、艺术教育、舞蹈和韵律教育，本质上要比通常的“核心课程”更接近我们所讨论的那种将学习个人同一性作为基本教学任务的内在教育。如果教育不能做到这些，那它就是无用的。教育是学习如何成长，学习找到成长的方向，学习分辨好坏，学习什么是值得的、什么是不值得的，学习选择什么和不选择什么。在这一内在学习、内在教学和内在教育的领域中，我认为艺术，特别是我曾经提到过的那些艺术，是非常接近我们的心理学和生物学核心的，非常接近自我同一性和生物同一性的，因此不应把这些课程当作加工过的或奢侈的课程，它们必须成为教育中最基本的体验。我的意思是，这种教育可以让无限和终极的价值隐约可见。内在教育最好将艺术教育、音乐教育和舞蹈教育作为其核心（我想我会将舞蹈作为给孩子们的第一选择。对于2至4岁的孩子，简单的旋律是最容易被接受的）。这样的体验可作为一种模式，把它作为一种将其他那些学校课程从价值脱离、价值中立、无目标、无目的中解救出来的手段。

第十三章

人本主义教育的目标和意义

在奥尔德斯·赫胥黎临死之前，他正处于巨大突破的边缘，在科学、宗教和艺术之间创造伟大综合体系的边缘。他的很多思想在他最后的小说《孤岛》中有所阐述。虽然《孤岛》不是一部重要的艺术作品，但是它作为一篇讨论人能变成什么样子的论文很令人兴奋。其中最革命性的思想是在教育方面，在赫胥黎的乌托邦中，教育体制的目标和我们社会中教育体制的目标有本质的不同。

如果观察一下我们社会的教育，会发现有两种截然不同的因素存在。首先，是绝大多数的教师、校长、课程设计者、学校管理者，他们致力于教授孩子们生存在这个工业化社会中所需要的知识。他们并没有什么特别的想象力和创造力，他们也不会经常发问为什么他们要教授这些东西。他们最关心的是效率，要用最少的时间、费用和精力，给尽可能多的孩子灌输尽可能多的事实。另一方面，少数人本主义倾向的教育家，其教学的目的是培养更好的人，或者用心理学的术语来描述，就是自我实现和自我超越。

课堂教学往往有其不言而喻的奖励目标，即取悦老师。在传统意义的课堂上，孩子们很快就领悟到创造力是要受到惩罚的，而背诵要求记忆的内容会得到奖励，于是他们把注意力放在老师让他们说什么、而不是对问题的理解上。由于课堂教学的核心是行为而不是思想，孩子们学到的是如何行动，同时保持自己的思想不变。

事实上，思想对外在的学习是有害的。真知灼见能使宣传、灌输和操作性条件反射的影响统统消失。以广告为例，对其最简单的解药就是真相。你可能会担心潜意识广告和动机的影响，但是你所需要的全部就是能证明某一品牌的牙膏糟糕透了的证据，而且从此以后你就不会再受这个世界上任何广告的影响了。真相对外在学习破坏性影响的另一个例子，是一个心理学班级的学生对他们的教授开的一个玩笑，当教授在讲授条件反射的课程时，学生们暗中对其施加条件作用。这位教授并没有意识到这一点，开始越来越频繁地点头，讲座结束时他已经在不断点头了。然而，当同学们告诉教授真相后，他不再点头了，当然此后无论学生们给予再多微笑，也不会再让他点头了。真相使这样的学习作用消失了。从这点出发，我们应该问问自己，有多少课堂学习实际上是由无知支持、由真知否定的。

当然，学生们已经完全沉浸在外在学习的态度中，他们对成绩和考试的反应如同黑猩猩对扑克筹码的反应一样。在美国最好的大学中，一个男孩正坐在广场上读书，他的一个朋友走过他身边问他为什么读那本没有被指定的书。阅读一本书唯一的理由竟然是它可能带来的外在奖励。在充满扑克筹码的大学中，这样的问题是合乎逻辑的。

一个关于厄普顿·辛克莱的故事可以阐明大学教育中内在与外在方面的差异。当辛克莱年轻时，他发现无法攒够上大学的学费。辛克莱仔细阅读了大学规章，发现有这样的规定：如果一个学生一门课程不及格，他将不能得到这门课程的学分，必须用另一门课程的学分进行替代。而学校不会收取第二门课程的学费，因为学生已经为他的学分付过一次费用了。辛克莱利用了这一政策，通过挂掉每门课程，获得了免费教育。

"赚个学位"这一说法概括了外在取向教育的弊端。学生在学校里投资若干个小时，称之为学分，之后就可以自动获得学位了。在大学里学习的一切知识都以学分形式标明了"现金价值"，这种价值在所学习的各门学科之间很少或完全没有差别。例如，一学期的篮球训练和一学期的法国哲学赚得一样的学分。因为只有最后的学位才被认为是有真实价值的，在毕业之前离开大学会被社会看成是浪费时间，被父母当作悲剧。你们都听到过母亲哀叹她的女儿在大学四年级辍学结婚的愚蠢行为，因为这个女孩白白"浪费"了她本来可以得到的教育。在这里大学三年的学习价值已然被完全遗忘了。

在理想的大学里，将没有学分、没有学位、没有必修课。一个人可以学习他想学习的任何东西。我和一位朋友想将这一理想付诸行动，我们在布兰代斯大学组织了一系列研讨会，并称之为"新生研讨会——理性生活入门"。我们宣布这门课程不设必读或必写的作业，也不给学分，无论讨论什么题目都由学生自己选定。并且，我们说明我们是什么人——一个心理学教授和一个开业的精神病医生，我们希望通过对研讨会和我们研究方向的描述指导学生选择是否加入。参加研讨会的学生都出于自愿，并对研讨会的成败承担一定的责任。在传统学校教室中，情况恰恰相反——它是强制性的，学生们因为各种原因不得不来听课。

在理想的大学中，任何人都可以如愿以偿地得到内在教育——因为任何人都能进步和学习。这里的学生可以包括有创造力的、聪明的儿童和成人，低能者和天才（因为即使是低能者也能通过情感和精神进行学习）。这样的大学将无处不在——也就是说，不局限于特定的建筑物或特定的时段，教师是任何有感想并愿意与他人分享的人。这样的大学将持续终生，活到老，学到老。甚至死亡也能成为一种哲学性的启发、一种富有教育意义的体验。

理想的大学是现代教育的避难所，在那里你可以尝试发现自我；发现你喜欢什么，你需要什么；发现你擅长什么和不擅长什么。人们可以学习各种科目，参加各种研讨会，虽然不能确定他们要走哪条路，但已经开始寻找自己的使命，一旦找到了它，他们就能很好地利用他们所接受过的技术教育。换言之，理想大学的主要目标是自我同一性的发现，同时也是使命的发现。

我们所说的自我同一性的发现是什么意思呢？意思是找出你真实的愿望和你真实的特性，并选择一种能让它们表达出来的生活方式。经过学习你会真诚和忠实地让你的行为和言谈成为你内在感受的自然流露。我们大多数人已经学会了避免真诚。你也许正处于一场争吵中，你的五脏六腑正因愤怒而痛苦地纠结着，但假如此时电话铃响起，你还是会拿起电话亲切地打招呼。真诚的显露有待于虚伪跌至零点。

有许多传授真诚的方法。感受能力训练小组是一种尝试，让你认识到真实的自己和你对他人的真实反应。方法是给你一个诚实的机会，说出你内心真实的感受，而不是表面回应和礼貌性回避。

那些被我们描述为健康、坚强的人，似乎比多数人更能清晰地聆听到自己内心感受的声音。他们知道自己需要的是什么，也同样清楚自己不需要的是什么。他们内心的喜好告诉他们一种颜色和另一种颜色不相配；他们不需要毛衣，因为它会使身体发痒；或者他们不喜欢肤浅的性关系。另一些人则恰恰相反，他们似乎很空虚，缺乏与自己内心信号的联系。他们的吃、喝、拉、撒、睡都是按照时钟的安排，而不是他们身体的内在需求。他们做任何事情都以外在标准为依据，从选择食物（“它对你有益”）和服装（“它很时髦”）到价值和伦理学问题（“我父亲告诉我的”）。

我们非常善于让我们的孩子混淆自己内心的呼声。一个孩子可能说，“我不想喝牛奶。”而他的妈妈会回答，“为什么，你知道你需要喝点牛奶。”或者这个孩子说，“我不喜欢菠菜。”但妈妈告诉他，“我们都喜爱菠菜。”自我认识的一个重要部分是有能力听清这些来自内心的信号，但妈妈让这些信号混淆不清，这对孩子是不会有什么好处的。她也能很轻易地说，“我知道你不喜欢菠菜，但是因为某种原因你必须吃些菠菜。”

有审美能力的人在颜色选择、装饰搭配和选择合适的样式等问题上，似乎比多数人有更清晰的冲动声音。智商高的人在理解真理，分辨某些关系的真伪上似乎有同样强烈的冲动声音，正如有审美天赋的人能看出这条领带适合这件夹克而不适合那一件。现在正在进行的很多研究是有关儿童的创造力和高智商之间的关系。对于有创造力的儿童，似乎有更强烈的冲动声音告诉他们什么是对的，什么是错的。没有创造力的高智商儿童似乎已然丧失了自己的冲动声音，变得循规蹈矩，总是期待着父母或老师给予指导或启发。

健康的人在伦理和价值的问题上似乎拥有清晰的冲动声音。自我实现的人在很大程度上已经超越了他们文化的价值。他们不仅仅是美国公民而更应该说是世界公民，而且首要的是他们是人类的一员。他们能客观地看待自己的社会，喜欢它的某些方面，不喜欢另一些方面。如果教育的终极目标之一是自我实现，那么教育就应该帮助人们超越他们所在的文化强加于他们的条件作用而成为世界公民。这里有一个技术性问题，即如何克服文化适应的产生。你将如何在一个年幼孩子的心灵中唤醒他对全人类同胞的兄弟情义，使他憎恨战争并在成年后尽一切努力去避免战争？美国教堂和学校已经小心地回避了这一任务，取而代之的是向孩子们讲授多姿多彩的《圣经》故事。

我们的学校和教师应该追求的另一个目标是发现使命，发现一个人的命运与归宿。学习你是什么样的人，能够倾听你内心的声音，这些学习的部分作用就是发现你一生要从事的事业。发现一个人的自我同一性和发现一个人的事业，揭示一个人将为之献身的圣坛，这些几乎是同义词。发现一个人终身事业有点像发现一个人的伴侣。年轻人有一种“三心二意”的习惯，接触很多对象，有一两次恋爱经历，也许在结婚前还要进行一次严肃的试婚。这样，他们才能发现喜欢或不喜欢什么样的异性。当他们越来越能意识到他们的需要和愿望时，那些能很好了解自己的人最终能彼此发现并相互结识。在你寻找职业、你的终生事业的时候，有时会发生非常相似的事情。它让你感觉很好，突然你会发现一天24小时不够用了，你开始抱怨人生短促。然而，在我们的学校里，有些职业顾问并没有意识到人类存在可能的目的，甚至不懂什么是基本的幸福需要。所有这类顾问所考虑的只是社会对航空工程师或牙科医生的需要。从来没有一个人提到，如果你不喜欢你的工作，你就丧失了一种自我成就的重要手段。

综上所述，学校应该帮助孩子们观察自己的内在，并在这种自我认识中发现一系列的价值观念。但是我们现在的学校并不教授这样的价值。这可能是宗教战争的遗留物，当教会与国家分离，统治者认为价值的讨论应该是教会的事儿，而世俗的学校应当关注其他问题。也许由于学校严重缺乏真正的哲学和经过严格训练的教师而不教授价值，这是值得庆幸的，正如因为同样的原因不进行性教育也是值得庆幸的一样。

人本主义哲学教育产生的诸多后果之一是对自身的不同看法。这是一个非常复杂的概念，很难简单描述，因为几个世纪以来第一次谈到一种本质，一种内在的天性，谈到种族性和某种动物本性。这与欧洲的存在主义，特别是萨特的观点截然不同。萨特认为，人完全是其自身设计的产物，完全或几乎是其自身主观的、独立意志的产物。对于萨特及受其思想影响的人而言，一个人的自我成为一种专断的选择，一种命令式的意愿，而成为什么样的人，做什么样的事都没有好、坏、善、恶的指导标准。萨特已经完全放弃了任何绝对的或至少是人种概念上的价值。这非常接近于让强迫性神经症作为一种人生哲学，你可以在其中发现我称之为“体验空虚”的特征，即缺乏内部的冲动声音。

美国的人本主义心理学家和存在主义精神科医生大都更接近于精神动力学家而不是萨特。他们的临床经验使他们设想人拥有一种从属于某个物种的生物学本质。很容易理解“揭示”疗法有助于个体发现其自我同一性，其真实的自我，简而言之，即他的主观生物学属性，然后他可以将其具体化，“造就自我”，进行“选择”。

问题是，人类是唯一一个很难归纳其本能属性的物种。例如，猫就是猫，不存在质疑，很容易被理解，它们不存在什么复杂的、矛盾的、有冲突的内在问题，也没有迹象表明它们渴望变成狗。它们的本能是非常明显的。但是我们就没有这样明确的动物本能。我们的生物学本质，我们的残余本能，微弱而难以琢磨，是很难把握的。外在学习的力量远大于内心深处的冲动。这些人类最深层次的冲动潜藏在几乎已完全丧失的本能中，非常脆弱，极端微妙精细，需要深入挖掘才能找到它们，这就是我所说的自省生物学、生物现象学。这意味着在寻找自我同一性、寻求自我、寻求自发性和自然性时的一个必要的方法之一，是闭上眼睛，摒除噪音、杂念，放下一切凡尘琐事，用一种道家的、接纳的方式使自己放松下来（类似于在精神分析师的沙发上使用的方式）。接下来的方法就是等待，看看会发生什么，会想到什么。这也是弗洛伊德所说的自由联想、注意力的自由浮动而不是定向性任务，如果你在这方面的努力获得成功并学会如何去做，你将忘记外部世界及其噪音，开始聆听来自内部的细小精致的冲动声音，这是来自你的动物本性的暗示，不仅来自普遍的种属本性，也来自你自身的独特本性。

然而，有一个非常有趣又矛盾的现象。一方面，我们在谈论揭示或发现你的特异品质，你和这世界上其他人的不同之处。另一方面，我们又说到你的种族性、你的人性。正如卡尔·罗杰斯所表述的："这是如何发生的呢？当我们更深入地进入到特殊和独特的自我中，寻求个人的自我同一性时，我们就更能发现整个人类的特性。"这难道不会让你想起拉尔夫·瓦尔多·爱默生和新英格兰先验论者吗？发现你的种族性到达足够深度时，将会和发现你的自我性相结合。成为（学会如何做到）完满的人意味着两者要同时进行。你了解（主观体验）到你的独特之处：你何以是你，你的潜能是什么，你的风格是什么，你的步调是什么，你的爱好是什么，你的价值观是什么，你身体前进的方向是哪里，你个人的生物学因素给你什么样的引导，即你和他人的不同。同时又是了解一个人类动物与其他人类动物相似意味着什么，即了解你和他人的相似之处。

教育的目标之一应该是教人懂得生活是可贵的。如果生活中没有快乐，那生活就没有了价值。不幸的是，很多人从未体验过生活的快乐，没有体验过我们所说的高峰体验，这一极少见的时刻可以全面肯定我们的生活。弗洛姆谈到了经常能体验到生活快乐的乐生者，以及几乎从未体验到快乐时刻的欲死者，这样的人对生活的掌握非常脆弱。后者将利用生活中各种愚蠢的机会，仿佛他们希望用一次意外事件将他们从自杀的苦恼中解救出来。在逆境中，例如在集中营里，那些认为生命中每时每刻都很珍贵的人会为了生存而斗争，而另一些人却任由自己毫无抵挡地走向死亡。通过锡南浓（戒毒机构）这样的机构，我们开始发现，对于那些正在进行局部自杀的吸毒者来说，如果你能为他们提供更有意义的生活来替代现在的生活，他们将很容易放弃吸毒。心理学家曾把酗酒者描述为极度沮丧、厌倦生活的人。他们形容这些人的生存线是一望无际的平坦，没有任何起伏。科林·威尔逊在他的著作《新存在主义导论》中指出，生活必须拥有意义，必须有充满激情的时刻来验证生命，使生命有价值。否则，死的愿望是可以理解的，因为谁愿意忍受无休止的痛苦和无尽的烦恼呢？

我们知道孩子们有高峰体验的能力，这经常发生在儿童期。现代的学校制度是粉碎高峰体验并禁止其出现的极端有效的工具。不惧怕看到孩子们自娱自乐的景象，并本能地尊重孩子的教师，在课堂上是难得一见的。当然，在传统的教育模式下，一个教室里有35个孩子，教师要在一定时间内教授完某一课程，这就迫使教师更关注秩序与安静，而不是让孩子感觉到学习是一种快乐的体验。但是现在我们的官方教育哲学和师范学校似乎有一种隐含的假设，对孩子来说快乐时光是危险的。即使是学习阅读、减法、乘法这种在工业社会必需的任务，对孩子来说是非常困难的任务，也可以变得富有吸引力并成为一种乐趣。

幼儿园教育能做什么来抵消孩子们死的愿望，小学一年级教育能做什么来提高学生们生的愿望？也许它们能做到最重要的事情是让孩子有一种成就感。孩子们在帮助比他们幼弱的孩子完成某件事情后，会得到很大的满足感。弱化管辖和约束有助于鼓励孩子们的创造力。由于孩子们会模仿教师的态度，教师也因此受到鼓励成为一个快乐的、自我实现的人。父母能把扭曲的行为模式传递给孩子，但是如果教师更为健康、更为坚强，孩子们则会转而模仿教师。

首先，现在流行的教师形象是讲演者、调节者、强化者和老板，而道教的辅导者（或称“师傅”）则与此不同，他们善于接受而不是给予干预。曾经有人告诉我，在拳击界如果年轻人觉得自己很不错并想成为一个拳击手，他可以到拳击馆找一个经理人并对他说：“我想成为专业拳手，在你的俱乐部训练，接受你的管理。”在拳击界中经典的做法就是试试他。一个优秀的拳击经理人会选一个他麾下的职业拳手并对他说：“带他上拳台，好好练练他，看看他怎么样，让他把本事都使出来，试试他。”如果证明这个拳手是有希望的，如果他是“天生”的好材料，好的经理人要做的就是接收他并训练他，看他是否能成为一个拳击家，一个更好的拳击家。这就是说，好的经理人认为拳击手的风格是一种天赋，他要在这种给定的天赋上构建其未来，而不是一切从头再来，并说：“忘掉你所学的，按新的方式来做。”就如同说：“忘掉你有什么样的身体。”或“忘掉你所擅长的。”经理人会认可年轻拳手的天赋，并在此基础上将他培养成为他有可能成为的最好的拳击家。

我的强烈感觉是，这种做法在很多教育学领域都能发挥作用。

如果我们想成为辅导者、顾问、教师、指引者或心理治疗师，那么我们必须接纳我们所面对的人，并帮助他们认识到他们是何种类型的人。他有什么样的风格、什么样的天赋、能胜任什么、不能胜任什么、拥有什么样的构建基础、优秀资源和良好潜质？我们将提供一个没有威胁的气氛，接受孩子们的天性，同时将恐惧、焦虑和防御的氛围降到最低。重要的是，我们要关心孩子，也就是说，欣赏他们——他们的成长和自我实现。所有这些听起来很像罗杰斯派的治疗师，他的“无条件的积极关怀”、他的和谐一致论、他的开放论和他的同情心。事实上，现在已经有证据显示这种“带孩子”的方法是允许他表达、行动、尝试甚至是犯错误，将他展示出来。在这点上给予适当的反馈，如同在感受能力训练小组或“交朋友”心理治疗小组，以及非定向咨询中做的那样，帮助孩子发现他是谁，是什么样的人。我们必须懂得珍视孩子在学校中的“突出显现”，他的魅力、全神贯注、目瞪口呆的惊讶和酒神般的热情。至少，我们可以珍惜他减弱的狂喜，他的“兴趣”和爱好等。这对他助益良多，特别有助于引导其努力工作，让他在工作中坚持不懈、全神贯注、成果卓著，以及受益良多。

相反，我认为高峰体验作为一种令人敬畏的、神秘的、惊奇的或是完美的成果，是学习的目标和奖励，是结局也是开始。如果对于诸如伟大的历史学家、数学家、科学家、音乐家、哲学家此类的人来说，这样的经历都是真实的，那么为什么我们不能将这样的学习经历扩大化，作为儿童高峰体验的来源呢？

我必须说明的是，这些支持我观点的知识和经验，即使是微不足道的，也都来源于聪明和有创造力的孩子们，而不是智力迟钝、贫困或患病的孩子们。然而，我还应该说明的是，在锡南浓戒毒中心中、感受能力训练小组中、Y理论企业中、伊莎兰式教育中心中、致幻剂研发集团中，更不用说莱恩型精神病患者研究中心中，我所得到的那些被认为是前途无望的成人的经验或诸如此类的经验，告诫我永远不要预先把任何人的经验看轻。

内在教育的另一个重要目标是满足孩子的基本生理需求。孩子们无法达到自我实现，除非他们的安全、归属、尊严、爱、尊重与自尊等需求都得到满足。从心理学的角度上说，孩子是没有焦虑的，他知道自己是可爱的，并在被爱中得到归属感，他知道自己属于这个世界，有人尊重他，需要他。来到锡南浓戒毒中心的大多数吸毒者都经历过一种需求被满足的生活。锡南浓戒毒中心创造了一种氛围，让他们感觉自己似乎是4岁大的孩子，然后让他们在这种氛围中渐渐成长，并让他们的基本需求一个接一个得到满足。

教育的另一个目标是让意识保持清新，使我们不断感受到生活的美丽和奇妙。现有的文化往往让我们变得不敏感，以至于对很多事情视而不见、听而不闻。劳拉·赫胥黎有一个小巧的立方形放大镜，你可以插入一朵小花，观看立方体各边的光线在花朵上的变化。注视片刻之后，观察者会变得忘记一切并由此产生幻觉，似乎看到一个事物绝对具体的形象和它存在的美妙。保持日常体验清新的技巧是假设你即将死去——或是和你相伴的其他人即将死去。假如你真的受到死亡的威胁，你将会用不同方式感知事物，与平时相比，你会更为密切地关注一切。如果你知道某人即将死去，你将会以更强烈、更亲切的方式看待他，而不是日常经验中标志性的漫不经心。你必须和刻板僵化的方式做斗争，永远不要让自己对任何事情产生某种惯性。从本质上说，无论课程是数学、历史还是哲学，最好的教学方法是让学生意识到其中蕴藏的美感。我们需要教导我们的孩子领会统一性知觉，领会禅宗的体验，能同时看到短暂和永恒，在同一个事物中能同时看到神圣和亵渎。

我们必须再次学会控制我们的冲动。弗洛伊德治疗过度压抑者的日子早已过去，如今我们面临的问题恰恰相反——迫不及待地表达每一个冲动。有必要告诉人们的是，控制并不一定是压抑。自我实现者有一套阿波罗控制系统，控制和满足同时发挥作用，让满足带来更大的愉悦感。例如，他们知道，如果能安稳地坐在摆满美食的整洁餐桌前进食将更加惬意，尽管在准备食物和整理餐桌时需要更多的控制。性生活中也有类似的情况。

真正教育的任务之一是超越假设问题，并设法解决严肃的人生存在问题。所有的神经质都是假设问题。然而，邪恶与痛苦的问题是真实存在的，是每个人迟早都要面对的问题。痛苦能引发高峰体验吗？我们发现高峰体验包括两个组成部分——情感的狂喜和理智的启示。两者并不一定同时出现。例如，性高潮是一种极为满足的情绪，但不能以任何方式给人启示。当面临痛苦和死亡时，可能会出现一种非快感的启示，正如玛甘妮塔·拉斯奇在她的小说《欢乐》中指出的那样。现在我们有相当广泛的关于死亡心理学的文献，显而易见，有些人在接近死亡时确实体验到启示，得到哲学洞察力。赫胥黎在他的著作《岛》中阐明一个人如何能在和解与接受中死去，而不是以一种不体面的方式离开人世。

内在教育的另一个方面是学习如何成为一个优秀的选择者。你可以教自己如何进行选择。在你自己面前放两杯葡萄酒，一杯廉价，一杯昂贵，看看你更喜欢哪一杯。尝试一下你能否闭上眼睛分辨两种牌子香烟的不同。如果你不能说出差异，那就是没有。我发现我可以分辨出好坏葡萄酒的差异，所以我现在会花钱买好酒。另一方面，我分辨不出杜松子酒的好坏，所以我愿意买便宜的杜松子酒。既然我分不出优劣，那还挑什么呢？

什么是我们所说的自我实现呢？我们希望理想的教育制度能造就的心理特征是什么呢？自我实现者有良好的心理健康状态；他们的基本需求已然得到满足，那是什么动机促使他们成为这样一个忙碌和有能力的人呢？首先，所有自我实现者都有其坚信的目标和为之献身的事业。他们说“我的工作”是指他们的人生使命。如果你问一个自我实现的律师，他为什么进入法律界，什么能够补偿那些日常琐事带来的劳累，他最终会这样说：“好吧，当我看到有人利用别人时，我就很生气，这是不公平的。”公平对他来说是一种终极价值；他无法告诉你他为何重视公平，就如同艺术家不能告诉你他为何珍视美一样。换言之，自我实现者之所以这样做是为了实现他们的终极价值，而终极价值似乎又是为了捍卫有内在价值的原则。他们保护并热爱这些价值，如果这些价值受到威胁，他们会义愤填膺，采取行动，常常会做出自我牺牲。这些价值对自我实现者来说并不是抽象的，它们像骨骼和血管一样是他们身体的组成部分。自我实现者的动机是永恒的真理、存在的价值、纯真与完美。

他们超越极性，试图看到潜藏的统一性；他们试图整合一切，并让其内容更丰富。

下一个问题是，这些价值是本能的吗？是像爱和维生素一样是生命所固有的吗？假如你清除掉你饮食中所有的维生素，你就会生病。同样的道理，爱也是这样的需求。假如你剥夺了你的孩子们全部的爱，那将会杀死他们。医护人员已然知道得不到爱的婴儿会因感冒而夭折。我们对真理的需求也是如此吗？我发现假如我被剥夺了真理，我会染上一种特殊的疾病——我将变得偏执，不相信任何人，怀疑每一件事情，寻找每个事件暗含的意义。这种慢性疑心病肯定是一种心理疾病。因此，我要说的是剥夺真理会导致一种病态——超越性病态。超越性病态是一种由于存在价值被剥夺而引起的疾病。

美的剥夺也能引发疾病。审美敏感的人在丑陋的环境中会变得沮丧不安，并有可能会影响月经，导致头疼等症状。

我进行了一系列的实验来证明美与丑的环境对人的影响。让被试在丑陋的房间中判断所看到的人脸照片，他们会认为这些人是精神病、偏执狂或危险人物。这表明在丑陋的环境中所看到的面孔以及对其本人的推断都是不好的。丑对你的影响有多大，取决于你的敏感性和你是否能轻易将自己的注意力从令人不快的刺激上转移开。进一步来说，生活在不愉快的环境中，与龌龊的人相处，是一种致病的因素。如果你选择与优雅得体的人共度时光，你会发现你感觉很好并能有所提高。

公正是另一种存在价值。大量的历史事实告诉我们，人们被长期剥夺公正会发生什么。例如，在海地，人们学会不相信任何事情，玩世不恭地对待每一个人，认为一切事物背后都隐藏着腐败与堕落。

我对那种无用的超越性病态非常感兴趣。我认识很多满足自我实现标准的年轻人，他们的基本需求已得到满足，他们善于利用自己的能力，也没有显示出明显的心理病征。

但是他们却受到了破坏和干扰。他们不相信所有的存在价值，所有年过三旬的人都拥有的价值，并且认为真理、善良和热爱这样的字句完全都是空洞的陈词滥调。他们甚至对自己能创造一个更美好世界的能力失去了信心，他们能做的只是一种毫无意义和破坏性的抗议而已。如果你没有有价值的生命，你也许不会神经质，但是你会患有认知和精神上的疾病，因为你与现实的关系在某种程度上会受到扭曲和干扰。

假如存在价值像维生素和爱一样是不可缺少的，假如缺乏存在价值会让你生病，那么，人们谈论了几千年的宗教的或柏拉图式的或理性的生活似乎是人性基本的组成部分。人是由不同层次的需求构成的，生物性需求在底层，精神性需求在顶层。然而，与生物需求不同，存在价值本身以及它们之间是不分层次的。每种存在价值都同样重要，每一种都可以依据其他各种给予定义。例如，真理必须是完整的、唯美的、全面的，不可思议的是，在奥利匹斯诸神的观点上还应该是有趣的。美必须是真实的、美好的、全面的，等等。现在，如果存在价值是可以彼此定义的，我们知道通过因素分析，一些一般因素是这些存在价值的基础——统计学术语称其为

G因素。存在价值不是相互分离的枝条，而是一颗钻石的不同切割面。献身于真理的科学家和献身于公正的律师一样，两者都献身于同一使命。他们中的每一位都已然发现在一般价值中最适合他们的方面，正是他们在终身事业中所用到的那一方面。

存在价值有趣的一面是它们能超越传统的二歧化，例如自私与无私、肉体与精神、宗教与世俗。假如你在从事你热爱的工作，献身于你最崇尚的价值，你将尽可能地自私，而同时又是无私和利他的。如果你将真理投射到你内心的价值当成血液一样，是你自身的组成部分，那么无论谎言出现在世界的任何地方，你都会如芒在背，一定要去揭穿它。从这个角度来说，你自身的边界将远远超越了你个人利益的范围，包括了整个世界。如果在保加利亚，不公正被用于迫害某人，那么它也同样在迫害你。虽然你可能永远不会见到这个人，但是你能对他的背叛感同身受。

让我们再看看“宗教”和“世俗”的二歧化。我童年时接受的宗教仪式似乎过于可笑，以至于我完全失去了对宗教的兴趣，毫无“寻找上帝”的欲望。然而，我宗教界的朋友，至少是那些超越了认为上帝有什么样的皮肤、什么样的胡子的老农式认知水平的人，会像我谈论存在价值一样谈论上帝。现如今神学家考虑的首要问题是诸如宇宙的意义和宇宙是否有发展方向之类的问题。寻找完美和坚持价值的发现是宗教传统的本质。许多宗教团体已开始公开宣布宗教的外在仪式，例如周五不吃肉等，是不重要的，甚至是有害的，因为它们会让人迷惑，不知道什么才是宗教的真谛。这些团体再次开始在理论和实践上献身于存在价值。

享受并坚信存在价值的人，会更加享受基本需求的满足，因为他们会让这种满足变得神圣。相爱的情侣看待彼此的存在价值如同需求的满足一样，那么性行为能变成神圣的仪式。体验精神生活，你不需要在柱顶打坐十年。以某种形式生活在存在价值中，能使肉体及其一切欲望变得神圣。

如果我们承认教育的一个主要目标是存在价值的唤醒和实现，这也是自我实现的一个方面，我们将拥有一种新文明的巨大繁荣。人们会变得更坚强、更健康，并在更大程度上掌握自己的命运。增加个人生活的责任感，用合理的价值观指导个人的选择，会使人们开始积极改变自己所生活的社会。推进心理健康的运动，也是推进精神安宁和社会和谐的运动。

第五篇

社会

第十四章
社会与个人中的协同作用

我希望将本章献给鲁思·本尼迪克特，作为对她的纪念[1]，因为她提出并发展了“协同作用”这一概念。1941年，她在布林莫尔学院进行的系列演讲中首次提出了这一概念。这一概念未能被人所熟知，只是因为她手稿的遗失。当我首次读到这些讲稿时，我震惊地发现她给我的这份复印件已是仅存的孤本。我很担心她并不愿发表它——她看起来似乎并不十分在意文章是否发表。我也很担心它会遗失，而这种担心是有道理的。玛格丽特·米德是她的女经纪人，翻遍了她的所有文件和文稿也没有找到那份手稿。我已经让人尽可能多地打印了手稿。这些摘录即将出版，因此，在这一章中

① 鲁思·本尼迪克特（1887—1948）是哥伦比亚大学的人类学教授，也是一位诗人，笔名安·辛格顿。她主要的兴趣是研究美国印第安人。在第二次世界大战期间，她研究过日本文化，为同盟国的宣传提供过基本资料。她的著作有《文化的类型》《种族、科学与政治》和《菊与刀》。——H.L.安斯巴赫编注

我将只引用其中的几段。

协同作用的提出与定义

鲁思·本尼迪克特在晚年曾试图克服并超越文化相对论，这一学说错误地和她的名字联系在一起。在我的印象中，她对此非常恼怒。她认为她的《文化的类型》实质上是关于整体论的著作。以整体的而不是原子的作用将社会描述为一个有机的统一整体，她试图用其特有的诗意的感受、韵味和语调进行描述。

我在1933至1937年间研究人类学时，发现各种文化都有其独特的气质。没有任何科学的方法可以掌握它们，也无法对其进行概括。每种文化都是独一无二的。你只有从其内部对其发表评价。本尼迪克特锲而不舍地努力完成一项比较社会学研究。作为一位女诗人，她为之坚持的词汇是她作为科学家不宜在公众场合使用的，因为它们是模式化的、晦涩的，而不是冷静的，这样的词汇能在酒后说说，但不能印成文字。

提出　如她所述，她曾用新闻纸写下大篇幅她所知道的有关她选择的四对文化的一切。之所以选择这四对文化，是因为她认为它们彼此不同，值得研究。她有一种直觉、一种感觉，并且用不同的方式将其表述出来，对此我已在之前的注释中提到。

在每一对文化中，有一种是焦虑型的，另一种则不是。一种是乖戾的（显然这是一个不科学词语）；而那些乖戾的人是她所不喜欢的。四对文化中的一方都是乖戾和下流的人，而另一方都是美好的人。在另一些时刻，例如当战争威胁我们的时候，她会谈到士气低的文化和士气高的文化。一方面她会谈到仇恨和侵略，另一方面她会谈到情感。她喜欢或不喜欢的四种文化都有什么共性呢？她尝试着将它们描述为安全的文化和不安全的文化。

那些她认为优秀的、安全的、喜爱的、有吸引力的文化是祖尼、阿拉佩施、达科他以及爱斯基摩人的一个分支（我忘记了是哪一支）。在我自己的现场研究（未发表）中，增加了北方黑脚作为一个安全文化。那些乖戾、下流，令她颤抖、战栗的文化是楚克奇、奥吉布瓦、多布、夸扣特尔。

她尝试使用当时常用的所有标准逐一概括这些文化。她依据种族、地理、气候、大小、财富、复杂性等各方面对它们进行比较研究。然而这些评价标准都没有发挥作用，即在那些安全的文化中各方面都是共同的，那些不安全的文化中各方面都缺乏可比性。在这种缺乏逻辑、缺乏分类的基础上是无法进行整合的。她曾提出这样的问题，哪些文化易导致自杀，哪些文化不会？哪些文化是多配偶的，哪些文化不是？哪些文化是大家庭的，哪些是小家庭的？这些分类原则都没能发挥作用。

最终发挥作用的是我所说的行为功能，而不是外显的行为本身。当她意识到行为不是答案时，她不得不寻求行为的功能、行为的意图、行为试图表达的东西及其表现出的性格结构。我认为正是这一跳跃才是人类学理论和社会学理论中的一次革命，奠定了比较社会学的基础，它提供了一种社会比较的方法，将各种社会放在一个连续的体系中进行研究，而不是将它们每一个当作独特的、个体的。下文引自她的手稿：

> 我们以自杀为例。自杀已多次被证明与社会环境有关：在一些条件下自杀率会下降，在另一些条件下自杀率会上升。在美国，自杀是心理灾难的指标，因为它被认为是一个人不能够或不愿意应对某些境况时的一种快刀斩乱麻式的行为方式。但是，自杀作为各种文化所共有的特性，在其他一些文化中是常见的，这些文化中的自杀行为可能具有完全不同的意义。在古代日本，自杀是武士战败后的可敬行为；它是恢复名誉的行为，比生命更重要——是武士阶级应尽的本分。在原始社会，自杀有时是妻子、姐妹和母亲在过度哀悼时尽节尽情的行为。这一行为再次确认了至亲之爱比生命中任何事情都更可贵，当挚爱已逝，生命也变得毫无价值。在以此为最高道德准则的社会中，自杀是理想的最后证实。从另一方面来讲，在某些部落中，自杀更像中国式的自杀概念，如他们所说死在某人的“前门台阶上”。这意味着自杀被认为是一种向虐待过死者或死者所怀恨的人进行报复的行为。在存在这种自杀行为的原始社会中，它可能是最有效的，有时甚至是对他人能采取的唯一的行动，这种行为的累积作用甚至能与其他文化中的法律相提并论，它与我们以上所述的各种自杀行为都不相同。

定义 最终本尼迪克特选择了“高协同”和“低协同”这样的

概念替代了“安全”与“不安全”的概念，这是因为前者较少模式化，更客观，排除了投射个人理想和喜好的嫌疑。她将这些术语定义如下：

> 是否有什么社会学因素与高侵犯性或低侵犯性相关呢？我们的初步计划所能达到的程度，取决于它们的社会形式所能提供的整体利益的范围，清除集体中损害他人利益的行为和目的……从所有比较资料得出的结论显示，互不侵犯的社会凸显出其良好的社会秩序，使个人的同一行为同时能为个人利益和集体利益服务……互不侵犯的产生（在这些社会中）不是因为人是无私的，将社会责任放在个人愿望之上，而是因为社会的安排使两者达成一致。从逻辑上讲，生产——无论是培植甘薯还是捕鱼——是普遍利益，如果没有人为的制度歪曲这一事实，那么每一次收获、每一网鱼都会增加村庄的食物供应。一个人可以是一个好园丁，同时又是一个有益于社会的人。他和他的同胞都能受益……
>
> 我想谈谈低协同文化，那里的社会结构能助长彼此对立和对抗的行为；同时我也要谈谈高协同文化，那里的行为则是相辅相成的……我曾谈论过一些高协同社会，那里的社会制度保证人们能从他们的事业中彼此获益；同时我也谈论过一些低协同社会，在那里，一个人的利益是靠征服他人获得的，而大多数没能获胜的个体必须进行转变。

这些高协同的社会中，社会制度的建立将超越自私与无私的对立，超越利己与利他的对立。在那里，单纯的自私也必然有所收获。高协同的社会是美德有好报的社会。

我想讨论一下高协同和低协同的某些方面和某些表现。我将使用我的笔记，它已经有二十五年的历史了；同时我必须致歉的是，我已经无法分辨哪些是本尼迪克特的思想，哪些是我自己的思想。多年来，我用不同方式运用着这一概念，因此这里存在着某种程度的融合。

原始社会中的高协同与低协同

财富的分流与汇聚　关于经济制度，本尼迪克特发现，但凡是公开的、肤浅的、表面价值的——无论社会的贫富——都是不重要的。重要的是在安全的、高协同的社会中有她所说的财富分配的分流系统；反之，在不安全的、低协同的文化中有她所说的财富分配的汇聚机制。我可以用比喻的方式简要概括汇聚机制：那是任何能确保财富吸引财富的社会安排，对于富有的再给予，对于贫穷的再剥夺，使贫穷者更贫穷，富有者更富有。相反，在安全的、高协同的社会中，财富趋向于分散，像通过虹吸管那样从高处引流到低处。它总是以某种方式由富有流向贫穷，而不是由贫穷流向富有。

分流机制的一个实例是我所见的北方黑脚印第安人在太阳舞仪式上的“散财”。在这个仪式上，全族的圆锥形帐篷围成一个大圆圈。部落中的富人（富有意味着努力劳动而拥有较多积累）会堆积起毯子、食物及各种成捆的物品，以及一些非常悲情的东西——我印象中有成箱的百事可乐。一个人在过去一年中能累积下的财物都堆积于此。

我想起当时看到的一个人。在仪式中某一时刻，按照平原印第安人的传统，他大摇大摆地走着，并且如我们所说的，炫耀着他的成就，“大家都知道我曾做过些什么，大家也都知道我是如何做到这些的，大家都知道我是如何精明强干，我是多么能干的牧场主、多么勤快的农场主，因此，我已积累下巨大的财富。”然后，他以一种非常高傲的姿态，一种非常骄傲但不会让人感觉受辱的姿态，将这些堆积的财富散发给寡妇、孤儿、盲人和病患。当太阳舞仪式结束的时候，他的财富散发殆尽，他站在那里，除了身上的衣服，一无所有。他以这种协同的方式（我不能说这是自私或是无私，因为，显然这已然超越了这样的极性）散掉了他的一切，但是，在这一过程中他已经证明他是一个完美的人，多么能干、多么聪明、多么坚强、多么勤劳、多么慷慨，因而也是多么富有。

我记得我刚进入这个社会时的困惑，我试图找到最富有的人，但却发现最富有的人一无所有。当我询问一位居留地的白人行政长官谁是这里最富有的人时，他提到了一个当地印第安人从未提起的人，这是一个在记录中拥有最多积蓄，最多牛羊、马匹的人。当我回到我的印第安知情者处，询问关于吉米·马洪和他的所有马匹时，他们耸耸肩表示轻蔑：“他是守财奴。”由此看来，他们从未认为他是富有的。受爱戴的酋长即使一无所有，也是“富有”的。那么美德会以何种方式得到回报呢？在部落中，这种以正式的形式表现慷慨的人，是最受钦佩、最受尊敬和最受爱戴的。这些人造福部落，是部落的骄傲，温暖着整个部落人的心。

换个角度来说，如果受爱戴的酋长，这个慷慨的人，发现了一个金矿或获得一笔意外之财，部落里的每一个人都会非常高兴，因为他的慷慨大方。如果他是一个吝啬的人，如同在我们的社会中常见的，就像对待我们突然发了财的朋友，财富会让他们凌驾于我们之上并反对我们。在这种情况下，我们的制度会助长妒忌、猜疑、怨恨和疏远，最终可能让大家成为真正的敌人。

在本尼迪克特列出的财富分配的分流机制中，这种赠予形式是其中的一种。另一种形式是礼仪式的好客，在很多部落中，富有的人会立即邀请他所有亲属前来做客，并照顾他们。同样也会出现慷慨相助、互利互惠的关系，分享食物的合作方式，等等。在我们的社会中，我认为我们的分级所得税和房产税也是分流机制的一个实例。从理论上讲，如果一个富人加倍富有，这对你我都是好事，因为其中会有大部分进入公共财富。我们会设想这些财富会用于公共利益。

汇聚机制的实例有高昂的租金、高利贷利率（在我的记忆中，夸扣特尔人的年利率是1200%，与之相比，甚至我们在滨水区所见的利率也是小巫见大巫了）、奴役和强迫劳动、剥削劳工、超高利润、穷人的税负比富人更高，等等。

我想，你能看出本尼迪克特对于目的、作用和机制的内涵所抱有的观点。赠送钱财本身，作为一种纯粹的行为，是毫无意义的。我认为在心理学层面上说也是如此。很多心理学家没有意识到，行为是一种心灵的防护，也是一种心灵的直接表达。行为是隐藏动机、情绪、意图和目的的一种方式，同时也是揭露它们的方式，所以决不要光看表面现象。

使用权与所有权 我们也可以看看财产的所有权与实际使用权之间的关系。我的一名翻译人员，他的英语很好，曾在加拿大上学，受过高等教育，因此他也是富有的，因为在这样的部落中，智慧与财富密切相关，甚至在我们的观点上也是如此。他是在那个社会中唯一拥有汽车的人。由于我们大多数时间都在一起，所以我能看到他几乎从未使用过这辆汽车。人们会来找他说，“泰迪，你的车钥匙在吗？”于是，他就会把车钥匙递过去。在我当时的理解中，对他来说拥有这部车，意味着支付油费、修理和安装轮胎，并帮助那些在居留地中不会驾驶的人出车，等等。这辆车属于任何需要它并提出要求的人。显而易见，在全社会拥有唯一的一部车，给他带来的是自豪、愉快和满足，而不是招致妒忌、恶意和敌对。其他人会因为他有车而高兴，如果是五个人有车而不是一个人有车，大家也会很高兴的。

给人安慰与令人畏惧的宗教 对于宗教制度也可以利用协同概念进行区分。你会发现上帝或诸神或鬼怪或超自然的事物，在安全的或高协同的社会中都会统一成为仁慈的、助人的、友善的，有时甚至在某种程度上像我们社会中某些人所说的是亵渎神灵的。例如，在黑脚印第安人中，任何人都拥有自己隐藏的精灵，那是一个他可能在山顶上见到的幻象，是一个在现实的牌局中显灵的精灵。和这些个人的精灵如此融洽的相处，以至于一个人完全有理由在拿到同花顺时要求暂停牌局，并到角落里和他的精灵商量是否叫牌。另一方面，在不安全或低协同的社会中，神、鬼和超自然的东西一律都是残忍、可怕的。

我曾在布鲁克林大学（1940年左右）用一种很不正规的方式，按照安全与不安全设计问卷，在一些学生中检验这种关系。我询问有正规宗教信仰的人一个问题：假设你一觉醒来，发觉上帝正以某种方式来到你的房间或是正在注视着你，你会有什么样的感觉？安全的人倾向于回答感到慰藉和安全，不安全的人则感到可怕。

那么在更大规模上，你可以发现在安全或不安全的社会中，情况也大抵如此。西方观念中复仇之神与仁爱之神的对立指出，我们自己的宗教文献是由一种你可以称之为安全和不安全的宗教混合物构成的。在不安全的社会中拥有宗教权利的人通常会用其为自身谋取某种私利，我们可称之为自私的目的，而在安全社会中的宗教权利，例如在祖尼人中，会用于求雨或祈求庄稼丰收，这是让整个社会受益的。

这种心理意图和结果的对比，可以通过祈祷方式、领导风格、家庭关系、男女关系、性的表达方式，以及情感纽带、亲情、友情的风格等加以区分。如果你有这种差别感，那你就可以沿着这条路线正确地预测出这两种社会将会怎样。我想再附加一件事，这对于我们西方思想来说会有些出人意料。高协同的社会都有方法排除羞辱，低协同的社会都做不到。在后一种社会中，生活是羞辱的、尴尬的、受伤的，并且必然如此。在本尼迪克特所说的四种不安全的社会中，羞辱引发的怨恨持续存在，并由于某种原因从未断绝。然而在安全的社会中，有方法可以结束你的羞辱，还清你的债，让你解脱出来。

我们社会中的高协同与低协同

现在，你一定已经意识到，我们自己的社会是一个混合协同的社会。我们既有高协同的制度也有低协同的制度。

例如，在美国的慈善事业中，高协同作用广泛存在，这是在许多其他文化中完全没有的。我们的社会有一种非常慷慨的文化，并以一种非常美好、非常安全的方式表现出来。

另一方面，我们的社会中也显然存在一些制度让我们彼此对立，必然成为竞争对手，将我们置于一种不得不为有限的利益而争吵的境地。这就像是零和游戏，一方获胜，另一方必然失败。

也许我可以用一个简单常见的例子加以说明，如大学中常用的评分制度，特别是曲线评分。我曾身处其中，并能清晰地看到自己如何站在兄弟们的对立面，他们受益我就会受害。假设我的名字是以Z打头的，评分时按照字母顺序开始，并且我们知道只能有六个A。当然，我只能坐在那里，希望在我前面的人会得低分。每当有人得A，都对我不利，因为这会降低我得A的概率。所以这很容易让人说，"我希望他被毙掉。"

这种协同原理非常重要，不但因为它有助于一种客观比较社会学的发展，而且因为它能引发这种比较社会学为一种超文化价值体系开辟一条道路，依据这种价值体系可以评价一种文化及其包含的一切事物，不但因为它为乌托邦理论提供了科学依据，而且因为它有助于其他领域中更专业的社会现象的研究。

首先，在我看来还没有足够多的心理学家，特别是社会心理学家，意识到某一领域正在发生伟大和重要的事件，而对于这一领域目前还没有一个恰当的名称，或许我们可以称之为组织理论或工业社会心理学，又或者是企业、商业理论。大多数对这一领域感兴趣的人认为麦格雷戈的著作《企业的人性面》是一本入门之作。我建议你可以把社会组织管理水平的Y理论当作高协同的例子。它说明了某种由社会机构安排的可能性，在商业机构、军队、大学里，如果这种形式组织机构内的成员相互配合，就必然成为同事或队友，而不是对手。在过去几年中我曾对这样的商业机构进行研究，我可以向你保证，至少在某种程度上它是高协同的或是安全的社会组织。我希望这些新的心理学家能尝试应用本尼迪克特概念仔细对比两种组织管理模式，一种是上述高协同性的，另一种是信奉资源有限理论的，即“我多得，你必然少得”。

我还想向您推荐一下李克特的新作《管理的新模式》，它对我们称之为工业组织管理协同作用的各个方面进行了细致的研究、广泛的收集。在这本书中李克特甚至讨论了他所说的“影响力饼图”，他试图解释一个他认为难以处理的矛盾问题，即优秀的工长、优秀的领导中，影响力越高的人，实际上就是越会放权给下属的人。你将如何解释你越放权，你就越有权这样的事实呢？李克特对这一矛盾的处理十分耐人寻味，因为你会看到一种西方的思想在一种并非完全西方化的概念中挣扎。

我想说，此后任何一个由知识渊博的人构建的乌托邦都需要协同观念来维系和平。现在，在我看来，任何乌托邦或优心态文化（我认为这个名称更合适），必然需要建立一种高协同机制作为其基础。

个体中的协同作用

自居作用 协同概念也可以应用在个体层面上，应用在两个人之间的人际关系性质上。这给予了深深相爱的关系一个非常恰当的定义，我称这种爱为存在的爱。爱的定义多种多样，例如你的爱好就是我的爱好，或两个人的基本需求汇聚为一个需求，或你的脚上长了鸡眼我的脚也会痛，或你幸福我才会幸福。大多数爱的定义都隐含着这种自居作用。但它同样也存在着高协同的概念：两个人通过某种方式安排他们之间的关系，形成一种一人受益另一人也受益的模式，而非一人受益另一人受害。

最近一些对于美国和英国的低收入阶层的性生活和家庭生活的研究描述了他们所说的剥削关系，这显然是一种低协同关系。在这样的家庭里总是有很多问题，如谁当家、谁说了算、谁爱得更多，结论是爱得更多的人是傻瓜或一定受到伤害，等等。所有这些都是低协同的描述，并意味着生活物品有限，数量不够充足。

我认为“自居作用”这一概念不仅来自弗洛伊德和阿德勒，还有其他发起人站在这一新的基础上将其扩大化。也许我们可以将爱情定义为自我的、个人的和自我同一性的延伸。我想当我们和孩子、妻子、丈夫，或是很亲近的人在一起的时候，都有过这种体验。特别是和幼小无助的孩子在一起的时候，这种感觉是宁可在夜里受凉咳嗽的是你，而不是你的孩子。孩子咳嗽比你自己咳嗽更让你痛苦。你更强壮，因此，你来承担咳嗽要好得多。显然，这是两个实体之间心理层面的融合。我认为这是“自居概念”的另一个方面。

自私与无私二歧化的融合　在这里我想跳过本尼迪克特。她似乎过多谈论自私与无私的连续直线性、极性和二歧性。对我而言显而易见的是，她分明暗示着对这种二歧化严谨的和高等级统一创造性的格式塔意义上的超越，这种高等级的统一体似乎可以证明那些看似二元化的东西是由于没能充分发展为一个统一的整体而形成的。在高度发展、精神上健康、自我实现的人中，或无论你怎么称呼的这一类人中，如果你试图去评价他们，你将会发现他们在有些方面非常无私，但同时在另一些方面非常自私。能理解弗洛姆关于健康自私和不健康自私的研究，或阿德勒的社会责任感学说的人，会明白我的意思。出于某种原因，极性、二歧化和关于一方多得另一方就少得的假设，都将消失。它们会融入彼此，形成一种单一的概念，一个我们现在还没有合适称谓的概念。从这个角度看，高协同可能代表了一种二歧化的超越，一种对立面的融合，融合为同一概念。

认知和意动的整合　最后，我发现“协同”概念有助于理解个人内部的精神动力学。有时这种实用性是非常明显的，例如把人内部的整合看作高协同，把普通病理学分类的精神分裂看作低协同，即某人感觉四分五裂并自己折磨自己。

在各种针对动物和婴儿的自由选择的研究中，我认为可以借助协同学说进一步提高理论表述水平。我们可以说，这些实验证实了认知和意动存在着协同作用或融合。在这种境况下，我们可以说，头脑和心灵、理性和非理性都说着相同的语言，这时我们的冲动引领我们向明智的方向前进。这也适用于坎农的体内平衡学说，他称之为躯体的“智慧”。

在某些情况下，焦虑、不安的人倾向于认为他们想要的东西必然是对他们不利的。好吃的东西可能会让人发胖。明智的、正确的或应该做的事，很可能是你强迫自己去做的事。我们不得不强迫自己那样做，因为我们很多人中都有一个根深蒂固的想法，认为自己希望的、渴求的、喜爱的和味道好的东西，很可能是不明智的、不好的和不正确的。但是食欲实验和其他自由选择实验的结果则恰恰相反，我们喜爱的正是对我们有利的，至少是在有一个相当好的条件和一个相当好的选择者的情况下是如此。

我将用埃里希·弗洛姆的一句话来结束，这句话令我印象深刻：“疾病的本质是渴望得到不利于我们的东西。”

第十五章

规范社会心理学家的问题[①]

请注意在研讨班上的表述要具有实用性和可实现性，而不是提出梦想、幻想或希望的实践。为了强调这一点，你们的论文中不仅必须描述出你们认为的良好社会的特征，而且还要详细阐述实现它的方法，即政治体制。下一学年，这门课程的名称将改为“规范社会心理学”。这是要强调实证性态度在本班的主导性。这意味着我们将讨论等级、百分比、证据的可靠性、需要补充的信息、必要的调查研究和可能性。我们不会在二歧化、黑与白、非此即彼、完美

① 1967年春，布兰代斯大学曾为高年级学生和研究生举办了为期一学期的研讨班，本章是依据开班讲话的要点写成的。除了提供统一的假设背景、规则和针对问题指定的阅读资料外，我还希望这些提示能帮助研讨班的学生在实践和科学的领域中努力奋斗。

研讨班的学习规划中指出：“乌托邦社会心理学：为心理学、社会学、哲学或其他社会科学研究生开设。讨论选定的是乌托邦和优心态文化的著作。研讨班关注的是依据经验和现实提出的问题：人性允许建立的最好的社会是怎样的？社会能造就的最好人性是怎样的？哪些是可能的和可行的？哪些不是？”

无缺、高不可攀和不可避免等方面浪费时间（没有什么是不可避免的）。而改革是可能的，进步与改善也是可能的。但不可避免的进步在未来某一时刻成为完美的理想，这几乎是不可能的，我们也不会浪费时间去讨论它（退化和灾难也是可能的）。通常，对事物仅仅反对是不够的，同时应该提出更好的替代方案。我们将对改造、革新和改善独立的个体或整个社会这样的问题进行整体研究。此外，我们假设两者的改变不是必须一先一后进行的，这两者指的是人和社会。我们假设它们可以同时发生改变。

做一个一般性的设想，除非我们有关于个人目标的理想，否则不可能有规范化的社会思想。这样的个人目标是指我们要成为怎样的人，并以此为标准评价社会的合理性。我进一步设想，美好社会的直接目标是尝试对社会自身的改善，是社会中所有个体的自我实现，或近似的目标或标准。（在现实生活水平中，超越自我的人——那些坚强和自由的人，即自我实现的人，被认为是最有可能自我超越的人。这里必须考虑到社会安排、教育等使超越更容易实现的因素。）这里的问题是：我们是否对健康的、受欢迎的、超越的或理想的人有可信和可靠的概念呢？同时，这一规范思想本身也是有争议的，是值得商榷的。是否存在这种可能不改善个人想法，而达到改善社会的目的？

我认为我们还必须有一些关于自主社会需求的概念（这不依赖于心灵内部，或个体的心理健康或成熟）。我认为改善个人的想法，一个人接一个人地改善，不是解决社会改革问题的可行办法。即使是最优秀的个体，身处在不好的社会和制度环境下，也会做出不当行为。可以建立一种社会制度使人相互攻击，也可以建立一种社会制度鼓励人与人之间相互协作。因此，可以创造一些社会条件，使一个人获益，另一个人也获益，而不是受害。这是一个基本假设，值得讨论，并应该是可以被验证的。

1．规范是普遍的（对全人类）、国家的（对政治、军事独立的主权国家）、亚文化的（对某一国家或民族的小群体），或家庭和个人的吗？ 我认为只要存在独立的和主权的国家，就不可能有普遍的和平。鉴于现今世界上可能出现的这种战争（我认为只要有国家统治权存在，这就是不可避免的），任何规范社会哲学家都认为，从长远来看必须限制国家主权，例如向联合世界联邦主义者所提倡的那样。我认为规范社会思想家始终都在自发地为实现这一目标而奋斗。可是一旦假设成真，那么接下来的问题就是改善现存的国家民族状况，进行再划分，像美国国内各州之间的划分，或美国的亚文化群体的划分，像犹太群体或华人群体等，最终的问题是使每一个家庭变得温馨宜人。甚至也不排除这样的问题，某个个人能让他的生活或环境变得更美好。我认为这一切是可以同时发生的，它们在理论上和实践上并不相互排斥。（我建议以我在《优心管理》中提到的“社会改善论：渐进革命论”作为讨论的基础。）

2．精选或非精选的社会。关于我提出优心态文化的概念请参阅《动机与人性》，也可以参阅《优心态文化，美好社会》，该文发表在《人本主义心理学杂志》。我的《优心态文化管理》中也有章节可供参考。我对优心态文化的定义是一种精选的亚文化，它仅由心理健康的、成熟的或自我实现的人及其家庭组成。在乌托邦学说的历史上，这个问题有时被正视，有时被忽略。我觉得它总是必须要有意识地做出决定。在你们的论文中必须详细阐明你们所讨论的是全人类、非精选的或精选的小群体，及其特定的入选要求。如果你选择了一个乌托邦式的群体，你就必须回答是放逐还是同化破坏者这样的问题。一旦它们被选中或诞生于某一社会中，那么它们是否还保留在这一社会中呢？或者你是否认为需要制定一些流放、监禁或诸如此类的规定？对犯罪、作恶者等，是否需要处罚？（我认为根据你们对精神病理学、心理治疗学、社会病理学的知识基础，以及对乌托邦尝试历史的了解，你们应该知道任何非精选的群体都可能受到病态或不成熟个体的破坏。但是，由于我们的选择技术还十分贫乏，我的观点是那些想要尝试成为乌托邦或优心态文化的群体，必须具备能力清除那些在选择中漏网的反乌托邦个体。）

3. 多元化。承认并利用体格与性格中的个体差异。在很多乌托邦中所有的人似乎都是一样的，是可以相互替换的。我们必须接受这一事实，即个体之间的智力、性格、体格存在很大程度的差异。我们认可个性、特意品质、个人自由的存在，但必须将这些差异的允许范围列入考虑因素中。在幻想的乌托邦中，没有智障者、没有精神失常、没有老糊涂等。此外，还有一些经常以隐藏方式存在的、对于理想的人的规范，我认为从现有的对人与人之间的差异范围的知识角度来看，这些规范已显得过于狭隘。各式各样的人怎么可能都符合一套规则或法律呢？你是否愿意认可一种广泛的多元化，例如，衣服鞋子的风格和款式等？在美国，我们已然允许在食物的选择上，虽不完全，但已是非常广泛的选择范围，但对服装款式的选择范围还是十分狭窄的。例如，傅立叶将他的全部乌托邦计划建立在完全接受和使用一种非常宽泛的体质差异上。而柏拉图的乌托邦只有三种人。那么，你的乌托邦中需要多少人？能否有一个社会是没有另类的？自我实现的概念是否使这个问题过时？如果你能接受最大幅度的个体差异和性格与才能的多元化，那么，这个社会实际上就能接受大部分（或全部）人性特征。自我实现是否意味着实际上对特异体质和另类的认可？这是多大程度上的认可？

4. 亲工业或反工业？亲科学或反科学？亲知识或反知识？许多乌托邦是梭罗式的、田园化的、以农业为本的。他们中的很多人远离并反对城市、机械、货币经济、劳动分工，等等。你同意这样的观点吗？如何实现分散的、田园式的工业？如何实现道家提倡的与周围环境的和谐统一？花园城市？花园工厂？也就是住所就在附近，不用路途奔波？现代技术必然使人受奴役吗？世界各地必然会有一些小群体回归农业生产，当然这对于小群体而言是可行的，但这对全人类是否可行呢？但是也有些社区是刻意围绕着制造业建立的，而不是农业和手工业。

有时候在反技术、反城市的哲学中可以看到一种隐藏的反理智、反科学、反抽象的思想。在有些人看来这些都是使基本的具体存在世俗化，并与之脱节，是没有血性的、与美丽和情感对立的、不自然的，等等。

5. 中央集权的社会、计划社会主义社会或权力分散的无政府主义社会。有多少计划是可行的？必须要中央集权吗？大多数知识分子对哲学无政府主义知之甚少或一无所知（我建议参阅《马纳斯》）。马纳斯哲学的一个基本层面是哲学无政府主义。它强调权力分散，而不是中央集权，强调地方自治、个人责任，不信任任何类型的大型组织机构、任何形式的权力集中。它不相信武力是解决社会问题的方法。它与自然和现实等的关系是生态的和道家式的。在一个团体中必须要有多少个层次呢，诸如在一个基布兹（以色列的集体农场）中或一个弗洛姆式的工厂中，又或是某个共有的农场或工厂中，等等？命令是必需的吗？统治人的权力是必需的吗？强迫多数人意愿的权力是必需的吗？惩罚他人的权利是必需的吗？科学界可以将一个优心态"亚文化"作为范例，这是非集权的、自愿的，但又是合作的、富有成效的，并有强大有效的道德准则（在起作用）。这可以与锡南浓亚文化（高组织化，结构层次分明）形成对比。

6. 邪恶行为的问题。在许多乌托邦的讨论中，这个问题并不存在。它要么是由于离希望太远，要么是被忽略了。没有监狱，没有人会受惩罚，没有人会伤害其他人，没有犯罪，等等。我接受这样一个假设，就是不好的行为或病态心理的行为、恶行、暴行、嫉妒、贪婪、剥削、懒惰、罪恶、怨恨等问题，必须主动面对并加以管理。（"如果相信某处有某种事物可以消除冲突、斗争、愚蠢、贪婪、个人的嫉妒，那将是通向失望和投降的捷径。"——戴维·利连撒尔）关于邪恶的问题必须从个人心理和社会安排两方面进行讨论，即心理学和社会心理学（这也意味着从历史的角度）。

7. 不切实际的完美主义的危险性。我认为完美主义，也就是寻求理想和完美的解决方案的思维方式是危险的。乌托邦的历史上显示出很多这样的不切实际、遥不可及、非人性的幻想。（例如，让我们都彼此相爱。让我们都平等地分享一切。所有人在各方面都受到平等对待。没有人拥有能凌驾于他人的权利。使用武力是邪恶的。“没有坏人，只有得不到爱的人。”）这里通常的顺序是这样的，完美主义或不现实的希望导致不可避免的失败，导致幻灭、冷漠、沮丧，或对所有理想和所有规范的希望和奋斗怀有深深的敌意。因此，完美主义往往（总是？）导致对规范希望的主动反对。当证明完美是不可能的时候，改善也往往被认为是不可能的。

8．如何处理侵犯、敌意、战斗、冲突？这些行为能被废止吗？侵犯和敌意从某种意义上说是本能吗？哪些社会制度会助长冲突？哪些会弱化冲突？在将人种划分为不同的主权国家时，战争是不可避免的，在大一统的世界中，是否能设想不需要武器呢？这样的世界中，政府会需要武警或军队吗？（作为讨论的基础，我建议参阅我写的《动机与人性》的第十章“破坏性是类本能的吗？”）我得出的一般结论是：侵略、敌对、争吵、冲突、残忍、虐待确实都是存在的，也许躺在精神分析躺椅上时更为常见，也就是在幻想中、在梦境中。我认为侵犯行为作为一种现实或一种可能，会在每个人身上发生。在那些没有丝毫侵犯性的地方，我怀疑存在着约束、压抑和自我控制。我认为当一个人从心理不成熟或神经质向自我实现或成熟发展时，侵犯行为的性质会有非常显著的改变，因为施虐、残忍或类似的高侵犯性行为会出现在未发展、神经质、不成熟的人中。当这样的个体向个性成熟和自由发展时，这种侵犯行为的性质将转变为反抗性的或正直的愤怒，转变为自我肯定，对剥削和统治的抵抗，对正义的激情，等等。我还认为改变侵犯性质的成功心理治疗也可以使其沿着第二种方向进行转变，也就是说将残忍转变为健康的自我肯定。此外我也认为侵犯性语言的增加能使实际的侵犯性行为减少。我认为以某种特定形式建立起来的社会制度，可能会促使侵犯性发生得更多或更少。我认为年轻男性对某些暴力发泄行为的需求要大于年轻女性。是否能有某些方法可以教导年轻人明智地处理和表达他们的侵犯性，以一种令其满意，但又不伤害他人的方式？

9. 生活应当简单到何种程度？对生活复杂性的合理限制程度的概念是什么？

10. 一个社会能允许个人、孩子、家庭保留多少隐私？有多少家庭聚会、社区活动、联谊活动、社交活动、社区生活？又有多少私人的、“放任的”、非干涉性的活动？

11. 社会的宽容度如何？每件事情都会得到原谅吗？什么是不能被容忍的？什么是必须受到惩罚的？一个社会对愚蠢、虚伪、残忍、精神变态、犯罪行为等的宽容能达到什么程度？必须建立的社会保障，例如对智力缺陷、衰老、无知、残疾等的保障，应当达到什么程度呢？这也是非常重要的问题，因为它提出了一个过度保护和对不需要保护的人是否存在妨碍的问题，这是否有可能导致对自由的思想、讨论、实验、特意品质等的阻碍呢？它也提出了一个关于无菌氛围的危险性问题，在乌托邦作者中存在的以某种方式清除所有危险和所有邪恶的倾向性问题。

12. 必须接受的公众口味的范围有多宽泛？对于你不赞同的事物的容忍度有多少？对于可耻、诋毁价值、“低级趣味”能有多大程度的容忍？对于吸毒、酗酒、滥用药品、吸烟的容忍程度有多大？对于电视、电影、报纸的品位又是怎样的？据称这是公众的需求，并可能与真实的统计数据相差无几。你会对公众需求的统计给予何种程度的干涉呢？你是否打算对优秀者、天才、有才干的人、创造者、胜任的一方和不胜任的另一方都给予相同的票数呢？对于英国广播公司，你会怎么做？它应该总是说教吗？它应该在多大程度上反映出尼尔森评级？对于不同类型的人应该是有三个频道，还是五个频道？电影、电视节目等是否应承担教导和提高公众品位的责任？教导和提高公众品位应该是谁的责任？或者谁也不用为此承担责任？举例来说，对同性恋、鸡奸者、裸露狂、虐待狂、受虐狂，应当做些什么呢？能允许同性恋引诱儿童吗？假如一对同性恋在完全私密的空间进行他们的性生活——社会还需要对此进行干涉吗？假如一个虐待狂与一个受虐狂在私下里彼此得到满足，这是否与公众有关？能够允许他们广而告之地彼此公开吗？异装癖者是否能公开展示？暴露狂是否应该受到惩罚、限制或监禁？

13. 关于领导者（及其追随者）、胜任者、优秀者、坚强者、老板、企业家的问题。人们是否有可能做到全心全意地钦佩和爱戴（实际上）那些比我们“高”的人呢？是否会是又爱又恨呢？如何保护他们免遭妒忌、怨恨和“恶眼相看”呢？如果所有的新生儿都能得到完全平等的机会，所有在能力、才干、智力、力量等方面的个体差异会在一生中表现出来，那应该对此做些什么呢？对于那些更有天赋、更有用、更多产出的人，是否应该给予更多奖励、更多报酬、更多特权呢？在何处“长老”的想法可以实现，也就是说，给位高权重的人比其他人更少的报酬（在金钱方面），而可能是以一种非金钱的形式支付他们，即依据更高的需求和超级需求的满足，例如，被允许的自由、自主、自我实现？对于像领袖、首领这样的人，怎么会做出甘于贫困（或至少是简朴）的誓言？应当给予企业家、有更高成就需求的人、组织者、创始者、有经营兴趣的人、愿意领头、善用权利的人多少自由呢？如何赢得自愿处于从属地位的人？什么人来收集垃圾？强者和弱者之间将会是什么样的关系？胜任者与不胜任者之间又会怎样？掌权者（警察、法官、法律制定者、父亲、船长等）如何获得爱戴、尊敬和感激呢？

14. 是否能得到永恒的满足？是否能得到即刻的满足？我建议参阅本书第十八章“关于低级怨言、高级怨言和超级怨言”作为讨论的基础，也可以参阅科林·威尔逊撰写的关于他称之为“圣·尼奥特边缘”的诸多论著，还可以参阅《人的工作和本性》。可以这样认为，满足对于几乎所有的人来说都是一种暂时的状态，这与社会条件无关，因此寻求永恒的满足是毫无价值的。将天堂和涅槃的概念与从巨大财富、休闲、退休等之中获得的预期收益相比较，类似的发现是，解决“低级”问题带来的满足感远不及解决“高级”问题和“高级”抱怨带来的满足感。

15. 男性和女性之间应如何彼此适应、彼此欣赏、彼此尊重？大多数乌托邦是由男性写就的。女性对于理想社会是否会有不同看法呢？大多数理想主义者也同时是父权主义者，不是公开的就是隐蔽的。任何情况下，纵观历史，女性在智力、执行能力、创造能力等方面都被认为是低于男性的。现在，至少是在一些先进的国家中，女性已然获得解放，她们也有可能自我实现，这将如何改变男女之间的关系呢？男性必须发生什么样的改变，才能适应这样的新女性呢？是否能够超越简单的统治与从属的等级制度呢？优心态婚姻是怎样的，也就是在自我实现的男性和自我实现的女性之间的婚姻是怎样的呢？女性在优心态社会中应当发挥什么样的作用，承担什么样的责任，做什么样的工作呢？性生活将会发生怎样的变化呢？应当如何定义女性本质和男性本质呢？

16. 关于宗教的制度化、个人宗教信仰、“精神生活”、有价值的生活、超越性动机的生活等问题。所有已知的文化都拥有某种形式的宗教，大体上都是如此。非宗教的、人道主义的或非制度化的个人宗教第一次成为可能。在优心态文化或某一小型优心态社区中，会存在何种宗教、精神或价值生活呢？如果宗教群体、宗教机构、历史宗教持续存在，它们会发生什么样的变化呢？和过去相比，它们会有什么样的不同呢？应当如何培养和教育孩子，使他们向自我实现的方向发展，并超越那些价值生活（精神、宗教，等等），发展为优心态文化中优秀的一员呢？我们可以向其他文化、民族学文献、高协同文化学习吗？

17. 关于亲密团体、家庭、兄弟、朋友、伙伴等关系的问题。对于归属感、寻根求源、在群体中面对面自由地表达喜爱和亲密之情，似乎是一种类本能的需求。很显然，这必须是在小团体中，必然不能超过五十或一百人。任何情况下，亲密和情感在亿万人的范围中是不太可能实现的，因此，任何社会必须从某种亲密的团体开始，自下而上地组织起来。在我们现代的社会中，这是指由血缘维系的家庭，至少在城市中是如此，也有宗教教友会、妇女联合会、兄弟会。感受能力训练小组（“交朋友”心理治疗小组）教学实践彼此之间的坦率、相互反馈和诚实，努力寻求友谊、表情达意和亲密关系。是否能让此类事情形成习惯呢？工业社会往往是高流动性的，即人员的流动性很大。这是否必然会切断某人的根基或与其他人的联系呢？或者这样的团体必须是跨越两代人？又或可以在同一辈的人中？似乎儿童和青少年是不能完全自治的（除非特异培养他们的自律性）。是否有可能让一些未成年的同辈人群按照他们自己的价值观生活，也就是说在没有父亲、母亲，没有长辈指导的情况下生活？

问题：是否存在没有性行为的亲密关系？

18. 有效的帮助者；有害的帮助者。有效的不相助（道家式的不干涉）。菩萨行为。假设在任何社会中的强者都希望去帮助弱者，或在任何情况下都必须这样做，那么什么才是帮助他人（那些更弱小、更贫穷、能力较差、不太聪明的人）的最佳途径呢？什么是帮助他们变得更加强大的最好方法？如果你是强者或是长者，那么怎么做才是明智的，不至于越俎代庖呢？如果你是富人，你将如何帮助那些穷人呢？富国应该如何帮助穷国？为了便于讨论，我暂且将“菩萨”定义为这样的人：（1）他喜欢帮助他人；（2）他认为当他成为更成熟、更健康、更完整的人时，他会是一个更好的帮助者；（3）他知道何时应当采取道家的不干预的方法，即不给予帮助；（4）他愿意随时为他人提供帮助，但该帮助是否被接受会尊重他人的意愿；（5）他认为帮助他人是实现自我成长的好方法。这就是说，如果一个人想要帮助他人，那么达到这一目标最好的方法就是自己先成为一个更好的人。

问题：一个社会能同化多少不提供帮助的人，即，那些寻求个人救赎的人、隐士、虔诚的乞讨者、洞穴中的冥想者、回避社会独善其身者，等等？

19. 性与爱的制度化。我猜想先进社会的发展方向会是，性生活几乎开始于青春期，没有婚姻或其他牵绊。在一些“原始”社会中有类似的情况发生。也就是说，婚前的全面滥交和婚后的一夫一妻制，或接近一夫一妻制。在这些社会中由于性是可以自由获得的，所以性不是选择婚姻伴侣的理由，而是个人的品位问题，也可以是一种文化伴侣关系，例如，为了养育孩子，为了经济分工，等等。这是一个合理的猜想吗？它意味着什么呢？性冲动和性需求存在很大幅度的差异，特别是在女性中（在美国文化中）。假设每个人的性欲都同等强烈是不明智的。在一个良好社会中，如何才能接受性欲的巨大差异呢？

在世界的很多地方，包括乌托邦式的社区中，性、爱、家庭习俗现在出现了非常快速的转变，例如，团体乱交、群体婚姻、“交换俱乐部”、非法婚姻，等等（可参看罗伯特·李默的小说）。现在已经提出多种解决方案并已付诸实践。这些“实验”的数据目前还不得而知，但总有一天它们会被认真对待。

20. 最佳领导人的选择问题。在我们的社会中有很多群体，例如，青少年，他们往往会选择坏的而不是好的领导人。也就是说，他们会选择那些将引领他们走向毁灭和失败的人——失败者而不是胜利者——偏执的性格、变态的人格、咆哮的风格。任何优秀的社会想要发展必须能够选择优秀的领导者，那些实际上最适合工作需求、确有才华和能力的个体。如何才能提高选择的水平？什么样的政治结构更能将野心家推上权力的宝座？什么样的政治结构能减少或阻止这种情况发生？

21．什么样的社会环境最有利于人性发展为完满人性？这是一个对人格文化研究的规范性表述。在这里，与此相关的有社会精神病学的新文献，也有精神卫生和社会卫生运动的新文献，各种形式的治疗小组目前也正在尝试当中，以及优心态教育团体（如伊沙兰学院）。由此带来的问题是，如何使课堂更优心态化——在中学、在大学、在普遍的教育中——然后扩展到每个社会机构。优心管理（或Y理论管理）是这种规范社会心理学的一个范例。在这一理论体系中的社会和社会制度，如果有助于人向更完满的人性发展就定义为“好的”，如果有损于人性的发展就定义为坏的或致病的。毫无疑问，社会病理学和个人病理学也要从这一角度进行探讨，就如同从其他角度探讨一样。

22．健康促进组织本身是否是实现自我实现的途径呢？（可参阅优心态工厂、锡南浓、理念村等相关资料）有些人认为个人利益必然与集体利益、机构利益、组织利益、社会利益甚至文明本身相对立。宗教的历史显示，那些依据各自得到的启示起来反抗教会的神秘主义者之间存在着某种分裂。教会能促进个人发展吗？学校和工厂企业可以吗？

23. "唯心主义"如何与实用性、"唯物主义"、现实主义相联系？我认为低级的基本需要比高级需要占优势，同样高级需要又比超越性需要（内在价值）占优势。这意味着唯物主义比"唯心主义"占优势，但它们又是同时存在的，是心理学的现实，是任何优心态文化或乌托邦思想中必须加以考虑的。

24. 很多乌托邦被设想为一个完全由理智、健康和富有成效的公民组成的世界。即使一个社会最初只选择这样的个体，但其中有些人还是会生病、衰老、虚弱或丧失能力。那么谁来照顾他们呢？

25. 我认为废除社会的不公平会导致"生物学不公平"的显现。这包括基因、产前和出生的不平等，例如，一个孩子生下来有一个健康的心脏，而另一个孩子生下来就有一个不健康的心脏——这当然是不公平的。而一个人比他人更有才华或更聪明、更强壮、更美丽，也是不公平的。生物学的不公平可能比社会的不公平更难以忍受，这里更有制造借口的可能。一个良好的社会对此能做些什么呢？

26. 无知、错误信息、隐瞒真相、审查、盲目性是社会或其组成部分所必需的吗？真相是否只能保留在统治集团内？独裁统治、实施仁政与否，似乎都需要隐藏某些真相。例如，对于年轻人而言，什么样的真相是危险的？杰弗逊式的民主政治需要完全接纳真相。

27. 许多现实的和幻想的乌托邦都有赖于一位智慧的、仁慈的、精明的、坚定的、卓有成效的领袖，一位哲学家国王。但这是可以依靠的吗？（可参阅斯金纳的小说《沃尔登第二》现代版中的弗雷泽）谁能挑选出这样的领袖？谁能保证领导权不会落入暴君之手？这样的担保是否可行？当优秀领袖去世时将会出现什么状况？对于每一个个体、每一个群龙无首的团体而言，无领袖状态、权力分散、权利保留是可能的吗？

28. 至少一些成功的乌托邦社区，无论过去还是现在，例如，兄弟家园（Bruderhof）已将私下与公开的忏悔、相互讨论、以诚相待、真实和反馈等构建到文化坦诚机制中。如今，锡南浓的感受能力训练小组（“交朋友”心理治疗小组）和优心态（Y理论）工厂或企业中的锡南浓式的团体，以及各种类型的治疗小组等都是如此。请参看《伊莎兰手册》、《隧道背：锡南浓》、《优心管理》、《柠檬食者》，以及已出版的《应用行为科学杂志》和《人本主义心理学杂志》，等等。

29. 如何使热情与怀疑现实主义相结合？如何使实用的、精明的神秘主义与有效的实际检验相结合？如何使理想主义的、完美的，因而也是不可能达到的目标（但作为罗盘指引方向是需要的）与宽容地接受方法中不可避免的缺陷相结合？

第十六章

锡南浓和优心态文化①

首先，为了不引起误解，我必须承认自己一直过着一种非常闭塞的生活。我对这里正在发生的一切几乎一无所知，我到这里来的原因是想从另一个角度看看不像我这么闭塞的人是如何生活的。我想知道我能学到些什么。我能对你们有用也正是因为我无知。对你们而言，某个人正在观察你们习以为常的事情，他或许能注意到一些仅仅是因为你们太熟悉而忽略的东西。也许我能给予的帮助只是简单地告诉你们，我对这些事物做出的反应，以及我能感觉到的一些问题。

我是从事理论和研究的心理学家。我过去曾经从事过临床心理治疗，但是那时的情况和这里极为不同，使用不同的方法，面对不

① 这篇文章（由亚瑟·沃默斯编辑）是依据一次即兴发言撰写的。这是1965年8月14日马斯洛在纽约州史泰登岛戴托普村所做的发言。戴托普村是锡南浓的一个分支。锡南浓是由原吸毒者管理的社区，成瘾者到这里来寻求治疗。

同的人群——一般如大学生和特权人物。我花了一辈子时间学习小心谨慎地待人，温文尔雅，就像他们是脆弱的瓷器一样易碎。第一件让我感兴趣的事情是在这里发生的，有证据显示，也许我过去的态度完全是错误的。我所读到过的锡南浓，以及我昨晚和今天下午的亲眼所见，都表明把人看成脆弱的茶杯那样有可能出现裂纹或断裂，以及你不能对任何人大声说话，因为这可能会伤害他们，或认为当你向人们大声喊叫的时候，他们很容易大哭大闹或自杀或发疯——也许所有的这些想法都已经过时了。

在你们的团体中，我的看法则完全相反，认为人是非常顽强而不是脆弱的。他们的承受力极强。最好的方法是直截了当地纠正他们，而不是转弯抹角地、委婉地或试图从身后包抄式地纠正，应该立即直击要害问题。我建议称这种方法为“无废话疗法”。它可以用来清除防御、文饰作用、掩盖和规避世俗的礼貌。你可能会说这个世界是半盲的，而我在这里看到的是视力的恢复。在这些团体中，人们拒绝接受常用的面具。他们将面具扯下来扔到一边，并拒绝采取任何形式的废话、借口或遁词。

当然，我曾提出一些问题，并且也被告知这一设想运作良好。有人曾经自杀或出过什么问题吗？没有。有人在这种粗暴对待下发疯吗？没有。昨晚我亲眼见证了这一点。这是一种非常直率的谈话，并且效果很好。这与我一生所受的训练相矛盾，对于我这样的致力于发现人类普遍本性的理论心理学家来说，这是极为重要的。它提出了一个关于整个人类本性的现实问题。人到底能有多坚强？他们到底能有多大的承受力？一个大问题是人们能承受多大程度的诚实。这对他们的好处是什么？坏处是什么？我想起艾略特说过的一句话，“人类不能承受太多的真实。”他认为人不能直接承受真实。另一方面，你们在这里的经验显示，人不仅能承受诚实，而且诚实可能非常有益，疗效显著。它可以使事物更快地运转，即使诚实造成伤害时也是如此。

我有一个朋友对锡南浓非常感兴趣。我曾听他说过，一个吸毒成瘾的人在接受过这样的治疗后，生命中第一次体验到真正的亲密关系、真正的友谊、真正的尊重。这也是这位吸毒成瘾者第一次经历诚实和坦率，一生中第一次感觉到他能做他自己，而人们不会因此而杀害他。这是非常令人愉快的：他越是保持自己的本性，人们越是喜欢他。他说了一些让我非常感动的话。他想到了一个自己非常喜欢的朋友，也许他也能从这样的生活中受益。并且他说了一些听似很疯狂的事情：“可惜他不是个吸毒成瘾者，否则他就能来这个美妙的地方了。”从某种意义上说，这是一个小乌托邦、一个世外桃源，在这里你能得到真正的坦率、真正的诚实和诚实中蕴藏的尊重，以及作为一个团队真实在一起工作的体验。

在此我又有了另一个想法：难道这不正是良好社会的某些要素吗？不是将疯狂排除在外的吗？多年前，我从事过对北方黑脚印第安人的研究。他们是非常好的人。我对他们非常感兴趣，和他们在一起生活了一段时间，并逐渐开始了解他们。然而，我有一个有趣的体验。当我进入保留区的时候我有这样一种印象，这些印第安人被存放在架子上就像被收集的蝴蝶或类似的事物。后来，我慢慢地改变了我的想法。那些生活在保留地的印第安人是非常体面的人，我越了解村中的白人我就越困惑，因为他们是我见过的最坏的一撮爬虫和杂种。收容所在哪里？谁是看守，谁是被收容者？在这个小型良好社会中，什么事都混淆在一起。这不像是在创建拐杖，而像是在创建一个沙漠中的绿洲。

在我们的一次午餐谈话中我有了另一个想法。我们讨论的基本问题是：什么是人的普遍需要。在我看来，有大量证据表明，人类的最基本需要只有几种而已，并不十分复杂。第一，他们需要被保护感和安全感，在他们年幼时需要得到照顾，这会让他们有安全感。第二，他们需要归属感，例如某些家族、部族、团体，某些组织让他们感觉自己是其中一员，并理应如此。第三，他们必须拥有他人对自己的情感，觉得他们是值得被爱的。第四，他们必须有受到尊重和尊敬的体验。基本就是这样的。你还能谈论关于心理健康、成熟和坚强、成长和创造，这些大都是心理医学的结果——如同我们日常服用维生素一样重要。如果真是如此，现在，大多数美国大众都患有这种维生素缺乏症。虽然有各种精心编织的手法来掩盖真相，但是事实真相是一般的美国公民在这个世界上没有一个真正的朋友。只有很少的人拥有心理学家所说的真正的友谊。从理想的意义上说，婚姻也大都不美好。你可以说我们所面临的各种问题，这些公开的难题——无法抵制酗酒，无法抵制吸毒，无法阻止犯罪，无法抵制任何坏事——而这一切都是由于缺乏这些基本的心理满足造成的。问题在于，戴托普村是否能提供这些心理维生素呢？当我今天早晨围绕村庄漫步时，我的印象是：它是可以提供的。要记住它们是什么：首先，是安全感，没有焦虑，没有恐惧；

其次，是归属感，你必须归属于某一团体；再次，感情，你必须拥有喜爱你的人；最后，尊重，你必须得到他人的尊重。难道戴托普的有效不正是因为它提供了这样一个让这些感觉有可能获得的环境吗?

有很多印象和想法涌上我的心头。我曾经提出过千百个问题，尝试过千百个想法，但这似乎都是这个问题的一部分。请让我这样说：你是否认为这种坦率的诚实，这种有时听起来近乎残酷的直言不讳，提供了一个安全、情感和尊重的基础？它造成了伤害。它必然会造成伤害。你们每一个人都有过这样的经历。你认为这是一个好主意吗？这里有一个预期的会面，我参加了旁听。那真是剑拔弩张，毫无亲切可言，非常坦率、非常直接、非常生硬。那么，你认为这会对你起作用吗？这个问题我非常想要听到答案。另一个问题是，这种每一个人都聚集在一起，每一件事都由团体进行关照的特殊类型的群体运作是否能提供一种归属感呢？这种情感以前是否是缺失的呢？这种残忍的诚实，不是一种侮辱，很可能意味着一种尊重。你能相信你所看见的，因为事实正是如此。这能成为尊重和友谊的基础。

记得很久以前我曾听一位分析师谈论过，那时还没有团体治疗。他也谈论到这种诚实。当时他所说的话听起来似乎很愚蠢，好像这是非常残忍或类似的事情。他说，“我把治疗的重点放在让病人承受最大的焦虑负荷上。”你知道那意味着什么吗？他给予患者的治疗就是让他们尽量多地承担这样的负荷，因为他给予的治疗越多，疗程进展得就越快。从这种经验的角度来看，它似乎并不那么愚蠢了。

由此我产生了一种教育理念，可以把戴托普当作一个教育机构。它是一个绿洲、一个小型的良好社会，它所提供的东西是所有社会都应该提供但并未提供的。从长远来看，戴托普提出了一个全盘的教育问题和社会文化如何利用教育的问题。教育并不仅仅意味着书籍和文字。戴托普的课程是一种更广义的学习，教导人们如何成为一名优秀的成人。

（注意：说到这里讨论开始了，在马斯洛博士和戴托普居民之间有一次生动活泼的互动。不幸的是，很多居民有趣的发言没能录在磁带上。录音中只记录下了马斯洛博士的观点，但博士的发言本身就是广泛而完备的，没有上下文的联系也可以理解。）

关于戴托普和自我实现的理论 原则上，每个人都能达到自我实现。如果每个人都未能达到，那一定是因为发生了什么事情打乱了这一过程。在这里需要添加的数据资料已经超出了我既往的认识，对成熟、责任和美好生活的追求是如此有力以至于可以承受你们所提供的所有这些粗暴的东西。至少对某些人来说是这样的。这些人必须在这里努力奋斗，超越痛苦、尴尬，等等；我感觉到这是比我既往认识到的更强大的自我实现的需要。当然，这里的人是能够承受这一切的人。什么样的人是不能承受这一切的呢？有多少人因为过于痛苦而回避了这样的诚实呢？

关于责任感的提高 看起来培养成人的一种方法是让他们承担责任，相信他们是可以承受的，并让他们为此奋斗、流汗。让他们自己解决问题，而不是过度保护他们、纵容他们，或为他们包办代替。当然，另一种方法是完全忽视他们，但这就是另外一个问题了。据我了解，这里发生的正是这种意义上的责任感的提高。你从任何人那里都听不到一句废话，假如你必须做某事，那你就不得不去做。在这里似乎没有任何借口。

我可以从黑脚印第安人那里举个例子说明我的意思。他们是一些性格坚强、有自尊心的人，而且他们是最勇敢的战士。他们都是硬汉，敢于承担责任。如果你仔细观察他们是如何发展成这样的，我认为这是通过更尊重他们的孩子得到的。我可以给你们举几个例子。我记得有一个蹒跚学步的小婴儿，他试图打开通向小屋的门，但是他打不开。这扇门又大又沉，他不停地推来推去。当然，要是美国人就会走过来帮他打开这扇门。而黑脚印第安人可以坐在那半个小时看着孩子使劲推门，直到他自己把门打开。这个孩子已经满头大汗、气喘吁吁，而这时每个人都会称赞他，因为他自己完成了任务。我想说的是黑脚印第安人比美国的观察者更尊重这个孩子。

另一个例子是关于一个我很喜欢的小男孩泰迪。他大约七八岁，通过近距离观察我发现，从黑脚印第安人的角度看他是一个富有的小孩。他名下有几匹马和一些家畜，并且他还拥有一个特别有用的医药包。有一个成人找到他想要买走这个医药包——孩子最贵重的财产。我是从他父亲那里得知当小泰迪知道这个提议后做了些什么——请记住他只是一个7岁大的孩子——他走进旷野中独自沉思。他外出了大约两三天，在野外露营，自己思考。他没有向他的父亲或母亲征求意见，他们也没有给他任何建议。他回来时宣布他已经做出决定了。我能很清楚地知道我们自己对于一个七岁的孩子会怎么做。

关于新的社会疗法 这是一个有可能变为你的专业研究方向的想法。有一种新的工作展现在你们面前，这是一种行动主义者从事的工作，它更需要实际经验而不是书面培训。它是一种老式牧师和教师的结合。你必须关注人本身；你必须喜欢直接与他们合作而不是远离他们；你必须尽可能多地掌握关于人性的知识。我建议称其为“社会疗法”。而这似乎是在近一两年内非常缓慢发展起来的。在这方面工作最出色的人不是那些得到博士学位或类似的人，而是一些曾经流浪街头，完全依靠他们自己的能力掌握这些方法的人。举例来说，他们知道什么时候应该用力推进，什么时候应该放松。

美国三分之一的人口和世界其他地方98%的人口是你可以称之为“无特权”的人。这里有很多工作要做，努力尝试教会文盲阅读；运用精神疗法帮助人们变得成熟并提高他们的责任感等诸如此类的工作，但对于这些工作来说，现在已然出现了非常明显的人员短缺。一些结果显示，一般的学术培训可能会有所帮助，但还是不够的。现如今，这些工作中的很大一部分已经推到了社会工作者手中。而一名普通的社会工作者，就我对他们所受的训练的了解，通常他们并不知道应该如何去做，也就是说缺乏实际的经验。所以，最好这些新机构中的所有工作人员中至少有一部分是有经验的而不是仅仅受过培训的。而戴托普令人感兴趣的事情之一就在于，它是由经历过实际考验的人管理的。这里的人知道如何与处境相同的人谈话。这是一份工作，但可能会成为一个新的职业。

关于当前的社会革命 我可以用半个小时的时间来举例说明

这一革命在不同领域中的情况。所有的教会都在改变，宗教正在改变，一场革命正在进行。有些地方的进展要比其他地方更快一些；但是它们都在沿着相同的优心态方向发展，也就是说，向着更完满的人性方向发展。这是向着人所能达到的坚强、创造性和欢乐的方向发展，是向着享受生活和身心健康的人的方向发展。你可以谈及优心态宗教以及它的发生。我曾写过一本书——《优心管理》——那是讨论工作环境、职责、工厂等问题的。在那里也在发生一场革命。在有些地方整个工作环境的设置是有利于人性的发展的，而不是有害的。这些规程能使人性得到发展而不是削弱。

有些书籍、文章和调查研究也以同样的方式在探讨婚姻、爱情和性。它们都指出某种理想，来引导我们前进的方向，向着尽可能高大的方向发展，让人性充分发展，向最完满的方向发展。

现在，实际情况是大多数社会依旧是死气沉沉的。但是，也存在一些生长点，一些不同的地方，你可以称之为大势所趋。你们知道的，这里不是世界上唯一一个对这些事情津津乐道的地方，有成打的地方都在进行这样的讨论。我们很少听到它们的情况，因为它们都是独立发展的。假如你有一个聪明的想法，假如我有一个发现，逐渐形成了一个美好的理念，我知道如果我能把它做好，那么同时别人也能把它做好。这往往是对正在发生的事物的反应，越敏感的人反应越迅速。

这样的革命也同样发生在教育领域。我想，如果我们共同努力把所有的经验都聚集在一起，无论是好的还是坏的经验，我们都把它们汇集在一起，我就有可能剥下这该诅咒的教育体制的外皮。而且我们有可能重建这一体制。我们能给予很好的建议——我们将有一个真正的教育体制。当然，这是一次爆炸性的改变，因为它对人的现实、人的需要、人的发展是有需求的，而不是一种一千年前留下的传统遗产这样过时的东西。

很难说优心态教育到底是怎样的。我认为你们会对这一思想有所贡献，我建议你们把它当作一种开拓性的实验。做起来吧，如同全世界都在你背后想看看通过你们的努力究竟会发生些什么——什么是有效的，什么是无效的，什么是好的，什么是坏的，什么是成功的，什么是失败的。

从某方面来说，我们能这样做是因为美国是这个世界上最富有的国家。我们能围坐在这里而不是在田间劳作，仅仅是为了一些米饭或类似的食物来维持生计。这并不完全是奢侈的，但是我们毕竟可以坐在这里谈话。相反，在这个地球表面没有几个其他的社会可以花这么多的时间谈话而不会饿死。从这种意义上讲，我们是在进行尝试，进行一种开拓性的实验。你可以将你的经验作为一堂实物教学课，或像一位生物学家谈论某种植物的生长锥。这并非全然是另一个世界，当你感觉乐观的时候，你可能会说它是在不断增长的。当然，当你感到悲观时，它看起来就像大多数社会一样死气沉沉。它是传统的、常规的、过时的。我们给予的各种各样的道德教育在1850年是有效的。在某种程度上这取决于你的心情。但是我认为这是一个公平地看待它的方式，认为它不只是一小滩死水，也许它是人类的生长锥。

关于“交朋友”心理治疗小组 请让我告诉你们一些事情。

我唯一参加过的“交朋友”心理治疗小组——就在昨天晚上——我简直不能想象我长时间待在那里会做出什么样的反应。在我一生中从未有人如此直言不讳地对待我。这与传统的社会、大学教授的社会形成鲜明的对比。教职员会议肯定与这些“交朋友”小组不同。那并不意味着什么该死的事情，如果能够，我总是尽可能地避免一切客套，我可以这么说，那里没有一个人会说一声“嘘！”我记得有位教授就是如此，即使狗屎埋到了他的脖子，他也决不会说一句“狗屎”这样的话。当然，昨晚完全不同，它使我有些震惊。在我生活的那个社会中，每个人都彬彬有礼，因为他们都想避免针锋相对。你周围总有很多谨小慎微的老处女——我指的是男性的“老处女”。我想如果你们有可能参加一次我们的教职员会议并展开一次真正的交锋，那将是一件非常美妙的事情。那将把整件事情弄得天翻地覆，并且我怀疑这可能是最有好处的事情。

关于一个重要的研究课题 这里出现了一个问题，我想提出来请大家研究。这是一个很重要的问题，我猜想你们实际还没有得出答案。这个问题就是，为什么有些人会留下来而有些人则不会？这个问题的意思是：假如你们认为这是某种教育制度，那么它到底能给多少人带来多大的好处？你们希望有多少人会愿意接受这种教育？又有多少人会不愿意？你们是知道的，从未来过的人是不能作为失败案例来计算的。

你们这里的人解决了一个难题，你们克服了一种恐惧。对于那些不能跨越这种恐惧的人，你们有什么理论上的看法吗？在你们和他们之间有什么不同吗？这是一个实际问题，因为你们将从这里毕业，未来你们会在其他地方兴办类似的事业。那时你们要解决的问题是如何让更多的人留下来。

关于心理治疗 你们看，对于心理分析和个体的心理治疗来说，存在相同的问题。正规的心理治疗通过经验得出的理论认为：正是因为这种直率，才使患者远离治疗。他们所做的就是非常温和地对待患者，在真正开始触及实质问题前要花几个月的时间。他们试图先建立一种关系，然后再施加一点压力。那是与这里的方法完全相反的，在这里没人会等上六个月，强化治疗会立即开始。问题是哪种方法效果最好？对什么样的人最好？对多少人是最好的？与正规的心理分析过程相比，似乎这里的治疗进程要快得多。

这让我想起另一个问题。教导我成长并被我应用在治疗中的理论认为：不需要告诉患者真相，因为这是没有多大好处的。我们所要做的就是帮助他们自己发现自己的真实情况。可以预计，这将花费很长时间，因为真相并不是容易看清的美好事物。你不得不逐渐面对真相。我要向你们汇报的是通过一个治疗过程对比的画面，显示这里所做的是将真相和盘托出，直接堆放在你面前。没有人会坐等八个月，直到你自己发现自己的真相。至少留下的人是能够接受的，并且这似乎是对他们有助益的，但这和整个精神病学理论是相矛盾的。

关于自我认识和治疗小组 顺便提到，出于某种原因，治疗小组是有所帮助的，但没人知道确切的原因，人们所知道的只是治疗小组确实发挥了作用。我有丰富的印象，但还没有进行分析研究。我还不知道其中的原理，因为这需要时间来认真思考。通过昨晚的一席谈话，我有一种非常明确的感受，治疗小组能反馈给你的东西，是你在一个人那做一百年精神分析也不能获得的。谈论某人是什么样的和你在别人眼中是什么样的，然后由另外的六个人对你提出的印象表示赞同与否，这是很有启示作用的。也许你根本不可能形成你的自我同一性概念或是真实自己，除非你也能够得到来自外部世界的、对你真实形象的写照。当然，这是一个新的设想。在心理分析专业中还没有提出过这样的设想。你在别人眼中的印象是不重要的，发现自身的真相，你只能通过你的身体内部、通过你的内心、通过你的梦想和幻想。

我感觉如果我能留在这个治疗小组中，我会听到很多以前我从未听到的事情。我将有可能得到这样一些资料，就好像是一台即时电影摄像机，它能把我在别人眼中的形象真实地呈现给我看。然后，我会掂量着，思考着，问问自己，他们的看法是对还是错？其中有多少是真实的情况？我感觉这能让我更多地了解我自己。这种自我认知有助于寻求自我同一性。

当你经历了痛苦之后，自我认知终究是件非常好的事。知道某件事情终究要比思考它、怀疑它好得多。“也许他不和我说话是因为我不好，也许他那么对待我是因为我不好。”对普通人而言，生活仅仅是一连串的“也许”。他不知道为什么人们对他报以微笑，也不知道为什么人们不这么做。不用猜测会给人一种坦然舒适的感觉。能够自知是件好事。

第十七章
优心管理

一个基本的问题是：什么样的工作环境，什么样的工作，什么样的管理，以及什么样的奖励或报酬有助于人性健康成长，以达到更加完满和臻于至善的境界呢？也就是说，什么样的工作环境最有利于实现个人成就？但是我们也可以反过来问，假设有一个相当繁荣的社会和相当健康或正常人民，他们最基本的需求——衣、食、住等已得到满足——并认为这是理所应当的，那么如何让这些人最好地为某一组织机构的目标和价值服务呢？怎样做是对他们最好的对待？在什么条件下他们的工作最有成效？什么样的奖励（货币及非货币形式）能让他们最努力地工作？

优心态文化（发音是 **yew-sigh-key-an**）的工作条件通常不仅有利于个人成就感的满足，也有利于组织机构的健康和繁荣，以及有利于这个机构生产的产品或提供的服务的质量的提高。

管理问题（在任何组织机构或社会中）都可以用一种新的方法

来研究：在任何组织机构中如何设立条件，让个人目标与该机构的目标相一致。在什么时候这是可能的？什么时候是不可能的？或是有害的？什么是推动社会与个人的协同作用的力量？另一方面，什么力量会扩大社会与个人之间的敌对？

这样的问题显然会触及个人和社会生活中最深层的争端，触及社会、政治和经济理论以及一般哲学中最深刻的争论。例如，我在《科学心理学》中指出，人本主义的科学有必要也有可能超越价值脱离、机械形成论和科学自我强加的限制。

而且还可以认为，建立在一种不恰当的人类动机理论之上的经典经济学理论，也可以因接受人类高级需要的现实，包括对自我实现的冲动和对最高价值的爱，而发生彻底变革。我相信在政治科学、社会学，在整个人类、社会科学和专业中，也都有类似的情况发生。

所有这些都是在强调这不是某些新的管理技巧，或某些“噱头”，或肤浅的技术，不是为了更有效地操控他人以达到并非他们所愿的目标。这并不是某种剥削指导。

不对，更确切地说，这是一套与正统的价值观相对抗的一种更新的价值体系，这一体系宣称它不但更有效而且更真实。新体系在发现中得出了一些革命性的结论，人性被低估了，人有一种高级本性，它和低级本性一样是“类本能的”。高级本性包括对从事有意义的工作的需要、对责任感的需要、对创造力的需要、对公平和正义的需要、对有值得做的事情的需要以及想为之做得更好的需要。

仅仅以金钱作为“薪酬”这样的思维框架显然已经过时了。的确，低级需求的满足是可以用金钱购买的——但是，当这些需求已然得到满足时，人们就只会受到高级“薪酬”的激励了，例如，归属感、情感、尊严、尊重、欣赏、荣誉以及自我实现的机会和最高价值的培养——真理、美丽、效率、卓越、正义、完美、秩序、法制等。

这里有很多问题需要思考，不仅仅对于马克思主义或弗洛伊德主义，而且对于政治或军事的独裁主义者、“专横”的老板、自由主义者来说都是如此。

第十八章
关于低级怨言、高级怨言和超级怨言

所有事物发展的一般原则大致是这样的：人们能够在不同层次的动机水平上生活，也就是说，他们可以过高品质的生活也可以过低品质的生活，他们能在丛林中仅能维持生存的水平上生活，也能幸运地在一个优心态文化的社会中生活，所有基本需求都得到满足，拥有较高的生活水平，思考的是诗歌的本质、数学或诸如此类的问题。

判断生活动机水平有各种不同的方法。举例来说，你可以通过人们对何种形式的幽默发笑来判别他们所在的水平。生活在最低需求水平上的人们往往觉得敌意和冷酷幽默极为有趣，例如，被狗咬到的老妇人，或是被其他孩子折磨的流浪街头的低能儿，等等。亚伯拉罕·林肯式的幽默——富有哲理、具有教育意义的幽默——可以引起微笑而不是捧腹大笑，而且很少涉及敌意和征服。这种较高类型的幽默全然不能被生活在较低需求水平的人理解。

投射实验也能作为判别动机水平的一种方法。在投射实验中我们的动机水平可以通过各种征兆和行为显露出来。罗夏测试可以用来揭示被测试者正在追求什么，他的愿望、需要和渴求是什么。所有已得到完全满足的基本需求往往被个人遗忘并从意识中消失。从某种意义上说，已满足的基本需求已然不复存在，至少是在意识中。因此，一个人渴望的、需要的和想要得到的，往往是动机层次上能展现在他面前的东西。对于某种特殊需求的关注表明所有的低级需要都已得到满足，同时也表明这种需求确实过高，超越了个人渴望的需求，还没能进入到个人的现实生活中，甚至这个人还没有意识到它的存在。这是可以通过罗夏测试判别的。同样，这也可以通过梦境和梦境分析得以判别。

同样地，我认为抱怨的水平——也就是说，某人的需求、渴望和愿望的水平——这是可以作为这个人生活所处的动机水平的指标；如果我们在工业环境中对抱怨水平进行研究，那么这也是可以作为衡量整个组织机构健康水平的尺度，特别是当拥有足够多的样本时。

例如，生活在专制混乱的工业环境中的工人，确实面临着贫困的危险和对饥饿的恐惧，这决定了对工作的选择、老板的行为方式和工人对接受残酷待遇的顺从性等诸如此类的事情。这些充满抱怨、牢骚满腹的工人，往往会陷入低层级的基本需求短缺的困境。在这一最低水平上，产生对于寒冷、潮湿、危及生命的险情、疲劳、简陋的栖身之地，以及所有这些基本生物学需求匮乏的怨言。

当然，在现代工业环境中，如果你遇到了这样的怨言，那就表明在这个组织机构中存在着极端的管理不善和极端的生活水平低下。这样的抱怨，这样的低级怨言，即使是在普通的工业环境中也是很少见的。从积极的意义上讲，也就是说在现实中出现的这种抱怨所代表的渴望与需求——也处在同样的低水平上。例如，墨西哥工人就可能对安全与保障发出了这种积极的抱怨，如被任意解雇，由于不知道工作能持续多久而不能规划家庭预算。他可能会抱怨完全没有就业保障，抱怨工头的蛮横，抱怨为了保持工作不得不忍受的各种侮辱，等等。我认为我们称为低级怨言的是那些对于生物学和安全水平的抱怨，或许也可以包括群体水平和从属于非正式的、社交团体的抱怨。

更高水平的需要主要表现在尊重与自尊水平上，涉及的问题包括尊严、独立自主、自我尊重和来自他人的尊重；价值感，由于自己的成就而得到称赞、奖励和信任；等等。这一水平的怨言可能大都涉及尊严的丧失，或是自尊和威望受到的威胁。现在，就超级怨言而言，在我的印象中是在自我实现的生活中所拥有超越性动机。更明确地说，可以概括为存在价值。这些关于真、善、美、正义、公平等的超级需求也会在工业环境中表现出来，例如经常出现的对效率低下的抱怨（甚至是在对抱怨者的钱包没有影响的情况下）。实际上，这是抱怨者对他所生活的世界中的不完美进行评论（这不是一种自私的抱怨，甚至可以说是一种非个人的和利他主义的哲学家式的抱怨）。或者他可能会抱怨没有获知全部真相、所有事实，或是自由沟通中的其他阻碍。

这种对真相、诚实以及全部事实的偏爱不是一种“基本”需求而是一种超级需求，能发表这种水平的奢侈怨言的人，必然拥有很高水平的生活。在由盗贼、暴君或卑鄙的人统治的愤世嫉俗的社会中，是不会听到这样的抱怨的——只会存在较低水平的抱怨。对于正义的抱怨也属于超级怨言，我在管理良好的工厂工人的会谈记录中看到过很多这样的抱怨。他们往往对不公正充满怨言，即使这是不利于他们经济收入的。另一种超级怨言是对某种美德没有得到奖励的抱怨，对恶行反而得到奖励的抱怨，这是对有失公正的愤怒。

换言之，上述一切都强烈表明，人总是会抱怨的。没有伊甸园，没有天堂，没有极乐世界，除了一两个短暂的幸福时刻，因此无论人得到了怎样的满足，都无法想象他们会完全满足。这本身就是对人性能达到最高点的否定，因为这意味着在达到这点之后就不会再有提高了——这样的话当然是无稽之谈。我们无法想象百万年的不断发展能给我们带来这样的完美经过。人类总是能把可以得到的任何满足、幸福、幸运揽入怀中。这些幸福将会给他们带来片刻的极度欢乐。然后，当他们适应这样的幸福之后，他们会将其忘记，并开始寻求未来更高的幸福，他们发现永远都会有比他们现在所拥有的一切都更美好的事物。在我看来，这似乎是不断进入无限未来的永恒过程。

因此，我认为强调这一点非常重要，因为我在管理文献中看到了大量的失望和幻灭和个别放弃整个开明管理哲学而回到专制管理的案例，因为即使条件已经有所改善，抱怨之声仍不绝于耳，因此管理层对员工缺乏感恩之心深感失望。但是动机理论告诉我们，永远都不要期望怨言会终止，我们只能期望怨言变成越来越高级的怨言，也就是说，从低级怨言发展为高级怨言，最终达到超级怨言。原则上，这与我所写的人类动机论是一致的，动机是没有尽头的，仅仅是随着条件的改善不断向越来越高的水平发展。这也符合我的挫折水平观念。也就是说，我不认为挫折必然都是坏事；挫折也是有层次的，从低级挫折向高级挫折的发展是幸福、幸运、良好的社会环境和良好的个人成熟度的标志。例如，抱怨我所居住的城市的花园设计不完善，引发了妇女委员会的热烈讨论，并抱怨公园中的玫瑰花坛没有得到妥善管理，这本身就是一件美妙的事，因为这标志着抱怨者们正生活在一个较高的水平上。你能够抱怨玫瑰花坛，说明你吃得饱，住得暖，你不用害怕黑死病，不用害怕暗杀，警察和消防队尽职尽责，政府亲民高效，教育机制完善，地方政治昌明，许多其他先决条件已然得到满足。关键是，不能把高水平的抱怨简单地看成和其他抱怨一样：它必须作为一种标志，即所有的先决条件都已经得到满足，才能使出现这一高水平的抱怨在理论上成为可能。

如果一位开明而智慧的管理者能够深刻理解上述一切，那么这样的管理者就会期望通过改善条件来提高抱怨的水平，同时提高挫折水平，而不是期望通过改善条件来使一切抱怨消失。这样他们就很少因为克服困难、花钱费力地改善工作条件，抱怨仍不绝于耳这样的事情，而深感幻灭并怒气难消了。我们必须学会寻求的东西是：这些抱怨是否在动机水平上有所提高？这是真实的考验，当然，所有这些都是可以预期的。而且，此外我认为这也意味着我们必须学会对怨言水平提升这样的事情深感愉快，而不仅仅是满足。

这里有些特殊的问题显露出来。其中一个问题是什么是公平，什么是不公平。这肯定会涉及人际间的琐碎攀比和抱怨——可能是某人有较好的台灯，或是较舒适的座椅，或是较高的工资等诸如此类的事情。这些事情可能极为琐碎，甚至有人会计较办公桌的大小或花瓶中有一朵花还是两朵花之类的问题。通常，我们不得不在特定意义上进行一种特殊的判断，这究竟是在公平水平上的超级需求，还是仅仅是统治等级的表面标志，并想在这个等级制度上超越他人，试图登上名望的阶梯。或者也可能向道尔顿的书中所描绘的几个案例或类似的事情，根据上下文的联系，这显然涉及安全的需求。例如我所记得的一个案例指出，如果老板的秘书对某人的态度较友好，对另一个人的态度较冷淡，那意味着后者将会被解雇。换言之，我们必须依据特定的事例来推测其动机水平。

另一个问题可能更难解释，即尝试用动机分析金钱的意义。金钱能够代表动机层次的任何问题。它能代表低级、中级或高级价值，也能代表超越性价值。当我试图指明它们所代表的特定需求水平时，我发现在有些情况下这是根本做不到的——当遇到这样的情况时，我只能将它们忽略不计，认为它们是不能评估的，不再试图对它们动机层次的水平进行评估。

当然还有另外一些情况也很难评估。或许慎重的做法是不对它们进行评估，把它们当作无用的数据放在一边。当然，如果你正在进行一项大规模的、细致的、个性化的研究，你也可以回访有关人员，以便确切地了解，他们的某一怨言在动机水平上究竟意味着什么，例如，关于金钱的怨言。但在本文的研究中这是不可行的或是不可能的，甚至是没有必要的。尤其是在我们为了实验性目的，使用同一评级标准评估两家企业，即管理良好的工厂和管理不善的工厂，情况尤为如此。

真正不良条件的意义　让我们记住什么样的不良条件是真正极端的。在管理文献中我们没有看到任何真正不良条件的案例，但这是任何临时工和非专业的劳动者经常感受到的，在那里条件的恶劣已使工人接近罢工的边缘。也许我们可以用战俘营、监狱或集中营一类地方的条件来与之类比。又或者在美国国内，我们可以以仅有一两个工人的企业为例，这种企业经常处于高度竞争和勉强维持的境况中，在那里五分和一角的硬币都很重要；老板只能依靠榨取员工的最后一滴劳动血汗以求生存，直到工人们最终绝望地放弃；他试图尽可能长久地依赖员工，在他们离开之前榨取最大的利润。让我们不要陷入这样的幻觉，认为在一个管理欠佳的大公司存在“不良条件”——其实并非如此。让我们想想，大约有99%的人宁愿花费几年的时间在我们国家里管理最差的大型公司中谋求一个职位。因此我们必须有更宽泛的比较尺度。我认为这样的研究从收集我们自身经验中的不良案例开始，可能更为合理。

还有另一个复杂的问题。良好条件的一个特征是近期才初次引起注意的。当然，当我第一次关注它的时候，我确实非常惊讶，那就是良好条件对于大多数人来说会有促进成长的作用，但是对某一小部分人来说，却是有一种不好的，甚至是灾难性的影响。例如，给予独裁主义者自由和信任，只能助长这些人的劣迹恶行。自由、放任和责任会使依赖成性和完全被动的人陷入焦虑和恐惧的深渊。

我对此了解还不够深入，因为我关注它仅有几年的时间。但是牢记这方面的问题是有助益的。在我们尝试提出任何理论和开展任何实验之前，我们应当收集更多的实际案例。我们可以这样来说：有相当一部人存在精神病理学问题，例如，有些人非常容易被引诱去偷盗，但是他们从来没有意识到这点，因为他们一直在被监视的环境下工作，这使偷盗的诱惑几乎从未进入他们的意识之中。让我们设想，假如一家银行突然走向“自由化”，撤销一切管控措施，并信任其员工，那么，在十个或二十个员工中肯定会有一个人——我确实不知道会是怎么样的比例——在他意识的生活中会受到突如其来的偷盗诱惑。他们中的一些人可能会屈服于这样的诱惑，如果他们认为可以不被发现。

在这里重要的是不要认为良好的条件必然使所有的人成为不断成长、自我实现的人，某些形式的神经症是不会有这样的反应的，某些类型的体质或气质更不可能做出这样的反应。最终，当一个人受到信任，并完全依据个人荣誉感等行事时，那隐藏的一点点偷盗、虐待狂，以及你在这个地球上所有人类中都可以见到的其他一切罪恶，都会被这些“良好条件”召唤出来。我想起1926到1927年我在康奈尔大学就读时荣誉系统的运作情况。非常令人惊讶的是，我估计有95%（或更多）的学生因为这一系统而感到荣幸和高兴，这一系统对他们非常有效。但是总有1%、2%或3%的人，不但制度对他们不起作用，而且他们反而利用这些有利条件进行抄袭、说谎、在考试中作弊，等等。荣誉制度还不能普遍应用在诱惑过大和有严重利害关系的情况下。

以上所有的想法和方法，原则上也能应用于许多其他社会心理学境况中。例如，在大学的环境中，我们可以依据怨言，依据教职人员、行政人员和学生的怨言水平，对大学社区生活的开明水平做出判断。在这一境况中，会有各种层次的怨言和各种层次的对满足感的追求。这同样也适用于婚姻的境况中，也就是说，你可以通过婚姻中怨言和牢骚的水平，来判断婚姻是否美满、是否健康。一位妻子抱怨她的丈夫有一次忘了给她买花，或是在咖啡里放了太多的糖，或类似的事情，与另一位妻子抱怨她的丈夫打破了她的鼻子，打掉了她的牙齿或损毁了她的容貌等，肯定不在同一个水平上。一般来说，孩子们对父母的抱怨，或是对学校或老师的抱怨，也是如此。

我认为我能由此得出一个普遍性的结论：任何包含人际关系的组织机构的健康状况或发展水平，在理论上都可以通过评估怨言和抱怨的层级高度这样的方法加以判断。一件必须要牢记的事是，无论婚姻、大学、中小学校、父母有多好，都仍然有进一步提高的空间，也就是说，总会有抱怨和怨言的出现。同样应当理所当然地认为，有必要将这样的抱怨和怨言分为正面的和负面的，人们对于任何更基本需求的剥夺或受到威胁或危害，都会做出快速而尖锐的抱怨，尽管人们在这些需求很容易得到时，根本不会注意到这样的满足感，或认为它们是理所当然的。换言之，如果你问某人他所处的环境好在哪里，他是不会想到和你说他的脚不会弄湿，因为地板并没有被水浸泡，或是没有虱子和蟑螂，等等。他会认为这些都是理所当然的，而不会认为这些是优越条件。但是如果所有这些理所当然的条件都消失了，这时你一定会听到他们的哀号。换一种方式来说，这种满足不会带来赞美和感激，纵然在它们被剥夺时会引发强烈的抱怨。然而在另一方面，与此相反，我们必须谈谈有改善作用的正面怨言、抱怨或建议。这些大都是关于仅仅高一层次动机的一般性评论，对于刚刚展现在眼前，接下来就有希望实现的需求的评论。

我认为，原则上要扩展对这一怨言的研究，简单易行的方法是，首先收集极端意义上的恶劣老板和恶劣条件的实例。例如，我所认识的一个家具商——他恨死了他的老板，但又找不到另一个更好的工作，因为在这个行业中已经没有更好的工作了——他总是怒气冲冲，因为他的老板不是称呼他的名字，而是用口哨招呼他。这种侮辱是慢性的、蓄意的，几个月来让他越来越恼怒。另一个案例是我的亲身经历，发生在大学时我为旅馆餐厅和饭店工作的那段时间。我签署了一份暑期工作合同，在一家度假酒店当服务生（大约是在1925年），于是我支付了到达酒店的路费，结果却是被派去当杂工，工资低了很多，也没有任何小费。我简直是陷入了骗局——我已经没有回程的路费，而要找到另一份暑期工作已为时过晚。这里老板答应我很快就会让我当服务生，我相信了他的话。作为一个杂工，没有小费，我的工资水平大概是十到二十美元一个月。这是一份一周工作七天，每天工作十四小时，没有休息日的工作。此外，老板还要求所有的员工加班准备所有的沙拉，因为做沙拉的厨师要晚一两天才能到。员工们加班工作几天后，我们问他做沙拉的厨师在哪里，他说明天就到。这样的事持续了大约两周的时间，越来越明显的是老板在欺骗大家，并试图从这一骗局中榨取额外的利润。

最后，到了7月4日的假日，酒店里大约有三四百位客人，我们被要求大半夜留下来准备一种花式甜点，样式非常好看但做起来要花费很长时间。所有员工商议好了之后，毫无抱怨地接受了这一工作；但是在4日晚上，我们摆上正餐的第一道菜后，所有员工走出餐厅，辞掉了这份工作。当然，对于我们所有员工来说，这是非常大的经济损失，因为此时要找到好工作已为时过晚，就是随便什么工作也很难找到，然而，仇恨和报复的渴望是如此强烈，以至于这样做的满足感在35年后的今天我还能感觉到。这就是我所说的确实的恶劣条件和引发内战的条件。

然而，无论如何，收集这种待遇、这种类型的实例，并可以以此为基础列出清单，可以使良好管理条件下的工作者更加意识到他们的幸福（通常他们是不会意识到这种幸福的，他们认为这是理所应当的）。那就是说，应该有一个令人满意的清单，记录着真正恶劣的条件，并以此为依据核对是否有任何同类的事情发生，而不是要求他们自愿加入抱怨。例如，是否有臭虫，是否太冷、太热、噪音太大、太危险，或是否有腐蚀性的化学药品溅在他们身上，或是否在危险的机器设备上安装了报警装置，等等。任何一个人看到这样一份列有二百个项目的清单都会认识到，这二百个恶劣条件都不存在本身就是一件好事。

第六篇

存在认知

第十九章

单纯认知简述

“suchness”是日语“sono-mama”的同义词（可以在铃木撰写的《神秘主义：基督教与佛教》中找到相关描述）。从字面的意思上看，它是指事物的“本来状态”。它也可以用英文的词尾“-ish”来表示，例如“tigerish”中，意思是恰似一只老虎，或是“nine-year-oldish”“Beethovenish”、德语中的“amerikanisch”（这三个词的意思分别是：像九岁一样，像贝多芬一样，像美国人一样）。这些都涉及给予事物独特的和特征性的整体本质或格式塔式的定义，还其本来面目，赋予它独特的个性，将它与一切其他事物区分开来。

古老的心理学名词“quale”与“suchness”意义相同，与感觉有关。“quale”是一种不能描述或定义的本质，就如同红色与蓝色给予我们的不同感觉一样。带有红色感觉的或是红色本质的（suchness of the red）与蓝色本质的（suchness of the blue）是不同的。

在英语语言中我们也有这样带暗示含义的词汇，例如，当我们说某人，“他会如何如何”，这对我们来说意味着某些符合此人本性的预期，这与他的本性相合，是他所独有的特性。

铃木在他所撰写的书籍的第99页中首次将“sono-mama”定义为本质（suchness），并且进一步解释这与“统一的意识”意思相同，与“生活在永恒阳光照耀下”意思相同。他援引威廉·布雷克的诗句，指出当他说到，“将无限掌握于手中，在瞬间把握永恒”时，就是在说“sono-mama”。在这里铃木非常清晰地说明，本质或“sono-mama”就是存在性认知，而且，他还指出“以sono-mama的态度看问题”，从事物本质的角度看事物，与具体感知的意思相同。

戈德斯坦对于那些已经还原到具体性感知（例如，在描述视觉时，他们的颜色视觉已还原到具体性描述，而抽象性描述的能力已经丧失了）的脑损伤患者的描述非常类似于铃木所说的本质。也就是说，脑损伤患者所看到的不是一般范畴的绿色或蓝色，他们看到的是每种特定颜色自身的本质，与其他任何事物无关，不存在任何形式的连续性，不比任何事物更多或更少、更好或更坏、更深或更浅，仿佛它就是世界上独一无二的颜色，没有任何事物能与它相比。这就是我所理解的本质的一个要素（无可比拟性）。如果我这样的解读是正确的，那我们就要非常小心谨慎地不要把戈德斯坦所描述的还原到具体性的感知，与正常人的新鲜和具体的、非还原性感知能力相混淆。而且我们还要把各种形式的存在性认知区分开来，因为存在性认知不仅仅是具体的本质，也可以是对抽象字句的各种意义的抽象理解，更不用说是对整个宇宙的认知。

同样，我们也需要将上述一切与高峰体验本身，或是铃木描述的禅悟体验区分开。例如，存在性认知总是在人达到高峰体验时出现，但也有可能出现在没有高峰体验的时候，有时甚至来源于悲惨经历。于是，我们也必须区分开这两种高峰体验和两种存在性认知。首先是巴克的宇宙意识，或是各种神秘主义者的观点，在这种意识中，整个宇宙都能被感知到，其中的任何事物之间都存在着相互联系，包括感知者本人。我的研究对象曾将其描述为，“我能看到我属于这个宇宙，并且我能看到我在宇宙中身处何处；我能看到我是多么重要，同时我也能看到我是多么无足轻重和渺小，因此，这让我觉得自己既卑微又显赫。”“非常肯定的是，我是这个世界必不可少的一部分，可以说，我身处一个大家庭中，不是从外向内看，不是和整个世界分隔开，不是站在悬崖上看向另一边的悬崖，而是在事物的中心，我身处在一个家族中，我从属于这个大家族，不是一个孤儿，不是一个收养的孩子，也不是一个站在窗外透过窗户向内看的人，也不是从外面看向屋里面的人。”这是一种形式的高峰体验和存在性认知，我们必须将其与另一种能产生迷恋的体验和认知严格区分开。后者存在一种对特定认知对象的意识极度缩窄，例如，对面孔或画作，对儿童或树木等事物。而此时，世界的其余部分会完全被遗忘，自我意识本身也会被完全遗忘。这样的时刻，认知对象是如此让人着迷，如此有魅力，这个世界上的任何事物都全然被遗忘，而一种超然的感觉油然而生，或者至少是自我意识消失，或自我和整个世界已不复存在，这意味着认知对象已变成了整个宇宙。这个认知对象看起来就像是整个世界。在这一时刻，它是唯一存在的事物。因此，所有用于观察整个世界的认知法则，现在都在用于观察这个与世界分隔、我们为之着迷、已然成为整个世界的对象。这是两种不同的高峰体验，两种不同的存在性认知。铃木在他的书中也进一步谈到了这两种体验，但没有加以区分。在书中，他有时谈到在一朵小野花中看到整个世界；而在另一些时刻，他又以一种宗教和神秘主义的方式谈论有关上帝、天堂，或整个宇宙的大彻大悟。

这种微缩、狭隘的着迷状态非常类似于日本人的“忘我”（muga）概念。在这一状态中，你将全心全意地做任何事情，不思考任何其他的事情，没有任何犹豫，没有任何形式的非难、怀疑和限制。这是一种纯粹的、完美的、完全自发的行为，没有任何形式的阻碍。只有当自我已被超越或遗忘后，才有可能进入这种状态。

这种忘我状态经常被认为与禅悟状态相同。很多禅宗文献将忘我状态描述为一个人心无旁骛地做任何事情的状态，例如，劈柴时的全身心投入。但是修禅的人也同样认为这似乎与一种和宇宙合一的神秘感相同。很显然，这两种说法在某些方面非常不同。

同样，我们也应该批判一下禅宗对抽象思维的攻击，他们似乎认为只有具体的本质才是有价值的，抽象仅仅是危险的。当然，这样的说法我们是不能同意的。这是一种自愿的自我还原到具体认知的行为，戈德斯坦已将其不良后果清晰列出。

出于这样的考虑，显然作为心理学家我们不能接受具体感知是唯一的真理，或是唯一正确的，而且我们也不能接受抽象仅仅是一种危险。我们一定还记得，对自我实现者的描述，他们既能具体也能抽象；同样我们也一定还记得，他们从两种方式中都能得到享受。

从铃木的书中的第100页开始，有一个极好的例子准确地说明了这一点。有一朵小花即被看作它自己的本质，也被看作和上帝一样，全身散发着天堂的光彩，挺立在永恒之光中。显然，这里的这朵小花不仅仅被看作单纯的具体本质，同时也被看作将其他一切事物排除在外的整个世界，或者是以存在性认知的方式将它看作整个世界的象征，即，是一朵存在之花，而不是缺失之花。当这朵花被作为存在之花时，那么所有的一切事物，包括永恒和神秘的存在、天堂的光辉等，必然都是真实的，而所有的这一切都置身在存在王国之中。也就是说，看着这朵花，就好像是通过它窥见整个世界一样。

接下来，铃木又批评了坦尼，因为在他的诗中，坦尼采摘了这朵花，对它进行了思考并将它抽象化，甚至还可能解剖了它。铃木在书中说明了这是一件坏事。他用日本诗人对同样体验的处理作为对照。日本人不会采摘那朵花，也不会肢解它。他会让它留在原处。引用铃木书中第102页中的描述，“他不会让它脱离它所处的总体环境，他对它的忘我状态凝神思考，不但是思考它本身，而且会思考发现它自身时所在的环境——在尽可能广泛和深远的意义上的环境。”

在书中的104页，铃木援引了托马斯·特拉赫恩的说法。第一段引用非常成功，能很好地阐明统一意识，即存在领域与缺失领域的融合，在同一页中的第二段也引用得很好。但是，在第105页问题出现了。在这里铃木谈到了纯真状态，如同统一意识，是短暂与永恒的融合，在某种意义上类似于儿童状态，在105页的脚注中引用特拉赫恩的描述将儿童状态注解为拥有原始的纯真。铃木说这是重访伊甸园，重获天堂，在那里，知识之树还没有结出果实。“因为我们吃了知识的禁果，所以养成了理智化的习惯。但是系统地说，我们从未忘记原初的纯真住所。”铃木让这种圣经式的纯真，这种基督教式的纯真观念等同于“忘我状态”，就如同看到事物的本质一样。我认为这是个非常大的错误。基督教对知识的畏惧，如同在伊甸园的寓言中说的，知识是亚当和夏娃堕落的原因，基督教一直保持着这种反理智主义，一种对智者、对科学家的畏惧，同时也伴随着一种感觉，认为像阿西西的圣弗朗西斯那样纯真的信仰、虔诚、单纯，要比某种理性的知识好些。基督教传统中的某些方面甚至有一种看法，认为这两者是相互排斥的，也就是说，如果你知道太多，你就不可能有一种简单、纯真的信仰，而拥有信仰肯定要比拥有知识好，因此，最好不要研究太多、学得太多，或成为科学家类似的情况。我所知的所有“原始”教派，当然也都是反理智主义和不信任学习和知识的，就如同这是“仅仅是属于上帝而不是属于人类”的事。①

① 我猜测有这样的可能性，传说中的“知识”也可能是指旧式的性欲意义上的“知识”，也就是说，吃苹果可能意味着发现了被禁止的性欲，失去了这方面的纯真，而不是向传统解释所说的意思。因此，这或许也和传统的基督教禁欲有关。

但是，无知的纯真与智慧或精深的纯真是不同的。而且，儿童的具体感知能力和认识事物本质的能力，显然和自我实现的成人是不同的。至少在这样的意义上有很大的不同。儿童还不能主动还原到具体；他们甚至还没有成长到抽象。他的纯真是因为他的无知。这与我所说的那些智慧的、自我实现的、年长的成人的“第二次纯真”或“第二次天真”是非常不同的，这样的成人了解整个缺失领域，了解整个世界，了解世界中所有的罪恶、竞争、贫困、争吵和眼泪，并能超越它们，能在统一的意识中看到存在领域，能在罪恶、竞争、贫困、争吵和眼泪之中，看到整个宇宙之美。通过缺陷，或在缺陷之中，这样的人能够看到完美。这与特拉赫恩所描述的那种无知儿童的幼稚纯真非常不同。这种儿童的纯真状态与圣人、智者、经历过缺失领域并与之战斗、忍受它所带来的痛苦并最终超越他人所达到的纯真是迥然不同的。

这种成人的纯真或是“自我实现的纯真”，可能与统一意识相重叠，或者甚至是同义的，在这种统一意识中“存在”（存在领域）与“缺失”（缺失领域）相互融合，整合在一起。这一途径可以分化出健康、务实、知识渊博和人类的完美，事实上，这是坚定、有力、自我实现并对缺失领域充分认识的人，或多或少可以达到的境界。这与儿童的存在性认知大不相同，儿童对这个世界一无所知，因而最好称之为无知的纯真。这也不同于某些宗教人士的幻想世界，包括特拉赫恩的幻想世界，在那里他们会以某种方式拒绝整个缺失领域（从弗洛伊德的观念上说）。他们对它视而不见。他们也不愿意承认它的存在。这种不健康的幻想似乎只能感知到“存在”，而不能感知到任何“缺失”。它不健康是因为它仅仅是一种幻想，或是因为它是建立在拒绝或幼稚的无知之上，是建立在缺乏知识或经验之上。

这相当于将区分和识别出高级涅槃与低级涅槃，向上统一与向下统一，高级退化与低级退化，健康退化与不健康退化。对某些宗教人士的诱惑是让其对天堂的认知，或是对存在世界的认知退化到童年期或无知的纯真状态，要么就是回到偷食知识禁果之前的伊甸园，实际上都是相同的情况。这就好像是说，只有知识才能让你痛苦。这里的意思是，“愚蠢和无知，让你永无痛苦。”“你将进入天堂，你将回到伊甸园，你将对这个眼泪和争吵的世界一无所知。”

但是，普遍的原则是“你是不可能再回到出生之地了”。你不可能真的退化，从严格的意义上说成人是不可能变成孩童的。你不可能“删除”知识，你不可能真的再次纯真；已然映入你眼帘的事物，你就无法将它删除。知识、感知和认识都是不可逆的。从这一意义上说，你无法回到初生之时。你不可能真的退化，即使完全放弃你的理智与力量，也是不可能的。你不能渴望有什么神话中的伊甸园，如果你是个成人，你也不能渴望回到童年时代，因为你根本不可能再得到它。对于人类来说唯一可能的选择是理解继续前进的可能性，继续成长，继续成熟，继续前进以获得第二次天真，精深的纯真，统一的意识，对存在性认知的理解，以便在缺失的世界中继续前进。只有这样才能超于缺失的世界，只有依赖真知、依赖成长、依赖完满的成年时代。

因此，非常有必要强调一下几种对事物本质认识之间的区别：（1）还原到具体的认识，包括脑损伤的患者；（2）儿童的具体感知，在他们发展到抽象认知能力之前；（3）健康成人的具体感知，与他们的抽象认知能力相得益彰。

这样的说法同样也适用于华兹华斯式的自然神秘主义。儿童实际上并不是自我实现的好主体；不是存在性认知的好主体；也不是对具体感知、对忘我状态、对本质感知的好主体。这是因为他们还没有超越抽象，甚至还没有达到抽象。

同样还要说一下梅斯特·艾克哈特、铃木和其他一些宗教人士对统一意识的定义方法，即永恒与暂时的融合，这种统一意识有赖于对暂时的完全否认（例如，参看第八章所引用的艾克哈特的说法，在这里铃木谈到了现在）。这些人徘徊在否认世界现实性的边缘，只愿意将神圣的、永恒的和神一般的世界当作现实来对待。但是我们必须在暂时中看永恒；必须在世俗中并通过世俗看圣洁；必须通过缺失领域看存在领域。我还要另加以说明的是，没有其他的观察途径，因为并没有任何存在领域处于地理学意义上的彼岸某处，或是与我们所在的世界完全不同，是某种世外之物，是亚里士多德所说的非现世之物。只有我们所在的世界，只有这个世界，致力于将“存在”与“缺失”融合的问题就是能够在这个世界中既保持“缺失”的态度又保持“存在”的态度。假如我们使用其他的说法，我们就会陷入“极乐世界”的陷阱，终结在云端天堂的寓言中，就像在那里你有另一个家、另一个房间，我们能看到的、感觉到的和能触及的，在宗教中变成了超脱凡俗的、超自然的，而不是现世的、人本主义的和自然主义的。

由于谈论“存在”领域和“缺失”领域可能会被误解为现实的物理空间和物理时间中两个分立的领域，两个彼此分离、彼此独立的领域，因此我最好强调一下，谈论“存在”领域和“缺失”领域实际上是谈论对同一世界的两种不同感知、不同认识和不同态度。同样说是讨论统一的态度要比讨论统一的意识更恰当。如果我们将“存在”认知和“缺失”认知仅仅看作两种不同的感知态度或方式，这样就能消除一种诱惑性的混淆概念，在铃木的书中存在这种混淆的例子，在书中他认为必须要谈到轮回、转世、再生、灵魂等事物。这是由于要把这些态度实体化为真实的、客观的事物。如果我们认同这两种认知是两种态度，那么，轮回这类的事物就完全不适用于这种新的感知形式。这种感知就如同是一个学习过音乐结构课的人，在听完一场贝多芬的交响乐后产生的认知。这还意味着贝多芬的交响乐的内涵和结构在上课之前就存在，只是感知者已不再盲从。现在，他已经可以感受到了，现在他有了正确的态度，知道要寻求什么和如何寻求，可以感知到音乐的结构和内涵，感知贝多芬想要表现的是什么，想要传达的是什么，等等。

第二十章

再论认知

存在性认知和缺失认知的特征对比[①]

存在性认知	缺失认知
1. 将世界视为整体的、完整的、自给自足的、统一的。无论是宇宙意识（巴克），即宇宙被感知为一个单一的事物，个人自身也从属于它；或是人、物，或所见世界的一部分被视为整个世界，即世界的其他部分被遗忘掉了。综合的整体性感知。世界或事物的统一性感知。	1. 将世界视为部分的、不完整的、非自给自足的、依赖于其他事物的。

① 马斯洛对《存在心理学探索》第六章的完善，可参考第七章在高峰体验时，存在性认知者（对自我）的特征。

存在性认知	缺失认知
2. 排他的、全面细致的关注；全神贯注的、入迷的、重点关注；完全关注。倾向于图形—背景不分。有丰富的细节；全方位的观察视角。以“关切的态度”，全面地、强烈地、彻底地投入到关注中。全身心地投入。相对重要的变得不重要；各方面都变得同样重要。	2. 对于所有相关因素都给予同等的关注。图形—背景的显著区分。视为世界的一部分，与世界的所有其他部分有内在的联系。被仪式化；仅从某方面进行观察；选择性地关注或不关注某些方面；偶然性的观察，仅从某些观点看问题。
3. 没有比较性（从多罗西·李的意义上说）。在自身中，通过自身看到自身。不与任何事物竞争。同类事物的唯一成员（从哈特曼的意义上说）。	3. 置身于一个连续的系统或某个系列之内；需要比较、判断、评价。看作某类事物的一个成员，作为一个实例、一个样本。
4. 与人类无关。	4. 与人类相关；例如，它有什么好处，它能用来做什么，它对人是有益还是有害等。
5. 重复的体验使人有更丰富的感受。感知越来越深刻。“事物内部的丰富性”。	5. 重复的体验让人感觉贫乏、缺乏丰富性，缺乏兴趣和吸引力，丧失了为人所需求的特征。熟悉导致厌烦。
6. 被视为是非必需的、无目的的、无欲求的、无动机的感知。这种感知与感知者本身的需求无关。因此能看作独立的，有其自身存在的权利。	6. 有动机的感知。感知对象被视为是需求的满足品，是有用的，或者是无用的。
7. 以感知对象为中心。忘我的、超越自我的、无私的、公正的。因此，是以它为中心的。感知者与被感知对象的同一与融合。于是，全神贯注地投入到体验之中，使自我消失，这样一来，所有的体验会汇集在感知对象的周围，使其成为一个中心点或结合点。	7. 以自我作为结合的中心点，这意味着自我投射到感知印象中。感知的不仅仅是被感知对象，而是它与感知者自我的融合。

存在性认知	缺失认知
8. 允许感知对象就是它本身。谦恭的、善于接纳的、被动的、无选择的、不强求的、道家的，对于感知对象和知觉不予干涉，顺其自然地接受。	8. 感知者会积极塑造、组织和选择感知对象。他改变它，重新安排它。围绕着它不停忙碌。这肯定要比存在性认知让人疲惫，而后者或许还能够消除疲乏。尝试、追求、努力、意志、控制。
9. 视为目的本身，自我验证。自我肯定。由于其本身缘故而令人感兴趣。有内在价值。	9. 一种手段，一种工具，没有自身价值，只有交换价值，或是为其他事物而存在，又或是到达其他地方的门票。
10. 独立于时间与空间之外，被视为是永恒的、普遍的。“一分钟就是一天；一天就是一分钟。”感知者在时间与空间中迷失，意识不到环境的存在。感知与环境无关，也无关乎历史。	10. 在时间与空间之内，是暂时的、是局部的。存在于历史之中，存在于物质世界之中。
11. 存在的特征被感知为存在的价值。	11. 缺失价值是手段价值，即，实用性，是否可取，就某一目的而言是否合适。评价、比较、谴责、赞成或不赞成，并进行评判。
12. 绝对性（因为没有时间和空间，因为脱离地面，因为作为它本身来看待，因为世界的其他地方和历史都已然被遗忘）。这与过程中的和改变的认知相符合，知觉中存在着活跃的组织性——但是知觉也是严格的。	12. 与历史、文化、性格学、局部价值、人的需求和兴趣有关。你可以感觉到它的传递。这有赖于人的现实性；如果人消失了，那么它也会消失。作为一个整体，从某一行为特征转变为另一行为特征，即，现在有这一行为特征的表现，又有另一行为特征的表现。
13. 二歧化、两极性和冲突的解决。矛盾双方同时存在，并被认为是合理的、必要的，即，被看作一种高级的统一或整合，或从属于一个超越分歧的整体。	13. 亚里士多德的逻辑，即，分离的事物被认为是肢解的、切割开的，彼此完全不同的，相互排斥的，在利益上是敌对的。

存在性认知	缺失认知
14. 具体地（和抽象地）感知。各个方面同时被感知。因此，是不可言喻的（用普通的语言）；稍许能用诗歌和艺术等描述，但即使是这样，也只有那些有相同经历的人才能理解。基本上的审美体验（在诺思罗普的意义上）。非挑选性的喜爱或分选。能看到它的本质（与年幼的儿童、不成熟的成年人、脑损伤患者的具体感知不同，因为这需要与抽象能力共存）。	14. 只有抽象的、分类的、图示的、标签化的、分等级的。“还原到抽象”。
15. 有个性特征的感知对象；具体的、独特的实例。无法分类的（除了抽象方面），因为它是此类的唯一成员。	15. 法规性、普遍性、统计的合法性。
16. 增加内部世界与外部世界之间的心物同态。当世界存在的本质被个人所感知，同时这个人也就会更接近他自身的存在本质；反之亦然。	16. 心物同态减少。
17. 被感知对象往往被认为是神圣的、至善的、“非常特殊的”。它“要求”或“召唤”出敬畏、尊敬、虔诚、惊叹。	17. 被感知对象是“正常的”、日日可见的、平凡的、熟悉的、没有什么特别的、“习以为常，司空见惯的”。
18. 世界和自我经常（但不总是）被看作有趣的、好玩的、喜剧式的、幽默的、滑稽的、可笑的。	18. 如果有幽默的话，也是幽默的低级形式。与有趣事物完全不同的严肃问题。敌意的幽默、毫无幽默感、庄严肃穆。
19. 无法互换，不可替代。没有其他什么可以做到。	19. 可以互换，可以替代。

单纯认知（存在性认知的一个方面）

天真无邪，即对于单纯的人来说，每一件事情都同样有可能发生；每一件事情都同样重要；每一件事情都同样有趣。想真正了解这一点最好的方法就是通过儿童的眼睛看待事物。例如，对儿童来说“重要”这一词并不意味着有什么事要优先考虑。那些能抓住眼球、闪亮的或偶然映入眼帘的事物和其他事物是一样重要的，似乎只有初级的结构和环境的分化（有些作为“图形”凸显出来，有些作为“背景”退入整个大背景中）。

如果一个人一无所求，如果一个人没有期盼或忧虑，那么从某种意义上说是没有未来的，因为儿童的各种活动都发生在“当下”，所以既没有惊喜，也没有失望。这件事与那件事一样有可能发生。这是一种“完美的等待”，没有任何要求的旁观者，不期待什么事情发生或不发生，没有任何预见性。没有预见性意味着没有担心、焦虑、恐惧或不祥的预感。例如，任何孩子对疼痛的反应都是没有抑制，没有任何控制的，整个机体都陷入痛苦和愤怒的怒吼。这有一部分能被理解为对具体的当下这样时刻的具体反应。这是有可能的，因为没有对未来的期望，因此也就没有迎接未来的准备，没有预演或预期。当未来是不可知的，也就不会有任何渴望（“我不会再等待”），当然也不会缺乏耐心。

在儿童中，无论发生什么事情，都会毋庸置疑地被接受。这是因为他们的记忆很少，也很少能依赖过去，儿童很少能将过去引入现在或引向未来。这样的结果是，儿童是完全活在当下的，或者也可以说是天真无邪，又或者说是完全没有过去和未来。这一切都是进一步界定具体感知和存在性认知（对儿童而言）的方式，也是进一步界定在某种程度上达到“第二次天真”的老练的成年人偶然的存在性认知方式。

这一切都和我的创造性人格概念有关，拥有这样人格的人完全生活在当下，他的生活没有过去和未来。另一种方式的说法是：“有创造性的人是天真的人。”天真的人可以被定义为一个依旧可以用儿童方式去感知、去思考、去做出反应的成年人。在第二次天真中恢复的也正是这样的单纯，或许我可以称这是那些已然恢复了儿童般能力的睿智老人的“第二次单纯”。

单纯也可以被看作对存在价值的直接感知。就像安徒生童话中的那个男孩，当所有成人都被愚弄认为国王穿着衣服时，这个男孩能看出皇帝没有穿衣服（就像是阿希实验中显示的那样）。

行为方面的单纯，是在专心或着迷时表现出的自发性非自我意识；即缺乏自我意识，这意味着忘却了自我或超越了自我。这时，行为完全是由自身之外、有趣的外部世界引发的入迷状态构成的，这意味着“并不试图对旁观者施加影响”，没有诡计或预谋，甚至没有意识到自己也是他人审视的对象。这样的行为是单纯的体验，不是以达到某种人际关系为目的的手段。

第七篇

超越和存在心理学

第二十一章

超越的各种意义

1. 超越在某种意义上是自我意识、自我感知的丧失，是人格解体的青少年自我审视的丧失。这同样是一种忘我心境，源于专心一意、入迷、集中注意。从这一意义上来说，对心灵之外的事物专注或沉思，能够产生忘我境界，导致自我意识的丧失，这是特定意义上的自我超越或自我意识超越。

2. 超越在超心理学的意义上是超越自身的皮肤、身体、血液，等同于存在价值，而这些存在价值会成为自我本身的内在价值。

3. 超越时间。例如，我在一次大学典礼上的厌烦体验，我觉得学位服有点可笑，突然间我滑落到一种感觉中，仿佛我成为永恒境界中的一个符号，而不是当下在特定时间和特定地点中一个厌倦、烦恼的个体。在我的幻觉或想象中，我所在的学术队列伸展开来，伸展到遥远、遥远的未来，远到我无法望到尽头，在队列的最前面站立的是苏格拉底，我认为这意味着那些已然矗立在遥远队列前端的人，是我们的先辈，而我是这些学者、教授、智者的后继者和追随者。接着，在我的幻想中我身后的队伍也渐渐延伸到模糊、朦胧的无限之中，在那里一些目前还未出生的人将加入这个学术队伍，这个由学者、智者、科学家和哲学家组成的学术队伍。这个队伍让我激动不已，我感到它的庄严，感到我身上学位服展示出的荣耀，甚至为我能成为这个队伍中的一员而感到无上荣光。这也就是说，我变成了某种象征，独立于我肉体之外。我已不仅仅是个独立的个体，我也是永恒导师中的一员。我是导师的柏拉图式的本质。

这种时间的超越在另一种意义上说也是真实的，即我可以感觉到友爱，以一种私人之间的亲密方式与斯宾诺莎、亚伯拉罕·林肯、杰斐逊、威廉·詹姆斯、怀特海德等交往，就好像他们都还活着。这也意味着，他们通过某种方式仍然活在我们中间。

在另一种意义上，人也可以超越时间，就是为了尚未出生的子孙后代或继承人而努力工作。这种意义的超越，艾伦·惠理斯在他的小说《探索者》中有所描述，小说的主人公在他临死时想到，他能做的最好的事情就是为后人栽树。

4. 超越文化。在一种非常特殊的意义上，自我实现的人，或超越自我实现的人，是世界公民，是人类的一员。他出身于某一特定文化，但已然超越了它，可以说以各种方式独立于这一文化之外，并从某一高度俯视着它，或许这就像一棵大树扎根于土壤之中，虽然它的枝杈已经伸展到极高之处，但是依然不能轻视它所植根的土壤。我曾经撰述过关于自我实现者对文化适应的抵抗。一个人可以用一种超然和客观的态度审视自己所扎根的文化。这类似于心理治疗的过程，在体验的同时，以一种或批判，或评论，或超然，或远离的态度进行自我观察，这样就可以批评它，赞成或反对它，对它采取控制的态度，并因而有可能改变它。一个人有意识的部分接受他所在的文化态度，与不假思索的、盲目的、毫无察觉、毫无意识、不加分辨地完全认同他所在的文化态度，是完全不同的。

5. 超越个人的过去。对一个人的过去可能会有两种态度。其中一种可以被称为超越的态度。一个人可以对他的过去有一种存在性认知。也就是说，一个人的过去可以被他现在的自我包容和接受。这意味着，因为理解自我而原谅自我。这意味着，超越了自责、后悔、内疚、羞愧、尴尬诸如此类的情绪。

这与另一种观点不同，那种观点认为在过去的境况中个人是无助的，一个人所遇到的事情，就个人而言完全是被动的，一切都是由外部因素决定的。从某一特定的意义上说，这就像是为一个人的过去承担责任。这意味着“努力成为一种动力，正如现在被当作一种动力一样”。

6. 超越自我、自身、自私、以自我为中心，等等。这是当我们对外部任务、事业、职责、对现实世界和他人承担的责任等需求特征做出反应时，达到的超越。当一个人尽职尽责的时候，这也可以被看作是在永恒的观念之下，并能代表一种自我超越，一种自我低级需求的超越。当然，实际上这是一种超越性动机的形式，是对“要求”所做的事情的认同感。这是一种对额外心理需求的敏感性。从另一个角度来说，这意味着一种道家的态度。“与自然和谐共处”这句话意味着有能力对精神以外的现实生活做出让步、接受或回应，就如同自身本就从属于它，或是能与它和谐一致。

7. 作为神秘体验的超越。这可以说是一种神秘的融合，无论是与某个人，或是与整个宇宙，又或是与介于两者之间的任何事物的融合。在这里我所说的神秘体验是指宗教神秘论者在各种宗教文献中对神秘体验做出的经典描述。

8. 超越死亡、痛苦、疾病、邪恶，等等。当一个人处于足够高的水平时，就必然会与死亡、痛苦等和解。从上帝的或奥林匹斯诸神的角度看，所有这些都是必然的，并且这样的必然性是能够得到理解的。如果达到了这样的境界，就如同达到了存在性认知的境界。这时痛苦、反叛、愤怒、怨恨等，都会完全消失，或至少减轻很多。

9.（与上文重叠）超越是完全接受自然世界，以道家的方式使之顺其自然地存在，这是自我低级需求的超越——也就是说，这时对个人自私的肉体需求的超越，对个人以自我为中心评判精神以外的事物是否有危险、是否能食用、是否有用处的超越。这样的超越最终可以用“客观地感知世界”这句话来概括。这是存在性认知的一个必要因素。存在性认知是指一种对自我、低级需求、自私等的超越。

10. 超越我们与他们之间的对立。超越人与人之间的零和博弈（一方得益引起另一方损失）。这意味着提升协同作用的水平（人际协同，社会制度或文化的协同）。

11. 超越基本需求（无论是这些需求得到了满足而正常地在意识中消失，还是能够主动放弃这样的满足感并克服这样的需求）。这是以另一种方式说“成为主要受超越性动机支配”，意味着对存在价值的认同。

12. 趋同的爱是超越的一种形式。例如，对自己孩子的爱，或是对亲密朋友的爱。这意味着“无私”，意味着超越了自私的自我。这也表示趋同范围的扩大，即越来越多的人加入其中，让这一范围不断接近整个人类范畴。这也可以表述为越来越具有包容性的自我。这里的界限是人类范畴的趋同性，并且也可以用心理内部和现象学的方式表示，例如，体验自己是某一兄弟团体的一员，是人类的一员。

13. 一切安吉亚尔型同律性的例证，无论是高级还是低级。

14. 脱离旋转木马。从屠宰场穿行，而不沾染血腥。出淤泥而不染，洁身自好。超越广告意味着思想境界在其之上，不受其影响，不为所动。从这一意义上说，一个人能超越各种束缚和奴役，等等，就像法兰克、贝特尔海姆等人的方式，甚至能够超越集中营这样的境况。我将用1933年《纽约时报》头版的一张照片加以说明，画面上一个大胡子的犹太人在柏林街头乘坐垃圾车游街示众，在他面前是嘲笑的人群。在我的印象中，他对人群充满同情，用怜悯或许还带有宽恕的心情看着他们，认为他们是不幸的、不健全的、低人一等的。将自身独立于他人的邪恶、无知、愚蠢、幼稚之外，甚至当这些恶意是指向自己的时候，虽然很困难，也是可以做到的。然而，在这样的情况下，人也可以凝视整个境况——包括他身处其中的境遇——如同一个人从一种伟大的、非人的或超人的高度，以一种客观的、超然的态度俯视这一切。

15. 超越他人的意见，即他人的反应与评价。这意味着有一个可以自我决定的自我。这表示一个人会坚持做正确的事情，即使是不受欢迎的，他能成为一个独立自主的人，拥有一个自我决断的自我，写自己想写的文字，做自己想做的人，不受任何操控和诱惑。这样的人在阿希式实验中是抗拒者（而不是遵从者）。抗拒是标签化的，能够从角色中获得解放，即超越个人的角色，成为一个人，而不是所扮演的角色。这包括抗拒建议、宣传、社会压力、被投票否决，等等。

16. 超越弗洛伊德的超我，上升到内在良知、愧疚、实至名归和适度的怜悯、悔恨、害羞的水平。

17. 超越自身的软弱和依赖性，超越孩童性，以父母的态度对待自己，成为自己的父辈而不仅仅只是子女，能够变得坚强并有责任感，而不仅仅是依靠他人，超越个人的软弱，上升到坚强。由于我们自身内部总是同时拥有这两种品质，在很大成分上，这确实只是程度的问题。但是无论如何，我们还是要意味深长地说，对于一些个体而言，他们主要是软弱的，他们与他人之间的关系是弱者与强者的关系，他们所采用的所有适应机制、应对机制、防御机制，都是弱者对强者的防御。对于依赖和独立，承担责任和推卸责任而言，也是如此。也可以将其描述为，一方面是船长、是汽车驾驶员，另一方面仅仅是乘客。

18. 超越现状。在库尔特·哥尔德斯坦的意义上，“与存在联系，依据可能性的联系与依据现实的联系是一样的。”这就是说，克服刺激的束缚、当下现况的束缚和现实的束缚。哥尔德斯坦式的还原到具体是能够被超越的。也许在这里最好的表述方式是，上升到可能的领域与回归到现实是一样的。

19. 超越二歧化（两极性、白与黑的对立、非此即彼等）。从二歧化上升到高级的整体化。超越原子论，赞同层次化的整合。将分散的东西结合为整体。这里的极限是把宇宙作为一个整体来感知。这是终极的超越，但是沿着这一路线，向这一终极迈进的每一步都是一种超越。任何二歧化都可以作为一个例证，例如，自私与无私，或是男性化与女性化，或是父母与子女、老师与学生，等等。所有这些都可以被超越，当相互排斥、对立、零和博弈性质的事物都已被超越，在这一意义上，我们已然上升到更高的角度，并由此看到这些相互排斥、对立事物之间的差异可以协调一致，结合成一个整体，变得更实在、更真实、更符合现实。

20. 超越存在领域中的缺失领域。（当然，这与其他各种超越都有重叠。事实上，每种超越之间都有重叠。）

21. 超越自己的愿望（赞赏这样的精神，“实现你的愿望，而不是我的”）。屈服于自己的命运或定数，并与之融合，像斯宾诺莎或道家所说的那样热爱它，深情拥抱自己的命运。这是将自身提升到个人愿望之上，承担责任，采取措施，等等。

22. 超越一词也有“超出”的意思，仅仅在一个人比自己认为的做得更多，或者比曾经做到的做得更多的意味上，例如，只是比过去跑得更快，或是成为更好的舞蹈家或钢琴家，或是更好的木匠等。

23. 超越还意味着变得神圣或超凡，逾越了世人的水平。但是在这里你必须小心，这种说法中不包含任何超人类或超自然的事物。我想用“超常的人”或“存在的人”这样的词来强调。这种变得非常高深、神圣、超凡的能力是人性的一部分，尽管在现实中这并不常见，但它依旧是人性的一种潜能。

超越二歧化的民族主义、爱国主义、种族优越感，“他们”反对“我们”，或是我们—他们的情结，又或是阿德里的敌对—和睦情结。例如，皮亚杰所说的日内瓦小男孩，他无法想象自己既是日内瓦人又是瑞士人。他只能认为自己要么是日内瓦人，要么是瑞士人。为了达到更加包容、超越分歧、更加整合，需要更进一步的发展。我对于民族主义、爱国主义或是我自身文化的认同，并不会有损于我对整个人类或联合国层次上的更加包容、更为深邃的爱国主义的认同。事实上，这种超越分歧的爱国主义，当然不仅仅是更加包容，而且也是更健康、更富有人性的，优于那些被视为敌对的、排他的狭隘的地方主义。那就是说，我能成为一个好的美国人，并且我必然是个美国人（那是伴随我成长的文化，是我无法摆脱也不想摆脱的，也是有助于我成为一个世界公民的）。强调世界公民没有根基，不从属于任何地方，完全或仅仅是世界主义者，并不比那些有根基的世界公民好，那些人生长于一个家族，从属于一个地方，有其独特的语言、独特的文化，因此能产生一种归属感，并在此之上建立起高级需求并达到超级需求的水平。成为人类中完满的一员，并不意味着否定其较低层次的从属，而是包含了他们所在不同层次的整合，例如，文化的多元性，欣赏的差异性，对不同餐厅、不同食物的不同喜好，热爱到其他国家旅游，享受从对不同文化的民族研究中获得的乐趣，等等。

24. 超越同样意味着生活在存在领域，使用存在语言，拥有存在性认知和平稳生活。它既意味着安详宁静的存在性认知，又意味着顶级的高峰体验型的存在性认知。在经历了彻悟或巨大的转变，或极端的高峰体验，或重大的启示，或伟大的完全醒悟之后，一个人在一切新奇的事物消失后可以安静下来，当他完全适应了美好的事物，甚至是伟大的事物之后，他偶然能感觉置身天堂，安享永恒与无限。当度过了震惊与讶异之后，就会在柏拉图式的本质中或是存在价值中开始平静和安详的生活。这里所用的措辞是与顶级的或情感强烈的伟大彻悟和存在性认知对照而言的，也可以说是平稳认知。高峰体验是短暂的，实际上就我所能理解的范围而言是短暂的。但是，会留下一种启示或是一种洞察力。有过这样体验的人已然不能像其从前那样天真、单纯或无知。他无法做到“视而不见”。他无法变得盲目。但是必然要有一种语言用以描述这种转变、启示，或是在伊甸园中的生活。这样觉醒的人通常会以一种统一的方式或存在性认知的方式获益，就如同日常事务一样——当然，这取决于他何时愿意这样去做。这种平静的存在性认知或是平稳认知是可以在他自己的掌控之中的，可以依据他自己的意愿随意开关。

（短暂）获得完满的人性，或是终结，或是要达到的目标本身，就是一种超越。

25. 在超越不介入、中立的、不关心、旁观式的客观性时，达到道家的（存在水平的）客观性。

26. 超越——事实与价值之间的分裂。事实与价值的融合，合二为一（参看第八章）。

27. 超越消极事物（包括邪恶、痛苦、死亡，等等，也包括更为消极的事物），这可以在高峰体验的报告中见到。在高峰体验中，世界被视为是美好的，这时的人可以与他所感知的邪恶和解，但这也是对压抑、阻碍、否认、排斥的一种超越。

28. 超越空间。在最简单的意义上说，就是过于关注于某一事物，以至于忘记了身在何处。但是这种超越也能上升到最高的意义上，就是一个人与整个人类融为一体，因此，地球另一端的同胞们也成为他身体的一部分，从这一意义上说，他既身在此地，也身在地球的另一端。对于存在价值的投射作用也是如此，因为它们无处不在，它们是自我的最典型特征，而一个人的自我也是无处不在的。

29. 和以上几项有重叠的是对努力和奋斗、对渴望与希望、对任何定向特征和意向特征的超越。从最简单的意义上来说，这当然是对满足状态、对希望的实现与达成、对身在其中而不是努力争取、对已然达到而不是尚在路途的纯粹享受。这也有“处于幸运中”的意思，或是加勒特太太所用的说法：“极为无忧无虑。”这是任由事物发生而不是促使事物发生的道家的感觉，这是一种完美的快乐感觉，是接受这种不奋斗、不期望、不干涉、不控制、无欲无求的道家状态。这是对野心、对功利心的超越。这是拥有的状态而不是没有的状态，于是自然一无所缺。这意味着人们能够转变为幸福、满足、知足常乐的状态，纯粹的欣赏，纯粹的感恩。幸运的状态与感觉，恩惠之心，不求回报的恩惠之心。

达到最终的状态意味着超越了各种感官的感知方式。但是，对此必须非常小心谨慎地阐述清楚。

30. 对于研究目的和治疗目的而言，特别值得关注的是挑选出特殊类型的超越，超越恐惧，达到毫无恐惧或充满勇气的状态（这两者并非完全相同）。

31. 对于巴克的宇宙意识理论也有助益。这是一种特殊的现象学状态，人能够以某种方式感知整个宇宙，或至少是宇宙的统一和整合，感知宇宙中一切事物，包括人的自我。于是他觉得他似乎有权属于这个宇宙。他成为这个大家庭的一员而不是一个孤儿，他身在其中而不是从外向内观看。他既感觉自己十分渺小，因为宇宙广袤无垠，同时又感觉到自己存在的重要性，因为他绝对有权利在这里拥有一席之地。他是这宇宙的一部分，而不是一个陌生人或入侵者。在这里，他能感觉到非常强烈的归属感，而不是放逐感、隔离感、孤独感，不是受到排斥、没有任何根基、无家可归。在拥有这样的感知之后，显然他能感觉到一种永恒的从属感，拥有一席之地，拥有存在于此的权利，等等。（我曾用高峰体验中的存在性认知的宇宙意识类型与其他类型进行比较，也就是说，那些来自缩小意识，受到某人、某事，或某一正在发生的事物的强烈吸引导致全神贯注、完全入迷，以至于这样的事物能以某种方式替代整个世界、整个宇宙。我称之为高峰体验和存在性认知的缩小。）

32. 也许还应该对存在价值的认同及其内射心理机制的特殊意

义上的超越，进行特别的、与上述不同的说明，这一状态主要受到这些存在价值的激励。

33. 人还可以在一种非常特殊的意义上超越个体的差异。对于个体差异的最高妙态度是认识它们、接受它们，进而欣赏它们，最终将它们作为宇宙智慧的美妙创造而满怀感激——认识到它们的价值，惊叹于个体间的差异。这确实是一种更高质量的态度，因此我认为这是一种超越。但是，与这种对个体差异的最终感激之情不同，另一种态度是超越于这种差异之上，认同所有人类的终极人性和人种属性，并认识到其基本共性和共同归属感，在这一意义上，人与人之间都是兄弟姐妹，于是个体间差异，甚至是性别差异也可以通过一种特殊的方式被超越。也就是说，有的时候个体之间的差异是显而易见的；而另一些时候就普遍人性和人类之间的共性而言，个体差异可以忽略不计。

34. 一种具有理论研究价值的特殊超越是超越人类的极限，人类的不完美性、缺陷性和局限性。无论这种超越是来自完美的极端体验还是完美的平稳体验，这时，人可以是目标本身、是“神”、是一种完美、是一种本质、是（而不是成为）庄严而神圣的。这可以表述为普通的超越、日常的人性或超越的人性或此类的说法。这是一种实际的现象学状态，它可以是一种认知，也可以是一种哲学或理想的设想的限度——例如，柏拉图式的本质或理念。在这种极端的时刻，或是某种程度的平稳认知时刻，人可以变得完美，或是可以被看作是完美的，例如，在那一时刻，我可以热爱一切，接受一切，原谅一切，甚至是与伤害我的邪恶和解。我可以理解并欣赏事物存在的方式。我甚至能主观地体会到一些只有神才有的感受，即无所不知、无所不能、无处不在（某种意义上，在这样的时刻，人可以成为神、贤者、圣者、神秘主义者）。强调人性的某一部分，即使是最好的一部分，可用的最好词语也是超越的人性。

35. 超越个体自身的信条、价值体系或信仰体系。这是值得另文讨论的问题，因为心理学存在的特殊状况，认为三种力量之间多是相互排斥的。当然，这种看法是错误的。人本主义心理学更有包容性而不是排斥性。它是后弗洛伊德的后实证主义的科学。与其说这两种观点是错误的或不正确的，不如说它们是有局限性和片面性的。它们的本质非常适合广泛和包容的结构。当然，将它们整合到这种更广泛、更具包容性的结构中，肯定会在某些方面改变它们，纠正它们，指出它们的某些错误，但是会吸纳它们最本质的、即使是有局限性的特征。在知识分子中存在着一种敌对—和睦的复杂情绪，那些对于弗洛伊德和克拉克·赫尔、伽利略、爱因斯坦，或达尔文的忠实与尊敬，会成为一种局限的排他性的爱国主义，这样的人会集结成某种形式的俱乐部或某种团体，接纳一些人，排斥另一些人。这是包容性，或层次性整合，或整体论的特殊情况，但是特别值得强调的是，这对于心理学家、哲学家、科学家是有益的，因为在科学领域仍然有划分所谓“思想流派”的倾向。这也就是说一个人可以对某一思想流派持有二歧化的或整合的观点。

做一个简要说明。超越是指最高层次的最具包容性的或整体水平的人类意识，作为目的而不是手段，与自己、与关系密切的他人、与所有人类、与其他物种、与自然、与宇宙发生关联。（整体性在分层次整合的意义上是假定的，认知和价值的同构性也是如此。）

第二十二章

Z理论

最近，我发现越来越有必要区分两种（最好称为两种程度的）自我实现者，一种人显然很健康，但是很少或没有超越性体验，另一种人的超越性体验对他们来说很重要，甚至具有核心性意义。对于第一种健康的人，我可以以埃莉诺·罗斯福夫人为例，或许还有杜鲁门和艾森豪威尔。对于第二种人，我可以列举奥尔德斯·赫胥黎，或许还有施韦策、布伯和爱因斯坦。

不幸的是，在这一水平上，我没有清晰的理论。我发现不仅是自我实现的人可以超越，那些不健康的、非自我实现的人也会有很明显的超越体验。我似乎发现，一些非自我超越者也会出现某种程度的（我在上文中所定义的）超越。也许在我们发展出更好的方法和更好的概念体系后，这样的超越能得到更广泛的发现。毕竟，我在这里所讲述的是我在最初步的探索中获得的印象。总之，我的初步印象是，超越的认识不仅存在于自我实现的人中，也存在于极富创造力或才华横溢的人中，存在于高智商的人、非常坚强的人、有权威并有责任感的领导者或管理者、极为善良（德行出众）的人和那些能够克服逆境变得更为坚强而不是软弱的“英雄”式的人物中。

从某种未知的程度上说，后者（有超越性体验的自我实现者）是我所说的“高峰人物”而不是“非高峰人物”，是说“是”的人而不是说“不”的人，是积极生活的人而不是消极生活的人（在赖希所说的意义上），是渴望生活的人而不是厌烦生活的人。

前者（缺乏超越性体验的健康的自我实现者）是实质上更实际、更现实、更平凡、更能干、更世俗的人，更多地生活在当下的世界中，即我简称的缺失的领域、缺失的需求和缺失的认知的世界。在这种世界观中，对待人和事物的本质方式是实际的、具体的、当下的、务实的，作为缺失需求的提供者或阻碍者来对待，即是有用的或是无用的，有帮助的或是有危害的，对个人是重要的或是不重要的。

“有用”在本文中既有“对生存有用”的意思，又有“有助于向自我实现方向成长并从基本的缺失需求中获得解放”的意思。更具体地说，这意味着一种生活方式和一种世界观，不仅仅是依据基本需求的层次（为单纯的肉体的生存、为安全和保障、为归属感、为友情和爱情、为尊重和尊严、为自尊和价值感）而产生，也是依据个人的现实情况、特殊潜力的需求（即同一性、真实的自我、个体特征、独特性、自我实现）而产生。也就是说，不仅仅是个人的人类共性的满足，而且也是个人特殊潜能的实现。这样的人生活在这个世界上，逐渐地实现着这一切。他们善于把握、善于引导、善于利用，以达到良好的目的，（健康的）政治家或务实的人的所作所为正是如此。换言之，这些人往往是“实干家”而不是冥想家和观望者，他们高效并务实，而不是着眼于审美，重视现实的检验和认知，而不是情感和体验。

另一种类型（超越者？）可以说能够更经常地意识到存在领域（存在领域和存在认知），生活在存在水平上，即目的水平，内在价值的水平；拥有更明显的超越性动机；经常会有或多或少的统一意识和“平稳体验”；拥有或曾经拥有高峰体验（神秘的、神圣的、欣喜若狂的），并伴随着能改变他们对世界和对自身看法的启示或洞察力或认知，这也许是偶然发生的，也许是司空见惯的。

总体而言，可以公正地说“仅仅是健康的”自我实现者是可以实现麦格雷戈Y理论的期望。但是对于超越型自我实现者而言，我们必须说，他们不仅实现了Y理论，而且已然超越或是超过了Y理论。他们生活在一种我们为了方便起见称之为Z理论的水平上，因为它与X理论和Y理论处于一个连续的系统中，并共同形成一个层次。

显而易见，我们在这里讨论的是特别复杂的问题，事实上是关于一般生活哲学的问题。延伸或扩展对这一问题的讨论需要更多章节或更多论著。

但是，我想我们可以在表1的帮助下开始简要了解一下。以基思·戴维斯制作的简便的汇总表为基础，我做了一定的扩展。很难说这是简单易懂的内容，但是，我确信那些真正对此好奇或感兴趣

表1[①]　组织管理水平与其他层次变量间的关系

	专制型	**保守型（维持型）**	**激励型（动机型）**	**合作型 家庭般的、同事般的**	***Z理论的组织管理；组织管理的超越***
取决于：	权力	经济资源	领导艺术	互助、敬业	*对存在和存在价值的无私奉献*
管理导向：	权威	物质奖励	鼓励	整体化	*假设所有人都能无私奉献，无论是发起者还是跟随者*
员工导向：	服从	安全	绩效	职责	*赞美，热爱，接受实际优势*
员工心理：	依赖个人	依赖组织	参与	自律	*奉献，自我牺牲*
员工需求的满足：	生存保障	生活费用	高级	自我实现	*超越性需求，存在价值*
精神面貌：	顺从	满足	有积极性	献身于工作和团队	*献身于存在价值*
与其他思想理论的关系					
麦格雷戈的理论：	X理论		Y理论		*Z理论*
马斯洛的需要优先模式：	生理需求	安全与保障	中级	高级	*超越性需求，存在价值*
赫茨伯格的因素：	维持生活	维持生活	动机性	动机性	
W·H·怀特命题：		组织管理者			
布莱克和莫尔顿的管理网格：	9.1	3.5	6.6	8.8	
动机环境：	外在的	外在的	内在的	内在的	*融合的*
动机风格：	消极的	在工作中大多是中立的	积极的	积极的	

① 作者以基思·戴维斯的表格为基础〔《工作中人与人之间的关系》（第三版，1967）〕，斜体字是作者添加的内容。

	专制型	保守型（维持型）	激励型（动机型）	合作型 家庭般的、同事般的	*Z理论的组织管理；组织管理的超越*
管理风格：	专制的	中立的	参与的		*第一位的，卓越的；非个人的，超越个人的，包括自愿放弃权利*
个人发展的模式水平：	所有者	老板，父亲，家长	不成熟的平等	健康的，成熟的	*超越的；超越个人的存在水平；超越个人*
人的形象：	被利用的事物，可以替换的，非个体性；所有者	宠物，孩童，玩偶，或仁慈的独裁者	共同利益和共同需求得以满足的伙伴关系；缺失的爱	每个人都是一样的；强烈的认同感；独立个体之间的联合；真正的自我；自我实现	*贤人，圣人，政治家，自由主义者；神秘主义者，菩萨，公义，存在的人，祭司般的奉献和非人性化的，赫拉克利特式的*
客观性：	不相容的，拥有的，不认同的，客观的拥有，客观的旁观者			客观的存在的爱的融合	*道家的客观性，超越的客观性，不干预的客观性，爱的客观性*
政治策略：	奴隶，所有物	家长制的	为了共同的利益而联合	议员制的；每个人都相同；完全的自主权	*存在的政治策略；无政府主义；存在的谦卑；分权化，非人性化，超越人性化*
宗教性：	恐惧与愤怒之神	父权之神	爱与仁慈	人本主义	*超人本主义（以宇宙为中心，而不是以人类为中心）*
男性与女性：	占有者，剥削	责任和情感的占有者	爱与仁慈；彼此需求的满足	彼此尊重；平等；存在的爱；完全的自主权	*存在的爱；融合；轻松自如的状态*

	专制型	保守型（维持型）	激励型（动机型）	合作型 家庭般的、同事般的	*Z理论的组织管理；组织管理的超越*
经济：	维持生存；实利主义；满足最低需求的经济活动	仁慈的占有者；贵族式的恩惠	民主的，伙伴式的；较高需求的经济活动	伦理经济学，道德经济学；统计报告制度中的社会指标	*无政府主义，分权制，存在价值是最高价值；精神经济学；超越性需求经济学；超个人经济学*
科学水平：	物化的科学	低于人类的科学	←—— 人本主义科学 ——→		*超人类的科学，以宇宙为中心的科学和超个人的科学*
价值水平：	脱离价值	低于人类的“价值”	←—— 人本主义价值 ——→		*超人类的价值，存在价值，宇宙价值*
方法：	原子论的—二歧化的—还原的—分析		分层次的整体论；协同作用；整合的		
畏惧与勇气：	畏惧 ←——→		勇气 ——→		*勇气和畏惧的超越；勇气与畏惧*
人性的程度：	削弱的人性；不健全的 ——→			完满的人性	*超越人类的一切限制；超越个人的*
矢量方向：	倒退 ←——→		形成—进步—成长—存在		
优越性：	←——→		优越程度的增长 ——→		
心理健康：	完满人性 ——→		健康与人性程度的增长 ——→		
教育：	培训	主导性教育，外在教育	共同的教育	内在教育，即兴教育；充满信心地面对未知的情况	*超越人类限制的教育，个性化教育，道家的教育；赫拉克利特式的人；“不是我的愿望而是你的”；奉献；拥抱你的命运；责任；义务*

	专制型	保守型（维持型）	激励型（动机型）	合作型 家庭般的、同事般的	Z理论的组织管理；组织管理的超越
治疗师与治疗水平；帮助水平：	机械师，外科医师	兽医；家长式的权威（畏惧与信任）；发号施令	仁慈而全能的慈父（受人爱戴并充满仁爱，关爱他人，同时也高深莫测）；像一面镜子	存在主义的；“我”与“你”；同事般的，兄长式的；发现同一性，发现命运，发现价值	*道家的指引；咨询顾问；上师，圣贤；存在价值的分享；菩萨；公义；悲与爱的同情心*
性：	肮脏的，邪恶的，单方面的，短暂的；糟蹋地利用（另一个人）	“本能的”，世俗化的	因爱而性；狂喜，欢乐	圣洁的；通往天堂的途径；密宗的	*天堂的存在状态；超越性欲的*
沟通风格或水平：	命令式的	命令式的		相互关系	*存在的语言*
怨言的水平：	低	中等		高	*超级怨言*
报酬；工资；奖励：	物资和财产	现在和未来的安全保障	友谊，情感，团队归属感	尊严，地位，荣耀，赞誉，光荣，自由，自我实现	*存在价值；正义；美，善，卓越，完美，真实，等等；高峰体验，高原体验*

的人，能够或多或少理解我要表述的内容。

最后需要关注的一个问题是：我们要注意到，在这种不同水平层次的排序中，留下了一个复杂的、仍未得到解决的问题，就是以下的进程或层次重叠和相关的程度：

1. 需要的层次性（要么是埃里克森式的按年龄顺序进展中的危机，要么是保持年龄不变的情况）。

2. 基本需求满足的进程，从婴儿期、儿童期、少年期、成人期到老年期，在各个时期都是一样的。

3. 生物系统进化。

4. 从疾病状态（萎缩、发育迟缓）到健康和完满的人性。

5. 从生活在不良环境中到生活在良好环境中。

6. 从本质上或一般来说的“不良样本”（在生物学家的意义上）到成为动物饲养员所说的“优良样本”。

当然，所用这些复杂问题让“心理健康”这一概念比在一般情况下显得更没有实际意义，这迫使我们使用“完满人性”这一概念加以替代，这一概念适用于所有变化的情况而没有任何障碍。反过来，我们也能用“人性发育不全或萎缩”这一概念来替代不成熟、不幸、病态、出生缺陷、弱势，等等。“人性萎缩”涵盖了所有这些意思。

超越者和仅仅健康者之间（在程度上）的区别

非超越的或超越的自我实现者（或Z理论和Y理论的人）都拥

有自我实现所描述的全部特征，唯一的例外是高峰体验的存在与否，或者更应该说是高峰体验和存在认知以及阿斯拉尼所说的高原体验（宁静和沉思的存在认知而不是高潮的存在认知）存在的多少或重要程度的差异。

但是让我印象深刻的是，与超越者相比，非超越的自我实现者不具备或很少具备以下特征：

1. 对超越者而言，高峰体验和高原体验是他们生活中最重要的事件，是生命的制高点和验证器，是生活中最重要的一方面。

2. 他们（超越者）轻松地交谈，通常会自如地、无意识地运用存在的语言，这是在永恒的观念下，生活在柏拉图思想水平或斯宾诺莎水平上的人，诗人、神秘主义者、先知、笃信宗教的人使用的语言。因此，他们应该能够更好地理解比喻、修辞、悖论、音乐、艺术、非语言性的交流，等等（这是一个易于检验的命题）。

3. 他们用统一的或神圣的（即在凡俗中的神圣）方式感知，或者说他们既把事物看作日常缺失水平上的实际事物，但同时又能在所有这些事物中看到它们神圣的一面。他们可以随意地将任何事物神圣化，即从永恒的角度感知它们。这一能力是附加在缺失领域中良好的现实测试之上的，而不是与之相排斥的（禅宗思想中的“无分别”概念能对其进行很好的阐释）。

4. 他们更为自觉地、有意识地受到超越性动机的支配。也就是说，存在的价值或是存在本身既被看作事实，又被看作价值。例如，完美、真、善、美、团结、二歧化的超越、存在的乐趣等是他们主要的或是最重要的动机。

5. 他们似乎能以某种方式认出彼此，即使是在初次见面时，他们也能马上感到亲密，并能够相互理解。接下来，他们不但能以所有的语言方式进行交流，也能以非语言方式进行交流。

6. 他们对美更敏感。这可能会成为一种将一切事物美化的倾向，包括美化所有的存在价值，或是比别人更容易看到美，或是比其他人更容易产生审美反应，认为美更为重要，或是在常规或传统意义上不认为能从美的事物中看到美好（这点看起来有些混淆，但这是此时我所能做的最好的说明了）。

7. 他们比那些“健康的”或实际的自我实现者（从同一意义上说也同样具有整体性的观点）对世界的看法更具有整体性。人类是一个整体，宇宙是一个整体，像“国家利益”“父辈的信仰”或“不同等级的人或智商”这样的概念都不复存在或极易被超越。如果我们接受最终的政治需求（也是现今最紧迫的需求），认为人人皆兄弟，认为国家政权（有决定战争的权利）是一种愚蠢和不成熟的形式，那么超越者会更容易、更本能、更自然地产生这样的想法。用我们“正常的”愚蠢或不成熟的方式思考，对超越者而言，即使是可以做到的，也是很艰难的事情。

8. 重叠在这种整体感知状态之上的是自我实现者自然协同倾向的增强——心灵内部、人与人之间、文化之间、国家之间的协同。由于篇幅问题，此处不便于对此问题进行详细阐述。一个简短的（或许不是很有意义的）说明是：协同超越了自私与无私之间的二歧化，并将它们涵盖在一个更高级的概念之中。这是一种对竞争的超越，对零和博弈中输赢的制胜秘诀的超越。对此感兴趣的读者，可参阅既往的相关论著。

9. 当然还有对自我意识、自我同一性的更多、更简单的超越。

10. 和所有那些最优秀的自我实现者一样，这样的人不但是可爱的，也是更令人敬畏的，更“超凡脱俗”的，更神圣的，从中世纪的理念上说是更“圣洁”的，更受尊重的，过去的观念则认为他们是更“可怕”的。他们经常会让我产生这样的想法，“这是个伟大的人。”

11. 作为所有这些特点的一个后果是，超越者更容易成为创新者，新事物的发现者，而与之相比，健康的自我实现者更倾向去做在“现实世界中”必须要做的非常好的事情。超越的体验和启示能使人更清晰地看到存在价值、理想、完美、什么是应该做的事情、什么是实际能做到的事情、要达成目的需要存在什么样的潜能。

12. 我有一个模糊印象，超越者不如健康者“快乐”。与快乐和健康者相比，超越者可能更入迷、更狂喜，能体验到更高层次的“快乐”（一个程度很弱的词）。但是，有时我也有这样的感觉，他们会倾向于，或是更为倾向于成为受到宇宙的悲哀或存在的悲哀侵袭的愚蠢的人，他们的自我挫败、他们的盲目、他们对彼此的残忍、他们的目光短浅都让人忧心忡忡。也许这是来自现实与理想世界的强烈对比，超越者可以轻松和生动地看到这样的理想世界，在理论上这也是很容易实现的。也许这是超越者能直接看到世界的美、人类本性中圣洁的可能性、过多的不必要的人类的邪恶、看似明显需要一个美好世界的必要性，所必须付出的代价。例如，一个世界性的政府，协同的社会制度，教育的目的是人类的美德，而不是更高的IQ，或在某些原子理论工作上更为专业，等等。任何超越者都可以坐下来，在五分钟之内写出一个实现和平、友谊和幸福的方案，而且这个方案是切实可行、绝对可以实现的。但是，当他看到所有这一切都没有能够实现，或是在某些地方的实现过程过慢，在达成之前毁灭已先期而至，那么他的悲伤、愤怒、焦躁不安就不足为奇了。但同时，从长远的角度上看他们还是充满“乐观主义精神”的。

13. 无论何时，自我实现者与一般人相比都更为优越，而其中超越者比仅仅是健康的自我实现者能更好地解决（至少是能更好地控制）任何自我实现理论中固有的“精英理论”的深层次冲突。他们之所以能做到这点，是因为他们能更从容地同时生活在缺失领域和存在领域之中，能更轻易地让每一个人神圣化。这意味着，他们能够更轻易地调和两方面的矛盾，一方面是在缺失的世界中对某种形式的现实检验、比较、精英理论的绝对需求（就一项工作而言，你必须选择那个技艺娴熟的木匠，而不是技艺生疏的；你必须在罪犯和警察、患者和医生、诚实者和说谎者、聪明人和愚者之间做出某种区分），另一方面是每个人都拥有无限的潜能、拥有无可比拟的神圣感。在一种非常重视经验和实际需求的意义上，卡尔·罗杰斯谈到“无条件的积极关注”是有效心理治疗的先决条件。我们的法律禁止“残酷和异常”的惩罚；也就是说，无论一个人犯了什么罪，他必须得到有尊严的待遇，而不能毫无底线地贬斥他。严肃的宗教有神论者说，“人人都是上帝的孩子”。

每一个超越者都能轻易地和直接地感知到每一个人、每一种生物，甚至是那些美丽的非生命体，在其现实存在中所蕴含的神圣，并几乎一时一刻都无法忘记。这种感知与其在缺失领域中极优越的现实检验相融合，使他可以成为神一般的惩罚者、比较者，甚至当他现实地认识到缺失世界中这些等级特质时，他也不会给予轻蔑，成为对软弱、愚蠢和不能胜任的剥削者。对于我所发现的这一悖论，一个对我有用的描述是：实际优越的超越性自我实现者往往会将实际卑下的人当作兄弟一样对待，把他当作家人，无论他做了什么，他必须得到关爱与照顾，因为他毕竟是家庭的一员。但是，他依旧能够扮演严厉的父亲或兄长的角色，而不仅仅是宽容一切的母亲或慈爱的父亲。这种惩罚与神一般的无限爱护是和谐一致的。从超越的观点来看，很容易看出即使是对僭越者本人来说，这时让他受到惩罚、受到挫折、对他说“不”，要比满足他、取悦他，对他更有益。

14. 让我印象深刻的是，超越者在知识的增长和神秘感、敬畏感的增长两者之间显示出高度的正相关——而不是更常见的负相关。无疑，对大多数人而言科学知识会减少神秘感，并由此减少畏惧感，因为对他们来说，神秘孕育着恐惧。一个人将对知识的追求作为减轻焦虑的方法。

但是对于特殊的高峰体验者和超越者，以及一般的自我实现者而言，神秘是具有吸引力和挑战性的，而不是令人生畏的。自我实现者在某种程度上易于对众所周知但可能是有用的知识感到厌烦。特别是那些高峰体验者，对他们来说，神秘感和敬畏感是一种奖赏，而不是一种惩罚。

无论如何，我发现在我访谈过的最有创造力的科学家中，他们知道得越多，就越容易沉浸在一种狂喜的状态中，这种状态由谦卑、自觉无知、渺小、对无垠宇宙的敬畏、一只蜂鸟引起的心灵震动或婴儿的神秘感等组成，所有这一切都是一种积极的主观感受，是一种奖赏。

因此伟大的超越者科学家是谦卑的、自觉“无知的”，也是快乐的。我认为我们所有人都可能有过这样的体验，特别是在孩提时代，然而超越者对此会有更频繁的、更深刻的体会，他们更加珍视这种体验，将其视为生命中的高潮。这种说法不但适用于科学家和神秘主义者，也适用于诗人、艺术家、企业家、政治家、母亲和很多其他类型的人。在任何情况下，我可以肯定地说这是一种认知理论，也是一种科学理论（是可以被验证的），在人类发展的最高水平上，知识与神秘、敬畏、谦卑、终极无知、崇敬的感觉，以及奉献感有正相关，而不是负相关。

15. 我认为超越者比其他自我实现者更不惧怕“疯子”和“怪人”，因此也更有可能善于选拔有创造力的人才（这样的人有时看起来像疯子或怪人）。我可以这样推测，自我实现者通常更重视创造性，因此能更有效地进行人才选拔（因而可以让最佳人选担任管理者、选择者或顾问），但是从理论上讲，要能够赏识威廉·布雷克这种类型的人才，还需要对超越有更深刻的体验和更高的重视程度。反过来说，情况也是如此：超越者也能更善于识别那些没有创造力的疯子和怪人，而我认为这样的人会更多一些。

我在这里所做的并不是经验性的报告，而是理论性的推论和易于验证的设想。

16. 从理论上讲，超越者应该更能够“与邪恶和解”，这是基于理解邪恶发生的必然性，以及在更宽泛的整体意义上的必要性，即“从上方”，在一种神一般的或奥林匹斯诸神般的意义上来说。由于这意味着对邪恶有更深刻的理解，更少的矛盾心理，并能对其进行更不屈不挠的战斗。这听起来似乎是矛盾的，但略一思考就会发现这种观点毫无自相矛盾之处。在这一水平上，更深入的理解意味着拥有更强硬的手腕（而不是较软弱的），更加果断，冲突、矛盾、遗憾的情绪更少，因此能更迅速、坚定、有效地采取行动。如有必要，我们能满怀同情之心击倒恶人。

17. 我预计在超越者中能够发现另一个悖论：即他们更倾向于将自己作为天赋的载体、超个人的工具，作为通常所说的更高的智慧、技能、领导力、效率的临时保管者。这意味着一种特定的客观性或是对他们自己的超脱，而对于非超越者而言，这听起来更像是傲慢、自大，甚或是偏执。我发现最能说明问题的例证是怀孕的母亲对她自己和她未出生的孩子的态度。什么是自我？什么不是？如此苛求、自我欣赏、傲慢，她有这样的权利吗？

我认为我们会因为如下判断而感到震惊，“我是完成他的工作的最佳人选，因此请将这项工作交给我。”那么另一方面，同样可能的判断是，“你是从事这项工作的最佳人选，因此你有责任接替我完成这项工作。”超越带来的是“超个人”的忘我状态。

18. 超越者在原则上（我没有相关数据）更易于拥有深刻的“宗教”或“精神”生活，无论从有神论或无神论的意义上说，都是如此。高峰体验和其他超越体验实际上也可以看作“宗教或精神的”体验，只要我们能重新定义这些名词，排除那些历史的、传统的、迷信的、制度化的附加含义。仅仅从传统的角度来看，这样的体验甚至被看作“反宗教的”，或是宗教的替代物，或是宗教的补充物，或作为“曾经所说的宗教或精神的新版本”。矛盾的是，一些无神论者比一些牧师更为“虔诚”，这是很容易验证的，因此具有操作意义。

19. 或许在两种不同的自我实现者之间存在着另一种量化差异——我还不能完全确定——我猜想超越者能更容易做到超越自我，超越自我意识，超越自我同一性，并做到超越自我实现。或许我们可以更明确地说，对于仅仅是健康的自我实现者的描述已然十分充分了，首先他们有强烈的自我同一性，他们知道他们自己是谁，他们要去往何方，他们想要的是什么，他们擅长的是什么，简言之，作为一个坚强的自我，依照自己真实的本性，正确运用并发挥自己的力量。当然，这些描述对于超越者而言是不充分的。他们是这样的人，但他们还远不止于此。

20. 我设想——这又是没有确切数据支持的想法——超越者，因为他们能够更易于感知存在领域，因此比更实际的自我实现者拥有更多的目的体验（对于本质的），拥有更多着迷的体验，就像我们看到孩子们会心醉神迷于水坑里的颜色、窗玻璃上滴下的雨滴、皮肤的光滑、毛虫的运动。

21. 理论上，超越者应该更具有道家的思想，而仅仅是健康的自我实现者则更为务实。存在认知让每件事物变得更奇妙、更完美，就像它们理应如此。因此，他们很少产生改造事物的冲动，因为它们本来就已经十分美好了，很少需要改进或打扰它们。那么，更多的冲动应该是单纯地看着它们，仔细观察它们，而不是对它们或用它们做些什么。

22. 有一个概念“超越矛盾心理”，它没有增加新的内容，却把所有以上整体结构丰富的弗洛伊德理论维系在一起，我认为这一概念更有利于表述全部自我实现者的特征，可能还更适用于一些超越者。这意味着全心全意、无冲突的爱、接受、表达，而不是被当作“爱”、友谊、性行为、权威或权利等，更为常见的是爱与恨的混合物。

23. 最后，我希望大家关注的问题是“报酬的水平”和“报酬的种类”，虽然就此而言，我还不能确定我所说的两类自我实现者之间是否有差异，如果有的话，又有多大的差异。但至关重要的是，除了金钱报酬之外，还有很多种类的报酬。随着生活日益富足和个性渐趋成熟，金钱报酬的重要性逐渐下降，而较高等级的报酬支付形式，乃至超级报酬形式变得越来越重要。而且，即使是在金钱报酬依然显得重要的地方，往往也不是因为金钱本身外在的和固有的特征，而是作为地位、成功、自尊的象征，用以赢得爱、赞美和尊敬。

这是一个易于研究的课题。一段时间以来，我一直在收集广告，这些广告试图吸引专业人士、中级或高级的行政管理人员，还有一些是为美国和平部队和美国服务志愿队寻求工作人员的广告，有时甚至是寻求技术含量较低的蓝领工人的广告。在这些广告中所列出的对申请者有吸引力的诱饵已不仅仅是金钱，还有更高需求的满足，甚至是超级需求的满足，例如，融洽的同事关系、良好的工作环境、对未来的保障、挑战性、成长性、实现理想、承担责任、拥有自由、某种重要的产品、对他人的同情心、有助于人类、有利于国家、有将个人想法付诸实践的机会、能令人自豪的公司或团体、完善的学校制度，甚至是惬意的垂钓场所和秀丽的可攀登的山峰等。更有甚者，美国和平部队用强调低工资、极为艰苦的工作、自我牺牲等作为吸引申请者的方法，力图说明一切都是为了帮助他人。

我认为更为健康的心理状态能让这些种类的报酬更有价值，特别是有足够的金钱和有稳定的收入时。当然，有大量的自我实现者已然将工作和乐趣融为一体，也就是说，他们热爱他们的工作。有人可能会说，对他们而言，他们可以从作为爱好的工作中得到报酬，从事工作能获得内在的满足感。

我能想到的这两类自我实现者之间的唯一不同之处，可能会在进一步的研究中得到证实，那就是：超越者可能会更为主动地寻求那种更易于获得高峰体验和存在认知的工作。

本文提到的一个理由，也是我所确信的，就是在设计优心态文化和美好社会时，理论上必须将领导权与特权、剥削、财产、奢华、地位、统治他人的权利等分割开来。我想见到的，能保护那些更有能力的领导者和管理者免受弱者、社会地位低下者、能力不足者、需要帮助者因无能产生的妒忌、积怨和仇富，也就是说，将前者从仇视和失败者的颠覆中拯救出来的唯一方法，就是支付给后者较少的而不是更多的金钱，取而代之的是支付给他们“高级报酬”，甚至是“超级报酬”。这种方法遵循了迄今为止在本文中和在其他著作中所阐述的原理，它可以使自我实现者和心理成熟度较低者双方都感到满意，这将终止愈演愈烈的相互排斥和敌对阶级或阶层的不断升级，而这是我们在历史长河中屡见不鲜的。要想让这种后马克思主义、后历史主义的可能性成为现实，我们所要做的就是不要支付太多的金钱报酬，即让高级报酬受到珍视，而不是低级报酬。同样，在此也必须消除金钱的象征性意义，即金钱不再象征成功、值得尊重或值得爱。

原则上这些变化是极易实现的，因为它们已然符合自我实现者在前意识或不完全意识中的价值生活。这一世界观是否是超越者的显著特征仍有待揭示。但是我认为答案是肯定的，主要的理由是，纵观历史，神秘主义者和超越者似乎都会自发地选择简朴的生活，而回避奢侈、特权、荣誉和财富。在我的印象中，“百姓们”大多因此爱戴并尊敬他们，而不是恐惧和憎恨他们。所以，这也许有助于理想世界的设计，让最有能力、最警醒、最理想主义的人被拥戴为领导者、导师，以及显然仁慈和无私的当权者。

24. 我禁不住还想表述一个仍然模糊的推测：可能我所说的超越者更倾向于是谢尔登式的外胚层体型者，而较少超越的自我实现者更常见于中胚层体型者（我提到这一点只是因为这是在理论上易于验证的）。

结束语

由于对于很多人来说这是难以置信的，我必须明确声明，我在商人、实业家、管理者、教育工作者、政界人士中发现的超越者的人数，与我在专业的“宗教人士”、诗人、知识分子、音乐家以及其他被认为是超越者和明确认定是超越者中的人数是大体相同的。我必须说每一种“专业”都有不同的习俗、不同的行话、不同的伪装外表和不同的着装风格。每一位执行者都将谈论超越，尽管他们连超越最细枝末节的特征都不知晓。大多数实业家都会小心谨慎的将他们的理想主义、他们的超越性动机和超越性体验掩藏在“坚忍不拔”“现实主义”“自私自利”的面具之下，并引用各种标识性语言表明自己是肤浅的和防御性的。他们更真实的超越性动机通常不是被压抑的，而仅是禁止谈论的，我有时会发现针锋相对和直接提问能轻易突破表面的保护层。

同样，我还必须小心谨慎，避免给人以任何假象，像研究对象的数量（我仅对三四十人进行了较为细致的访谈和观察，而对另外的一二百人仅是进行了一般性的谈话、翻阅资料和观察，但不够细致，也没有足够的深度），或是我的信息的可靠性（这些都是探索，或调查，或先期考察，而不是详细的最终研究，是初步接触而不是后期进行的常规验证科学），或我的样本的代表性（我选用我能得到的样本，但绝大多数集中在最好的抽样上，包括智力、创造力、性格、实力、成功等）。

同时，我必须坚持说这是经验性的探索和对我感知的问题的报告，不是出自我的梦幻。我发现，假如我愿意称之为前科学而不是科学（这个词更多意味着验证而不是发现），这将有助于消除我在随心所欲地探索、论断和假设时所产生的科学的不安。无论如何，本文中的每一个论断在原则上都是可以被验证、被证实或是被驳斥的。

第八篇

超越性动机

第二十三章

超越性动机原理：价值生活的生物学根源

一

自我实现的个体（更成熟、人性更为完满），顾名思义，他们的基本需求已然得到了适当的满足，现在受到其他更高级方式的激励，我们称之为“超越性动机”。[①]

显然，自我实现者的所有基本需求（包括归属感、情感、受尊重和自尊）都已然得到了满足。这就是说他们有一种归属感和根基感，他们对爱的需求感到满足，他们拥有朋友，感到被爱并值得去爱，在生活中他们有一定的地位，身处一定的环境之中，并能得到他人的尊重，他们有合理的价值感和自尊心。如果我们从反面来说——从基本需求无法得到满足和病理方面来说——那些自我实现

① 本章用黑体字所列出的二十八条论述，作为可验证的命题。

的人不会（无论时间长短）感到忧心忡忡、没有保障、没有安全感，不会觉得孤单、被排斥、无所寄托或被隔离，不会觉得不可爱、被拒绝或不被需要，不会觉得受轻视、被人瞧不起，不会觉得不匹配，也不会有严重的自卑感和毫无价值的感觉。

当然，也可以用另外一种方式进行表述。例如，既然基本需求被认为是人类唯一的动机，因此说自我实现者是“无动机的”有可能在某些情况下也是有助益的。即把这些人归入东方哲学的健康观之列，认为健康是超越奋斗、超越欲望和需求的（古罗马的斯多葛派也有类似的观点）。

我们也可以将追求自我实现者描述为一种表现，而不是应对，并强调他们是自发的、自然的，比其他人表现得更为从容自如。这一说法的另一个好处是符合对神经症的观点，神经症被认为是一种可以理解的应对机制，是一种合理的（虽然愚蠢而可怕）努力，用以满足更深层次、更内在、更生物学上的自我需求。

每一种说法在其特定的研究背景中都有其自身的实际效用。但是为了某些特定目的，最好能提出这样的问题：“追求自我实现者的动机是什么？自我实现中的心理动机是什么？促使他们行动和奋斗的动力是什么？究竟是什么驱动（或牵引）这样的人？是什么吸引着他？他希望得到的是什么？什么使他恼怒、专注或自我牺牲？他认为应该忠于什么、献身于什么？他珍视、追求、渴望的是什么？他愿意为何而死（或为何而生）？”

显然，我们必须立即对两种动机做出区分，一种是在自我实现水平以下的人的普通动机——受基本需求所激励的人的动机，另一种是他们的基本需求已然得到充分满足，因此主要的激励不再来自这些基本需求，而是来自“高级”动机。因此，我们最好将这些追求自我实现者的高级动机和需求简称为“超越性需求”，并在“超越性动机”的类别中区分出动机类别。

现在，对我而言更为明确的是，对基本需求的满足不是超越性动机的一个充分条件，尽管它可能是一个必要的先决条件。在我研究的个别案例中，表现出基本需求的满足和“存在精神官能症”、无意义状态、无价值状态等同时存在。现在看来，超越性动机并不会在基本需求得到满足后自动出现。此外我们还要谈到“防御超越性动机”这一额外可变因素。这意味着，从利于沟通和构建理论的战略角度来看，有必要对追求自我实现的人增加定义，即他不仅（1）没有疾病，（2）基本需求得到满足，（3）能够积极地运用他的能力，并且（4）忠诚于那些激励他的价值观，并为之努力奋斗，不断探索。

二

所有这样的人都献身于某些任务、号召、事业、热爱的工作（“在其自身之外的”）。

直接审视自我实现者，让我发现至少是在我们的文化中，他们都是有奉献精神的人，献身于某些“在其自身之外的”任务、事业、责任或热爱的工作。通常这样的献身精神和奉献精神非常显著，我们可以用“天职”“感召”“使命”这样的老式词汇恰当地描述他们对“工作”充满热情、无私、深厚的情感。我们甚至可以使用“命中注定”和“天意”这样的描述。有时我甚至会将其与宗教意义上的奉献相提并论，为了某些特定的任务，某些自身之外的原因，某些大于自身的、完全无私的、非个人的事业，将自己奉献在祭坛之上。

我觉得可以在“命运”和“天意”这样的概念上做进一步阐释。这是当你听到追求自我实现者（或某些其他人）在谈论他们的工作或任务时，用一种不恰当的词语来描绘当时感受的方法。你会觉得这是一件奉献爱心的工作，并且，从事这项工作是他的“天性”，他完全胜任这项工作，这项工作也完全适合他，甚至他正是为此而生的。你会很自然地感觉到这是一种预先建立起来的和谐模式，或者有些人会说这种良好匹配就如同完美的爱情和友谊一样，人们互相属于彼此，又为彼此着想。在最完美的情况下，一个人和他的工作结合在一起，就像一套钥匙和锁一样完美地合成一个整体，又或是歌唱的曲调与钢琴键盘演奏出的特定音符产生的和谐共鸣。

可以说，以上这些对于女性被试也同样适用，即使是从不同的意义上来说。我至少有一位女性被试将自己完全奉献给作为母亲、妻子、家庭主妇和女性家长的职责。可以合情合理地说，她的天职就是养育她的孩子，让她的丈夫生活快乐，维系着大量亲戚之间的良好人际关系。在这方面她做得非常好，而且据我所知，她是乐在其中的。她全心全意地热爱着她的命运，从未渴望过能想到的任何其他事情，并在此过程中竭尽全力。另外一些女性被试会对家庭生活和职业工作做出各种形式的结合，给人以同时奉献于某些事物的感觉，这些事物既可爱又重要，而且是值得去付出的。有些女性，使我不禁认为，她们会把“有个孩子”这件事本身当作最完满的自我实现，至少在一段时间内是如此。然而，在谈到女性中的自我实现时，我会觉得有些缺乏信心。

三

在理想状态下，内在需求与外在需求是一致的，“我想要”与“我必须”是一致的。

在这种情况下，我感到我是可以将相互影响的（合成、融合或存在化学反应的）两种决定因素区分开的。这种相互作用是在一种二元性基础上创造出来的统一体，决定因素的两方面可以并且有时也确实会在单方面发生变化。其中一方面可以说是个人的内在反应，例如，“在这个世界上我最爱孩子（绘画、研究工作或政治权利）。我为它着迷……我无法抗拒地被吸引……我必须……”我们可以称其为“内在需求”，它给人的感觉是一种自我沉醉而不是一份责任。它与“外在需求”不同，并相互分离。“外在需求”给人的感觉是环境、形势、问题、外部世界加诸个人的要求或需求，而使个人产生的反应。例如，一场大火“需要”被扑灭，或是一个无助的婴儿需要有人照看，又或是一些显然有失公正的事件需要得到纠正。此时的人更多感受到的是职责，或是义务，或是责任所在，是无可奈何之下被迫做出的反应，与其之前的计划和愿望无关。

这里有更多的“我必须”“我不得不”“我被迫”，而不是“我想要”。

在理想状况下，“我想要”与“我必须”是一致的，幸运的是我实际上遇到过很多这样的情况。这时内在与外在需求匹配良好。观察者会为他所见到的强迫性、不可抗拒性、命中注定、必然性和和谐程度等感到震惊。此外，观察者（以及所涉及的人）感受到的不仅仅是“不得不如此”，也能感受到“理应如此，这样是对的，是适合的，是恰当的，是正确的。”我经常会感觉到这种结合在一起的“二合一”的模式有格式塔的性质。

能否简单地称其为“目的性”，这让我犹豫不决，因为那可能意味着它的发生仅仅是由于意愿、目的、决定或筹谋，而忽视了那种席卷而来的渴望向命运妥协，向命运屈服，同时又幸福地拥抱命运的强烈主观感受。最理想的情况是，人也可以发现自己的命运；它不仅仅是被安排的、构建的或决定的。它被认为是一个人在不知不觉中所等待的。也许更好的说法是“斯宾诺莎式的”或“道家式的”选择，决定或目的——甚或是意愿。

与那些不能够直观、直接理解这些的人交流的最好方式就是以“坠入爱河”这一模式为例。这显然有别于忠于某人的职责，或按照理智和逻辑做事。至于说到“意愿”，如果提到的话，也只能用于非常特殊的意义上。当两个人全心全意地彼此相爱时，他们双方都会知道什么是吸引他人的感觉，什么是被他人所吸引的感觉，以及同时拥有这两种感觉的美妙感受。

四

这种理想状态能产生幸运感，也会产生矛盾心理和无价值感。

这种模式也有助于传达那些难以用语言表达的感受，也就是说，他们的幸运感、侥幸感、油然而生的感恩之心、对于这一奇迹发生的敬畏感、对于他们能被选中的惊喜感、一种骄傲与谦卑混合的奇特情感、对不幸者的同情大于傲慢，这是在相爱的人中常能发现的。

当然，幸运和成功的可能也会引发各种神经性恐惧感、无价值感、反价值感、乔纳综合征的发作，等等。在全心全意拥抱最高价值之前，我们必须克服这些针对我们的最大可能性的防御机制。

五

在这一水平上，工作和娱乐的二歧化已经被超越；我们必须对报酬、爱好、休假等放在一个更高水平上加以说明。

当然，我们可以在真正意义上谈论这样的人，他就是他自己这种类型的人，或者说这就是他的本性，也可以说他在实现真实的自我。用一种抽象的表达方式，由最初的观察到最终的完美理想的推论是这样的：这个人是全世界最适合这项工作的人，而且这项工作是全世界最适合这个人的工作，与他的才干、能力和品位最为相配。他为它而生，它为他而存在。

当然，当我们接受了这一观点并对它有所感悟后，那么我们就可以进入另一个讨论范畴了，即存在领域、超越领域。现在我们只能用存在的语言（在神秘水平上的交流）进行有意义的沟通。例如，很显而易见的是，对于这样的人来说，在工作和娱乐之间那种常见的或是传统意义上的二歧化已经被完全超越。也就是说，这样的人在这样的状态下，工作和娱乐对他而言已毫无差别。他的工作就是他的娱乐，他的娱乐也就是他的工作。如果一个人热爱他的工作并以此为乐，他的工作带给他的愉悦感能胜过这个世界上任何其他活动，他热切地渴望工作，任何原因导致的工作中断都使他迫切想要回到工作当中去，那么，在此意义上我们怎么能说是在迫使某人做违反他意愿的事情，并称之为“劳动”呢？

例如，此时再谈论“休假”一词又有何意义呢？我们经常可以观察到，这样的人在他们休假时，也就是说，在他们可以自由选择他们想做的事情，又不必为任何人承担任何外在责任时，他们会全身心地、幸福地投身于他们的“工作”中。再如，此时所说的“获得欢乐”“寻找乐趣”又是什么意思呢？在这样的时候“娱乐”一词又作何解释呢？这样的人是如何“休息”的呢？他们的“职责”“责任”“义务”是什么？他们的“业余爱好”又是什么呢？

此时，金钱、报酬、薪水又意味着什么呢？显然，作为从事他所热爱之事的回报，最美好的命运、最奇妙的好运可能降临在任何人的身上。我的许多（大多数？）研究对象正是如此。当然，金钱是受欢迎的，一定数量的金钱是必要的。但是，这肯定不是最终的需求，不是目的，不是终极的目标（对于生活在富裕社会中的幸运者而言）。对于这样的人而言，薪金支票只是他所获得的“报酬”的一小部分而已。自我实现的工作或是存在的工作（存在水平上的工作），由于其本身存在的内在奖励，已将金钱或薪水转变为工作的一种副产物，一种附加现象。当然，这与大多数人的境况不同，多数人从事自己不愿意干的工作以赚取金钱，再用金钱获取他们真正想得到的东西。金钱在存在领域中的作用与在缺失领域和基本需求领域中的作用迥然不同。

如果我指出，这些问题已然在猴子和人猿中进行了一定程度的研究，这将有助于阐明我的观点，这些是科学问题，可以用科学的方法进行研究。当然，最明显的例子是对于猴子好奇心的大量研究文献，以及关于人类对获得真理的渴望和满足感的其他先驱研究。但是在理论上同样容易探究的是猴子、人猿或其他动物的审美选择，无论是否是在恐惧的状态下，研究对象是否健康，选择的条件是好是坏。对于其他存在价值，如秩序、团结、公正、合法、完善等也是如此；同样，也可以在动物、儿童等研究对象中，对它们进行探究。

当然，“最高程度的”也意味着最衰弱、最不重要、最不迫切、最不容易意识到、最容易被压抑的。基本需求占优势，处于需求列表的前端，可以这样说，它们是生命本身所必需的，对身体健康和生存也是必不可少的。但是，超越性动机也确实存在于自然界和普通人之中。在这一理论中既不需要超自然的干预，也不需要随意创造存在价值，它们既不是先验性的，也不是逻辑的产物或意志行为引发的结果。它们可以被任何人揭示或发现，只要他们有这样的意愿并能不断重复这样的运作。也就是说，这些命题既可以被证实，也可以被证伪，并具有可重复性。它们可以处于不断运作的状态下。很多这样的命题是公开的，或是显而易见的，即可以被两位或两位以上的研究者同时观察获得。

那么，如果高级价值生活对科学研究是开放的，并显然处于科学范畴（人本主义的界定）之内，我们就有理由断言在这一领域中进展是有可能的。高级价值生活的知识增长不但可以增进相互理解，而且可以开辟一个自我改善、人类改善和所有社会制度改善的新前景。当然，毋庸置疑的是我们不用一想到“同情策略”或“精神技术”就感到不寒而栗：显然，它们和我们现在已知的那种“低级”策略和技术迥然不同。

六

这些事业热爱者往往会与他们的“工作”协同一致（融合、结合），并让工作成为其自身的定义性特征，成为他们自己的一部分。

假如有人向这样的人提问，即自我实现的、热爱工作的人，“你是谁？”或“你是什么人？”，他们的回答往往是他们的“称谓”，例如，“我是律师”“我是母亲”“我是精神科医生”“我是艺术家”等。换言之，他将自己的身份和自我等同起来。这往往会成为他整个人的一个标识，即工作成为这个人的定义性特征。

或者，有人问他，“假设你不是科学家（或教师、飞行员），那么你想成为什么样的人？”或是，“假设你不是一位心理学家，那会如何呢？”在我的印象中，这样的人的反应是一番困惑、若有所思、感到猝不及防，也就是说，没有一个现成的答案。或者，这种反应会是一种娱乐，即把它当作一个笑话。实际上，回答是这样的：“如果我不是母亲（人类学家、企业家），那么我就不是我自己了。我会是另外什么人，而且我也无法想象我会成为另外一个人。”

这种反应类似于对于这样的问题，“假设你是一个女人而不是一个男人”给我带来的困惑。

于是，我们可以做一个初步的结论，对于追求自我实现的人来说，他们所热爱的事业往往被当作他们自身的定义性特征，与其自身相一致、合为一体、投射入内心，并成为这个人不可分割的一部分。

［我没有刻意向满足感较低的人询问过这样的问题。在我的印象中，上述结论对某些人并不适用（职业对于这些人来说只是一份外在的工作），而对另一些人而言，工作或职业会具有自主性功能，也就是说，一个人只是一位律师，而不是一个能与律师这一角色分离开的人。］

七

我们可以将他们为之献身的工作阐释为内在价值的体现或化身（而不是某种达到工作之外目的的手段，也不是所谓的功能自主性）。这些工作是受热爱的（向内投射的），因为它们将这些价

值具体化。那就是说，他们最终所爱的是这些价值，而不是那些工作。

如果询问这些人为什么会这么热爱工作（或者，更具体地说，他们什么时候能在工作中获得更高的满足感，什么时候所获得的奖赏能让这些艰苦的工作使人感到值得并能够接受，那就是高峰时刻或是高峰体验），我们将会得到许多具体的、特殊类型的答案，在表2中做出了总结和罗列。

表2 追求自我实现的人通过他们的工作和其他途径，获得激励和满足（这些都是指基本需求之外的满足）

伸张正义带来的喜悦。
制止虐待和剥削带来的喜悦。
与谎言和虚伪做斗争。
他们希望善有善报。
他们似乎钟爱大团圆的结局、圆满的实现。
他们憎恨犯罪与邪恶能够得逞，也憎恨那些因此逃避惩罚之人。
他们是优秀的邪恶惩戒者。
他们试图拨乱反正，纠正不良境况。
他们以行善为乐。
他们赞赏守信、天才、美德，等等。
他们会避免宣扬、声名远播、获得荣耀、享有荣誉、广为人知、成为名人，或至少不会追求这些。无论如何，这些都并不重要。
他们并不需要所有人都喜爱他们。
他们通常会找出自己的原因（尽管为数不多），而不是依据广告、活动或他人的告诫做出反应。

他们往往乐享和平、平静、安宁等，他们通常不会喜欢动荡、打斗、战争等（在每条战线上他们都不只是普通战士），而且在每场“战争”中他们都能自得其乐。
他们也往往是务实和精明的，少有不切实际的时候。他们喜欢雷厉风行，不喜欢拖泥带水。
他们的战争并非源于敌意、妄想、自大、权欲、反叛等，而是为了寻求正义。这样的战争是以问题为中心的。
他们会采取某种方式既热爱现实世界，同时又试图改善它。
在任何情况下，他们都对人、自然和社会的改善抱有希望。
在任何情况下，他们都能很现实地既看到善，也看到恶。
他们会在工作中迎接挑战。
有机会改善环境或运作方式，对他们而言是巨大的报偿。他们享受改善事物带来的乐趣。
他们通常总是能够观察到孩子给他们带来的巨大欢乐，在帮助孩子变得优秀的过程中获得快乐。
他们不需要或不追求，甚至是非常不喜欢奉承、赞扬、人气、地位、声望、金钱、荣耀等。
他们经常会表达感激之情，或是常会意识到自己有多么幸运。
他们有一种位高任重的意识。这是一种优越者的责任感，是一种见多识广的人对待孩子的耐心和宽容。
他们往往被神秘、未解决的问题，被未知的和有挑战性的问题所吸引，而不会在它们面前畏缩不前。
他们乐于将法律和秩序置于杂乱无章、混沌困惑、肮脏不洁的境地。
他们憎恨（并与之斗争）腐败、残忍、恶毒、不诚实、傲慢、虚假和伪装。
他们试图摆脱幻想，勇敢地正视事实，去除障眼之物。
他们会因天赋的浪费而感到遗憾。
他们不会做卑鄙之事，他人所做的卑鄙之事也会引发他们的愤怒。
他们往往认为每个人都应该有机会开发他们的最高潜能，有公平的机遇，平等的机会。

他们喜欢将事情做好，“将工作做好”，“将需要做的事情做好”。很多描述汇集在一起就是“创造好的作品”。
他们身为一个老板的优势就是有权利使用公司的资金，资助他认为正确的事业。他们喜欢将自己的钱花在他们认为是重要的、正确的、值得的事情上。在慈善事业中获得乐趣。
他们乐于见到并帮助其他人寻求自我实现，特别是年轻人。
他们喜欢看到幸福，并希望能促成幸福。
他们会因认识值得尊敬的人（勇敢的、真诚的、有效率的、直率的、宽宏的、圣洁的）而感到极大快乐。“我的工作让我可以接触到很多杰出的人。”
他们乐于承担责任（能够尽职尽责），当然不会惧怕或逃避他们的责任。他们会响应职责的召唤。
他们一致认为自己的工作是值得的、重要的，甚至是必不可少的。
他们喜欢更高效，操作更灵巧、紧凑、简单、迅速、成本更低廉而能制造出更好的产品，使用时功能专一、操作简便、不笨拙、不费力、更安全、更“优雅”、节省人力。

当然，我们也会得到很多某种类型的“目的性回答”——“我只是爱我的孩子，仅此而已。我为什么爱他？就是爱呀！”或者“我能从提高我的工厂的效率中获得很大的乐趣。为什么？我就是能感到很快乐呀！”高峰体验、内在快乐、有价值的成就，无论它们的程度如何，都不需要进一步的证明和确认。它们是内在的强化因素。

对这些获得回报的时刻进行分类是有可能的，并将它们归结为少数几个类别。当我尝试这样做的时候，我很快就意识到最好的、最“自然”的分类类别大多数或完全属于一种最终的、不能再简化的抽象“价值”，包括真理、美丽、新颖、独特、公正、简洁、单纯、善良、整洁、效率、爱、诚实、纯真、完善、有序、优雅、成长、洁净、可信、宁静、温和等。

对这些人而言职业似乎不是功能自主性的，而是终极价值的一种载体、一种工具或是一个化身。例如，对他们来说，法律这种职业是达到正义目的的一种手段，而并非目的本身。也许我可以通过下述方法表达我对这些细微差别的感受：对某人而言，对法律的热爱是因为它是正义的，而对另一个人来说，比如对一个脱离价值的技术专家而言，对法律的热爱仅仅是将其作为一个本质上可爱的规则、判例、程序，而与使用它们的目的和使用后达到的结果无关。这样的人喜爱汽车就仅仅是喜爱汽车本身，而不涉及汽车的用途，就像一个人喜爱一种游戏，他将之作为游戏之外再没有任何目的。

我不得不学会区分几种"原因"或职业或称谓的真实身份。一种职业可以成为掩盖和压抑目的的一种手段，这就如同将它自己当作目的一样容易。或者，更好的说法是，它可以受到缺失需求，甚至是神经质的需求的激励，和受到超越性需求的激励是一样的。它可以受到全部的或某些形式的其他需求和超越性需求的激励，做出复合决定或过度决定。"我是一名律师，我热爱我的工作。"从这样简单的陈述中，我们无法做出更多的推断。

让我印象深刻的是，当某个人更接近自我实现、更接近完满人性的状态时，他的"工作"更受到超越性动机的激励，而不是基本需求动机的激励。对于发展程度更高的人来说，"法律"更倾向于是寻求公正、真理、善良等的一种方法，而不是为了经济保障、钦佩、地位、声望、优势、男子气概等。当我提出这样的问题：你最喜欢你工作的哪些方面？什么能带给你最大的欢乐？什么时候你的工作能给你最大的激励？等等，这样的人更倾向于用内在价值的、超越个人的、超越自私的、利他主义的满足感作为答案，例如，看到正义得到伸张，将工作完成得更完美，更接近真理，惩恶扬善，等等。

八

这些内在价值与存在价值有很大程度的重叠，或者也许它们是相同的。

我的“数据”（如果我可以这样称呼它们的话），肯定是不足以让我在此做出精确判定的，但是我一直是这样推断的，我已然公布的存在价值的分类表和以上列出的已发现的最终或内在价值的分类表内容十分接近，因此我认为是有用的。显然，在这两张分类表中有相当一部分内容是重叠的，而且它们有可能近乎相同。我觉得使用我对存在价值的描述是令人满意的，不仅是因为我尽可能地找到了合理的理论依据，而且也是因为它们能在很多不同的方面给予可操作性的界定。这也就是说，它们是很多不同研究途径的最终发现，这不禁让人产生这样的疑问，在这些不同的途径中是否存在某种共性，例如教育、艺术、宗教、心理治疗、高峰体验、科学、数学等。如果真是如此的话，那么我们也许可以增加另外一条通往终极价值的道路，“事业”“使命”“天职”，换言之就是追求自我实现者的“工作”。（在这里谈到存在价值是有理论意义的，因为那些追求自我实现的人和拥有更完满人性的人让我印象深刻，他们无论在工作之外，还是在从事工作之时，都显示出对存在价值的热爱和由此获得的满足感。）

或者，换一种方式来说，那些所有基本需求都已然得到满足的人，现在将会受到存在价值的“超越性激励”，或者至少受到“最终的”终极价值不同程度的激励，这些终极价值会以这样或那样的组合形式出现。

还有一种表述是：追求自我实现的人不会受到初级动机的激励（由基本需求引发的）；他们主要受到超越性动机的激励（由超越性需求——存在价值引发的）。

九

这种向内投射意味着自我已然扩大，并包含了世界的各个方面，因此自我与非我（内在与外在）之间的差异已然被超越。

因此，这些存在价值已不再是心灵内部的或是身体上的。它们既是外在的也是内在的。内部范畴的超越性需求，与外在于人的全部需求之间，是相互激励和相互回应的。它们变得越来越难以区分，也就是逐渐融合。

这意味着自我与非我之间的差异已然瓦解（或已然被超越）。这时，世界与个人之间的差异更少了，因为个人已经把世界的一部分纳入自身之中，并以此定义自身。我们可以说，这时候的个人已然变成扩大化的自我。如果现在公正、真理、法制对他来说变得如此重要，让他以它们的名义来定义自我，那么它们又身在何处呢？在他的肉体之内，还是在他的肉体之外呢？此时，这样的区别变得近乎毫无意义，因为此刻他的自我已不再以他的肉体作为边界了。现在，内在之光与外在之光似乎已没有区别了。

当然，此时单纯的自私已然被超越，并必然要在更高的水平上给予定义。例如，我们知道一个人完全有可能因为将食物让给孩子吃，而不是自己吃掉，从而获得更大的快乐（自私？无私？）。他的自我已扩大到足以包容他的孩子，伤害他的孩子就是伤害了他。很明显，这个自我不再是那个由心脏供应血液，由血管输送血液才能存在的生物学实体。这个心理上的自我显然要大于他自身的躯体。

正如可以将热爱的人纳入自我之中，成为自我的定义性特征，热爱的事业和价值也同样能被纳入一个人的自我之中。例如，很多人热血沸腾投身于制止战争、停止宗族歧视、消灭贫民窟、消灭贫穷之中，他们非常愿意做出巨大牺牲，甚至甘冒生命风险。而且很明显，他们并不是单单为了他们生物学个体的正义才这样做的。现在，一些其他事物已然大于躯体。他们将正义作为一种普遍的价值（每个人的正义、原则性的正义）。对存在价值的攻击，也就是对每一个将这些价值融入自我的人的攻击。这样的攻击已然变成了对个人的侮辱。

确定某人的最高自我与外在世界的最高价值相融合，至少在某种程度上意味着是与非我的一种融合。但这不仅仅适用于自然界，而且也适用于其他人。也就是说，这时，某人自我中最有价值的部分，与其他那些追求自我实现者自我中最有价值的部分是相同的。这是自我的重叠。

价值在自我中的融合还有其他的重要后果。例如，你能够热爱外在世界或其他人当中的正义。你会因你的朋友追求真理和正义，而感到更加幸福，也会因他们远离真理和正义而感到更为悲伤。这是很容易理解的。但是假设你能够看到自己成功地接近真理、正义、美和美德时，又会如何呢？当然，你也可能会发现，在一种我们自身文化中所不具备的、对自己的特殊的超然和客观的态度之下，你将会热爱并欣赏你自己，就像弗洛姆曾经描述过的那种健康的自爱一样。你会尊重自己、欣赏自己、体贴自己、犒赏自己，觉得自己拥有美德、值得被爱、值得被尊敬。于是，一个拥有杰出才华的人可能会站出来保护他的才华和他自己，就如同他是某些事物的载体，这些事物既是他自己的一部分，同时又不完全属于他自己。可以这样说，他可能会成为他自身的守护者。

十

对于发展程度较低的人来说，工作似乎更经常被用于让基本需求获得满足，让神经症的需求获得满足，工作是达到某一目的的手段，出于习惯，或是作为对文化期待的反应，等等。然而，这也可能只是程度上的差异。也许所有人都（潜在地）在某种程度上受到超越性动机的激励。

这些人，虽然都实际在为法律、家庭、科学、精神病学、教育、艺术等工作着，受其激励，并忠于这样的工作，也就是说，在这些常见类别的工作中，这些从业者似乎也受到内在的或终极价值（或终极事实，或现实的各个方面）的激励，对于这些价值而言职业只是一个载体。我的这一观点来自我对这些人的观察和访谈，例如，询问他们为什么喜欢行医，或是在操持家务、主持会议、孕育孩子、写作过程中哪些时刻最为获益？他们可能会意味深长地说是为了真、善、美，为了法律的秩序，为了正义，为了完美而工作。如果我把成百条的回答，关于什么是他们的渴望，什么让他们感到满足，什么是他们珍视的，为什么他们要日复一日地工作，他们为了什么而工作，将这样的回答总结为十几条的话，就会得到以上答案（当然，这是在低级价值之外的价值）。

我没有刻意使用特殊对照组进行研究，也就是研究那些不追求自我实现的人。可以说大多数人都是可以作为对照组的，事实也确实如此。普通的人、不成熟的人、神经症及濒临患病的人、心理变态的人等，关于他们对待工作的态度我有非常丰富的经验，毫无疑问，他们对工作的态度都是以获取金钱为核心的，让基本需求得到满足（而不是存在价值），纯粹是习惯性的，受刺激因素，神经症的需求，约定俗成和惯性的（一种浑浑噩噩没有困惑的生活）制约，所做的事情都是他人希望或要求他们做的。然而，这样的直觉性常识或自然主义的结论，确实很容易受到那些更仔细、控制更严格、可以预先设计并可以被证实或证伪的调查研究的影响。

让我印象深刻的是，我选择作为研究对象的追求自我实现的人和其他人之间并没有泾渭分明的界限。我相信每一位追求自我实现的研究对象都或多或少符合我的上述描述，但是似乎也确实有一定比例的不太健康的人同样在一定程度上受到存在价值的超越性动机的支配，特别是那些拥有特殊才华和处于极为幸运境遇下的人。也许所有的人都在某种程度上受到超越性动机的支配。[①]

对于职业、事业和工作的传统类别可以作为许多其他种类动机的实现渠道，更不用说是纯粹的习惯，或传统，或功能自主性。它们可以满足或徒劳地寻求满足于任何或全部的基本需求，以及各种神经症的需求。如同作为真正的满足一样，它们也可以作为“发泄”的渠道或作为“防御”活动的渠道。

在我的“经验性”印象和一般心理动力学理论的支持下，我猜想我们将最终发现最真实、最有效的说法：所有这些习惯、决定因素、动机和超越性动机都同时在一个非常复杂的模式中运作，而这一模式是以某种动机或决定因素为核心的。这就是说，我们所知道的发展水平最高的人会在更高程度上受超越性动机的支配，比一般人或发展水平较低的人，较少在较低程度受到基本需求动机的支配。

我的另一个猜测是，“困惑”的程度也是一个相关因素。我已然报告过我的观点，在追求自我实现的研究对象中，他们可以非常轻易地和果断地在自己身上做到“明辨是非”。这和目前广泛流行的价值混淆形成鲜明对比。而且不仅仅是混淆，还有一种非常奇特的黑白颠倒，一种自发的对善良的（或是试图成为善良的）人的仇

① 我会充满信心地提出建议：成立针对超越性动机进行调查研究的合作机构。这与那些专门从事的所谓动机研究同样值得开展。

恨，或是对于优秀、杰出、美丽、才华等的仇视。

> 政治家和知识分子会厌弃我。他们貌似都是不真实的；这段时间在我看来真实的人似乎倒是：妓女、小偷、吸毒者等。（来源：与纳尔逊·艾格林的访谈）

我称这种憎恨为“逆反性评价”，我也可以将其简称为尼采式的无名怨愤。

十一

作为人性的一部分，人或人性的完满必须包括内在价值。

如果我们尝试对真正的自我、自我同一性、真实的人进行最深刻的、最真实的、最本质基础性的定义，那么我们会发现为做到全面概括，我们必须涵盖的内容不仅是体质、气质，不仅是解剖学、生理学、神经学和内分泌学，不仅是他的能力、生物学类型、基本类本能的需求，也包括存在价值，那也是他的存在价值（这应当被理解为是对萨特式的武断存在主义的直截了当的否定，萨特认为自我是由命令创造的）。这些存在价值同样也是他的“本性”，或定义，或本质的一部分，与他的“较低”需求同时存在，至少在我的追求自我实现的研究对象中是这样的。对于任何关于“人类”、完满人性、“某人”的终极定义中必须包含存在价值。的确，对于绝大多数人来说，存在价值并没有完全显现或实现（成为现实和功能性的存在）。然而，到目前为止就我所见，任何出生在这个世界上的人都没有被排除在这样的潜能之外。（当然，也可以想象，将来我们可能会发现与这一假设相悖的新的数据。而最终也将涉及严格的语义和理论构建方面的问题，例如，我们如何在一名低能者中赋予“自我实现”概念的含义？）但是无论如何，我仍然坚持认为这一观点至少对于某些人来说是正确的。

对一种充分发展的自我或个人给予的全面包容的定义，应包含着这种由超越性动机支配的价值体系。

十二

这些内在价值具有类本能性，也就是说，它们需要（1）避免疾病和（2）达到最完满的人性和成长。由于内在价值（超越性需求）被剥夺而引起的“疾病”，我们可以称之为超越性病症。“最高”价值是精神生活，人类最崇高的愿望，并因此成为科学研究和探索的明确主题。它们存在于自然世界之中。

现在我想提出另外一个论点，它也是来自对研究对象和一般人群的对照观察（非系统化的和无计划性的）。这一论点是：我认为有很多理由可以让我们称基本需求是类本能的或生物学上必需的，但主要是因为人需要满足基本需求，用以避免疾病、避免人性的削弱，而且，从积极意义上说这是向前或向上方前进，目的是达到自我实现或完满人性。我强烈感觉到，对于追求自我实现者的超越性动机来说也有类似的情况。在我看来，这些超越性动机也是生物学上必需的，是为了（1）消极的，避免“疾病”和（2）积极的，达到完满人性。由于这些超越性动机是生命的内在价值，无论是独立的还是联合的，都意味着存在价值是类本能性的。

这些“疾病”（由于存在价值，或超越性需求，或存在现实被剥夺而导致的）是新发现的，人们还没有将之作为病症进行描述，除了无意间的提及或暗示，或像弗兰克描述的那样，用一种非常普遍和泛泛的方式谈到，而且这些问题还没有梳理清晰成为可以研究的形式。通常，在几个世纪以来宗教学家、历史学家和哲学家一直在讨论它们，它们还得到精神和宗教标题的束缚，而不是物理学家、科学家或心理学家，它们得到精神病学、心理学、生物学“疾病”、发育不全或萎缩症的范畴内的讨论。在一定程度上它们还和社会学、政治困扰、“社会病症”等相重叠（表3）。

我会称这些“疾病”（或称之为人性的萎缩）为“超越性病症”，并将他们定义为由于存在价值被剥夺而导致的疾病，无论是全部的还是特定的存在价值的剥夺（表3和表4）。通过对我先前的描述和各种存在价值编目的推断，运用各种操作有可能形成一种周期表（表4），一些尚未发现的疾病也可能列在表中，作为未来发现疾病的参考。它们能在多大程度上被发现和描述，我的印象和假设就能在多大程度上被验证。（我曾经将电视领域，特别是电视广告作为研究各种类型的超越性病症丰富的资料来源，即所有内在价值的庸俗化或破坏，当然，还有很多唾手可得的其他资料来源。）

表3 一般性的超越性病症

异化；冷漠、疏远。
缺乏道德规范，迷乱，精神颓废。
丧失生活的热情。
无意义感。
缺乏享受的能力；漠不关心。
无聊；厌倦。
生活不再拥有内在的价值，不再是自证自知的。
存在的真空。
精神官能症。
哲学危机。
无情、隐退、宿命论。
价值缺乏感。
生活的世俗化。
精神疾病和危机；“枯燥”“死板”“陈腐”。
价值论的抑郁症。
渴望死亡；放任生活；对死亡无动于衷。
无用感、不被需要感、无所谓的感觉；徒劳无益。
绝望、冷漠、失败、无反应、屈服。
感觉完全被动；无助；丧失自由意志。
极端质疑：什么是值得的？什么是重要的？
绝望、痛苦。
闷闷不乐。
徒劳。
愤世嫉俗；对所有高级价值不相信，丧失信心，或用还原论给出解释。
牢骚满腹。
“漫无目的”的破坏、怨恨、肆意破坏。
疏远长辈、父母、权威，脱离任何社会。

表4　存在价值和特定的超越性病症

存在价值	导致疾病的剥夺	特定的超越性病症
1. 真实	欺骗	没有信念；怀疑；愤世嫉俗；怀疑论；猜疑
2. 善良	邪恶	极度自私；仇恨；排斥；厌恶；只依赖自己、只为自己；虚无主义；愤世嫉俗
3. 美好	丑恶	粗俗；特定的不快、不安、丧失情趣、紧张、疲倦；庸俗；苍凉
4. 统一；整体	混沌论；原子论；丧失关联性	解体；“世界正在瓦解”；武断
4-1. 超越二歧化	黑与白的二歧化；丧失层次和程度感；强制性的极化，强制性的选择	非此即彼的思维方式；将任何事物都看作决斗、战争或冲突；低协同作用；简单化的生活观
5. 活跃；发展	死气沉沉；机械化的生活	死气沉沉；变得机械呆板；感到完全被动；情感缺失；厌倦；丧失生活的热情；体验空虚
6. 独特性	千篇一律；一致性；可互换性	缺乏自我感和个体感；感觉自己是可以和他人互换的，没有个性特征的，感觉不被人需要
7. 完美	有缺陷；凌乱；质量低劣，粗制滥造	沮丧；绝望；无所事事
7-1. 必要性	意外；偶因论；不一致	混乱；不可预测；缺乏安全感；警惕
8. 完成；结局	未完成	持续性的未完成感；绝望；停止努力和回应；无效的尝试
9. 公正	非公正的	不安全感；愤怒；愤世嫉俗；怀疑；无法无天；混乱的世界观；极端自私
9-1. 秩序	无法无天；混乱；权威的崩溃	不安全感；戒备心；丧失安全性、可预见性；需要警惕、提高警觉、持续紧张、戒备

10. 单纯	令人困惑的复杂性；脱节；瓦解	过于复杂；混乱；困惑、冲突、迷失方向
11. 丰富；整体；全面性	贫乏；片面	抑郁；不安；失去对世界的兴趣
12. 轻松自如	费力	疲劳、紧张、努力、笨拙、尴尬、粗俗、僵硬
13. 趣味	缺乏幽默感	冷酷；抑郁；偏执、缺乏幽默感；丧失生活的热情；不快乐；缺乏享受的能力
14. 自我满足	偶然；意外；偶因论	依赖于感知；成为责任
15. 富有意义	无意义	无意义；失望；无意义的生活

表4中的第三列是一种非常初步的尝试，不必对其过于认真，只是将它作为对未来研究的提示。如果说一般性的超越性病症是“背景”，那么这些特定的超越性病症就是“图形”。我唯一进行过详细阐述的特定的超越性病症是第一种，并且，我认为也许这已然发表的论著，很可能会对阐明其他超越性病症的工作起到激励作用。我猜想，阅读宗教病理学文献，特别是神秘传说，可能会得到提示。我推测在“别致”的艺术领域、社会病理学、同性恋亚文化、反对存在主义的文献中，也能获得一些线索。在存在病理学的病例记录中、精神疾病、存在真空、“枯燥”和“死板”的神秘主义、二歧化、语言表达、一般语义学的过度抽象、艺术家极力反对的实利主义、机械化、机械式的生活和社会精神病学者谈到的个性的丧失、异化、自我同一性的缺失、责他、牢骚、抱怨、无助感、自杀倾向、荣格所说的宗教病症、弗兰克尔式的精神官能紊乱、精

神分析学家的性格障碍——这些和很多其他价值紊乱毫无疑问都是相关联的资料来源。

简而言之：如果我们认同这种紊乱、疾病、病态或萎缩（由于超越性需求满足被剥夺）缺失是完满人性和人类潜能的一种衰减，如果我们认同存在价值的满足或实现能够增强或实现人类的潜能，那么，显然在同样对基本需求讨论的范畴中和同等层次上，这些内在的和终极的价值可能是类本能的需求。这些超越性需求，尽管它们确实有某些特征和基本需求不同，但是在同样的讨论和研究范围内，它们和基本需求没有差别，就如同对维生素C和钙离子的需求一样。在更宽泛的范畴内，它们也属于科学领域，肯定不仅仅是为科学家、哲学家和艺术家所独有的。精神和价值生活也同样属于自然领域，而不是存在于另一个不同或相反的领域中。它既是心理学家和社会学家热衷研究的对象，在理论上它也终将成为神经学、内分泌学、遗传学和生物化学研究的对象，在这些学科发展出适于研究的方法。

十三

富有和沉迷的年轻人的超越性病症的部分原因是来自内在价值的剥夺，来自对社会的幻灭导致的“理想主义”的挫败，他们（错误地）认为在这个社会只能受到低级的、动物性的或物质需求的激励。

超越性病症理论产生出如下易于验证的命题：我相信很多富裕

阶层的社会病症（低级需求已然得到满足）是由于内在价值的饥饿感导致的。换言之：富有的、有特权的和基本需求已然满足的高中生和大学生的不良行为，是由于“理想主义”的挫败导致的，这在年轻人中十分常见。我的假想是，这样的行为是继续追求信仰与愤怒和失望的混合体。（有时我会在某个年轻人身上看到完全的失望或是绝望，甚至质疑这种价值是否存在。）

当然，这种理想主义的挫败和偶然的绝望的部分原因是受到了遍及世界范围的愚蠢的限制性动机理论的影响。抛开行为主义和实证主义理论——或说是非理论——只是简单地拒绝看到这一问题，即一种心理分析学上的拒绝，那么拿什么提供给这些理想主义的年轻男女呢?

不但所有的19世纪官方科学和正统的学术心理学不能为他们提供什么有意义的东西，而且大多数人用以指导他们生活的主要动机理论也只能引导他们走向消沉或玩世不恭。弗洛伊德学派的人，至少是在他们的官方论著中（尽管不是在良好的治疗实践中），还是对全部的高级人类价值采取了一种还原主义的态度。人类最深层次和最真实的动机被看作危险和肮脏的，人类最高的价值和美德在本质上是虚假的，并不是它们表面看起来的样子，而是“深层的、黑暗的和肮脏的”东西伪装后的样子。我们的社会科学家在这一方面也同样令人失望。对于许多或大多数社会学家和人类学家而言，总体的文化决定论依然是官方的、正统的理论。这一学说不仅否认了内在的高级动机，并且有时已然濒临否定“人性”本身的危险境地。经济学家，不仅是在西方，而且也在东方，基本都是实利主义的。我们必须对经济学这一“科学”说些苛刻的话，通常来说，它不过是一种对人类需求和价值完全错误的理论的技巧的、准确的技术应用，这一理论仅仅承认低级需求和物质需求的存在。

这样的话，青年人怎么能不感到失望和幻灭呢？在得到所有的物质性和动物性的满足后，他们并不感到快乐，他们还能得到什么结果呢？是那些理论家、拥有传统智慧的家长和老师，以及坚持灰色谎言的广告商不断引导他们去期待的结果吗？

那么接下来会发生什么，是“永恒的真理”吗？是终极真理吗？绝大多数社会阶层都统一将它们交付于教会，交付于教条化、制度化、习俗化的宗教机构。但这也是对高级人性的一种否定！这样的做法实际是说，那些寻求真理的年轻人肯定不会在人性本身中找到它。他们必须要在一种非人性的、非自然的源泉中寻求终极真理，而现今很多智慧的年轻人已然对这一源泉产生了明确的质疑或拒绝。

> 这种过度放纵状态最终导致物质价值越来越占据主导地位。在这样的结果中，人对精神价值的追求一直不能得到满足。因此文明已然达到了一种接近灾难边缘的阶段。（舒马赫）

我在这里关注年轻人“理想主义的挫败”是因为我认为它是当今研究的热点。但是，我认为任何人的所有超越性病症也都是源于

“理想主义的挫败”。

十四

这种价值匮乏和价值渴望既来源于外在的剥夺，也来源于我们内在的矛盾和反向价值。

我们不仅仅由于环境中被动的价值剥夺导致超越性病症；同样惧怕最高价值，包括内在的和外在的最高价值。我们不仅会受到最高价值的吸引，也会对其感到敬畏、震惊、战栗、恐惧。这也就是说，我们往往存在着矛盾和冲突。我设置防御来对抗存在价值。压力、否认、心理反应形成，可能所有的弗洛伊德的防御机制都可以被利用，用来对抗我们自身内部的最高价值，就像动员它们对抗我们自身内部的最低价值一样。谦卑和无价值感会导致对最高价值的逃避。对这些让人望而生畏的价值所淹没的惧怕也同样导致逃避。

所以这样的假设是合理的：超越性病症可以由自我剥夺引起，就如同能由外部强加的剥夺引起是一样的。

十五

基本需求的层次比超越性需求占优势。

基本需求和超越性需求处于同一层次的整合体系中，即同一连续体系中，同一讨论范畴中。它们有相同的“被需求”的基本特征（对人而言是必需的、有益的），剥夺它们会导致“疾病”和萎缩，“摄取吸收”它们会促进向完满人性、向更大的愉悦和欢乐、向心理上的“成功”、向更多的高峰体验发展，而且，一般会更倾向于更多地生活在存在水平上。也就是说，它们都是生物学上所需求的，都能促进生物学的成功。然而，它们也有不同的定义方式。生物学的价值或成功一直以来仅仅被看作负面的，例如，简单的生命的耐力、活力、避免疾病、个人及其后代的生存。但是，我们在这里也暗示了生物学或成功进化的积极标准，不仅仅是生存价值，还包括自我实现的价值。基本需求和超越性需求的满足有助于产生“更好的样本”、生物学上的优越者、优势等级上的较高者。不只是更强壮、更有统治力、更成功的动物能得到更多的满足、更大的地盘、更多的后代等——不只是弱小的动物所在优势等级更低、更易被牺牲、更容易被吃掉、繁殖后代的可能性更低、更容易挨饿等，而且更好的样本也同样会生活得更完满，会得到更多的满足、感受到更少的挫折、痛苦和恐惧。这里我们并没有陷入试图描述动物的欢乐中——而我认为那是可以做到的——现在我们可以合理地发问，“一个印第安农民和一个美国农场主的生物学生活和心理生活是否毫无差别，即使他们都有后代？”

首先，很显然，基本需求的整体层次要比超越性需求占优势，或者换言之，与基本需求相比，超越性需求不够强势（不那么急迫或要求过高，是较弱的）。我希望将其作为一种广义的统计性陈述，因为我发现一些个别的人会拥有一种特殊的才能或一种独特的敏感性，这样的人对真、善、美的需求，比对一些基本的需求更重要和更迫切。

其次，基本需求可以称之为缺失性需求，具有各种已然描述过的缺失性需求的特征，而超越性需求似乎更具有已描述过的“成长性动机”的特征。

十六

超越性动机在彼此之间也有相同的力量。但是，对于任何一个给定的个体而言，它们可能通常会依据特殊才能和体质差异来划分层次。

超越性动机（或存在价值、存在事实），据我所知并非是按照优势层次排序，但似乎它们都拥有同样的力量。换一种方式来表述，这样的表达用于其他目的是有助益的，那就是说每一个个体都有他自身的优先顺序（或层次、优势），这就要依据他自身的才华、气质、技能、能力等而定。对某人而言“美”比“真”更重要，但是对于他的手足而言也有同样的概率使情况刚好相反。

十七

似乎看起来存在这样的情况，任何内在价值或存在价值是由大多数或全部其他存在价值完全定义的。也许它们形成了某种形式的统一，每一种特定的存在价值只是从另一个角度去看一个整体。

我的印象（并不十分确定）是，任何存在价值都是由全部其他存在价值完全并充分定义的。也就是说，真理被充分、完善地定义为必须是美丽、善良、完美、公正、简单、有序、合法、生动、全面、统一、超越二歧化、轻松、有趣的。（“真理，全部真理，唯有真理别无他物”肯定是非常不恰当的。）美丽，被完全地定义为必须是真实、善良、完美、生动、简单等。就如同所有的存在价值具有某种形式的统一性，每一种单一的价值被看作整体的一个方面。

十八

价值生活（精神的、宗教的、哲学的、价值论的等）是人类生物学的一个方面，是和“低级的”动物生活处在同一连续系统中（而不是在分裂的、二歧化的，或是相互排斥的领域中）。因此它可能是遍及全人类的、超越文化的，尽管它必须通过文化的实现才能存在。

所有这一切都意味着，所谓精神的或价值的生活、“高级”生活，都是与肉体的、躯体的，即与动物性生活、物质生活、“低级”生活处于同一连续系统（具有相同种类和性质）中。也就是说，精神生活是我们生物学生活的一部分，是“最高级”的部分，但依旧是它的一部分。

于是，精神生活也是人类本质的一部分，是人性的定义性特征。没有精神生活的人性就不会成为完整的人性。它是真实自我的一部分，是一个人自我同一性、内在核心、种族属性、完满人性的一部分。纯粹的自我表达和纯粹的自发性可以达到怎样的程度，超越性需求的表达也可能达到怎样的程度。“揭示”、道家的、存在性治疗、意义治疗，或“个体发生”技术，应当能够揭示并强化超越性需求，就如同揭示和强化基本需求一样。

深度诊断和治疗技术最终也应该能够揭示这些超越性需求，因为，自相矛盾的是，我们的“最高程度的本性”也就是我们“最深层次的本性”。价值生活和动物性生活并非处于两个隔离的领域中，这与大多数宗教和哲学的设想不同，也不像经典的、客观的科学设想的那样。精神生活（沉思的、“宗教的”、哲学的或价值的生活）在人类思想的管辖范围之内，理论上是可以通过个人努力达到的。尽管它已然被经典的、以物理学为自身标准模式的、脱离价值的科学驱除在现实领域之外，但是，它也可以由人本主义科学重新肯定，成为研究对象和技术对象。也就是说，这样宽泛的科学必须要思考永恒的真理、终极的真理、最终的价值等，并被认为是“真实的”和自然的，以事实而不是以愿望为基础的，是人性化的而不是超人的，是需要我们展开研究的合理的科学问题。

当然，在实践中，这样的问题更难进行研究。实际上低级生活比高级生活占优势，这就是说高级生活发生的概率较低。实现超越性动机支配的生活之前，必须满足大量的先决条件，不仅需要先期满足所有层次的基本需求，还要拥有大量的“良好条件”，这种“良好条件”是高级生活所必需的。也就是说，需要更好的环境，不存在经济匮乏的情况，自由和无条件的多样化选择使真实和有效的选择成为可能，协同的社会制度几乎是必需的，等等。简言之，我必须非常小心谨慎地指出高级生活仅仅在理论上是可能的，但绝不是有可能、很可能，或很容易就能达到的。

让我也来做一个非常明确的提示：超越性动机是遍及全人类的，因此是超越文化的、人所共有的，并不是由文化随意创造出来的。因为这是一个注定要产生误解的论点，请让我对此进行说明：在我看来超越性动机是类本能的，具有一种明显的遗传性，是全人类所共有的。但是它们是潜在的，而不是现实存在的。文化可能不能让它们得以实现，事实上，历史上大多数已知的文化恰恰正是如此。因此，这一提示存在一种超越文化的因素，可以在任何文化之外、之上批判这一文化，也就是说，它会在多大程度上促进或抑制自我实现、完满人性和超越性动机。文化和人类的生物学本质既可以是协同的，也可以是敌对的，即文化和生物学在原则上并不是彼此对立的。

因此，我们是否能说每个人都是渴望高级生活、精神生活、存在价值的呢？此处，我们彻底陷入了我们的语言缺陷之中。我们当然可以说，在原则上这样的渴望对于每一个新生儿而言都是必然存在的潜能，直到事实证明发生了其他情况。这也就是说，我们最好的猜测是，如果这种潜能会失去，那也是在出生后失去的。可以打赌说，这也是当今社会的现实，大多数新生儿将永远不能实现这一潜能，永远都不能提升到最高等级的动机，这是由于贫困、剥削、偏见等导致的。实际上，当今世界上存在着机会的不平等。明智的看法是，对于成年人来说，他们每个人的际遇各不相同，这有赖于他们如何生活，在哪里生活，他们的社会—经济—政治环境如何，他们精神障碍的种类和程度如何，等等。但是，完全放弃获得超越性生活的可能也是不明智的（如果没有其他原因，作为一项社会策略），这对于任何一个活着的人来说都是如此。在精神意义上和自我实现意义上的“绝症”最终被“治愈”了，在锡南浓就有这样的案例。更肯定的是，为了子孙后代，放弃这种可能性将是非常愚蠢的。

我们所谓的精神生活（超越性生活或价值生活）显然是根植于我们人类的生物学本性。这是一种“高级”的动物性，它的先决条件是要有一种健康的“低级”的动物性，即它们在层次上是整合的（而不是彼此排斥的）。但是，这种高级的、精神层次的“动物性”既胆小又微弱，非常容易丧失，并很容易被更强大的文化力量击碎，只有在支持人性发展，并积极促进其充分成长的文化中，它才能得以广泛实现。

正是出于这样的考虑，我们有可能解决很多不必要的冲突和分歧。例如，如果黑格尔的“精神”和马克思的“自然”实际上在同一连续系统中分层次地整合在一起，这也意味着常见的“理想主义”和“物质主义”的版本，那么这种层级连续系统的本质将给出各种解决方案。例如，低级需求（动物的、自然的、物质的）在相当具体的、经验性的、可操作性的、局限性的意义上比所谓的高级基本需求占优势，而后者又比超越性需求（精神的、理想的、价值的）占优势。这就是说，生活中的“物质”条件十分有意义地优先于（具有优先权，较之更有力）高级理想，甚至比意识形态、哲学、宗教、文化等更占优势，而且在明确定义和有限制的方式上也是如此。但是这些高级理想和价值绝不仅仅是低级价值的附带现象。实际上它们在生物学和心理学上具有相同的特质，即使在强度、紧迫性或优先性上有所不同。在任何优势层次中，例如在神经系统中，或是在一个等级序列中，无论是高级还是低级，都是同样“真实”、同样人性化的。如果一个人希望，他就能以这样的方式看历史，从一种与完整人性做斗争的角度，或是以一种内在延伸、德国教授式的理念来自上而下地看历史。或者你同样也可能在物质环境中发现最初的，或最基本的，或最终极的原因，即自下而上地看问题。（这时你就可以接受这样的说法是正确的——“利己是一切人性的基础”，这是在利己占优势的意义上说的。但是作为对所有人类动机的充分描述的意义上，这种说法就不正确了。）针对不同的知识目的，它们都是有用的理论，都有其确定的心理学意义。我们没有必要争论“精神优于物质”，或是“物质优于精神”。如果今天俄国人为唯心主义和精神哲学的出现而担忧，那是没有必要的。就我们对个人内部和社会内部的发展的了解而言，满足后的物质论极有可能产生一定量的精神性。（让我感到非常迷惑的是，为什么富裕能让一些人获得释放，去追求成长，同时又让另一些人严格地固守在“实利主义”的水平上。）同样的情况也见于宗教学家——培养精神价值，最好从衣、食、住、行等开始，这要比布道更为基础。

将我们低级动物的继承物与我们“最高级的”、最精神性的、价值论的、最可贵的、“宗教的”继承物放在同一水平上（从而说明精神性也是动物性的，即高等动物），这有助于我们超越很多其他的分歧。例如，魔鬼的呼唤、堕落、肉欲、邪恶、自私、以自我为中心、利己主义等，都已然与神圣的、理想的、善良的、永恒的真理、最崇高的愿望等分裂出来，并相互对立。有时候，神圣的或最好的概念被认为是包含在人性之内的。但是，更常见的情况是，在人类历史上，美好的品性被认为是处于人性之外的，在人性之上，超越自然的。

在我模糊的印象中，大多数宗教、哲学或意识形态多少会倾向于接受邪恶的或最坏的东西是人性所固有的。但是，即使是我们“最坏”的冲动有时也被具体化，例如撒旦的声音之类的事物。

通常，我们“最低级”的动物本性也会被自然而然地污蔑为是“坏的”，尽管在原则上它也可以同样很轻易地被认为是“好的”——并且在一些文化中，也一直是这样认识的。也许，这种对我们低级动物本性的污蔑部分原因是二歧化本身（二歧化导致病态，而病态又促使二歧化的形成，这种情况在一个整体的世界中通常是不正确的）。如果是这样的话，那么超越性动机的概念就应该能提供一个理论基础，用以解决所有（大部分）虚假的二歧化。

十九

快乐和满足可以在层级体系中从低到高安排，因此快乐主义理论也可以被看作是从低到高排列的，即超越性快乐主义。

存在价值，将其视为超越性动机的满足，那么它就是我们所知的最高的欢乐和满足。

我曾经在其他地方提到过，能够意识到存在一种欢乐的层次体系是必要而有益的，例如，在这样一个层次中：通过热水浴缓解疼痛，和好友愉快相处，享受伟大音乐带来的欢乐，拥有孩子的幸福，最高爱情体验的狂喜，最终与存在价值的融合，等等。

这样的层次体系给欢乐主义、自私、责任等提出一个解决方案。如果将最高快乐包含在一般快乐之中，那么在一种非常真实的意义上拥有完满人性的人也只是在追求快乐，即超越性快乐。也许我们可以称其为“超越性快乐主义”，并指出在这一水平上不再有快乐和责任之间的矛盾，因为人类最高的责任就是对真理、正义、美等的责任，而这也正是人类能体会到的最大快乐。而且在这一水平的讨论中，自私与无私之间的相互排斥也自然而然地消失了。对我们好的就是对大家都好的，令人满意的就是值得称赞的，我们的喜好现在都是可靠的、合理的、智慧的，我们所享受的是对我们有益的，寻求我们自己（最高）的善良也是在寻求普遍的善良，等等。

如果我们说到低级需求的快乐主义、高级需求的快乐主义和超级需求的快乐主义，那么这是一个按照从低级到高级的顺序，提示了各种可操作性的和可检测性的意义。例如，我们达到的层次越高，通常在这一层次的人数就越少，所需先决条件的数量就越多，需要的社会环境就越好，对教育质量的要求也越高，等等。

二十

由于精神生活是类本能的，因此所有“主观生物学”的技术都适用于对它的培育。

由于精神生活（存在价值、存在事实、超越性需求，等等）是真实自我的一部分，是类本能的，在原则上是能够自省的。它有“冲动的声音”或“内在的信号”，尽管比基本需求微弱，但是还是可以被“听到”的，并因此能够被涵盖在“主观生物学”这一大标题之下。

因此，原则上，所有有助于发展（或教导）我们的感觉意识，我们的躯体意识，我们对内部信号（由我们的需求、能力、体质、气质、身体等释放出来）的敏感性的原则和训练——虽然作用较弱——所有这些同样也有助于我们内在超越性需求的发展，即培育我们对美丽、法律、真理、完善等的渴望。也许，我们还能发明出像“体验丰富”这样的词汇，用以描述那些对自身内部的声音十分敏感，甚至超越性需求也可以通过自省意识到并获得享受的人。

这种经验的丰富性，在原则上应该是可以被“教导的”或是可恢复的，至少在某种程度上是如此，也许要适当地应用致幻化学药品，伊莎兰式的，运用沉思和冥想技术的非语言方法[①]，对高峰体验或存在认知等进行更进一步的研究。

我不希望这被认为是神话的内部信号（来自内部的声音，“确实，但微弱的良心之声”，等等）。对我而言，自身体验性知识肯定是一切知识的起点，但绝对不是一切知识的终点。它是必要的，

① 伊莎兰研究机构位于加利福尼亚的大苏尔，他们擅长使用这种方法。这种新型教育方式暗含着一种不言而喻的假设，就是肉体和“精神”都能够被爱，并且两者是协同的，在层次上是整合的，而不是相互排斥的，即可以同时拥有两者。

但不是充分的。即使是最聪明的人也会偶尔发生内在声音出错的情况。在任何情况下，这样的聪明人一有可能就会用外部现实来检验他们的内在命令。对体验性知识进行的实际检验和验证也总是井然有序地进行，即使是一个名副其实的神秘主义者，有些时候内在确定的声音也会被证实是来自魔鬼的呼唤。无论我们有多么重视内在体验，但让某人的个人良心胜过所有其他来源的知识和智慧，肯定是不明智的。

二十一

但是存在价值似乎与存在事实是相同的，实际上最终会成为事实价值或价值事实。

从最高水平的明晰性（启示、觉醒、洞察力、存在认知、神秘感知等）上说，存在价值同样可以被称为存在事实（或终极现实）。当个性发展、文化发展、明晰性的发展、情感释放（恐惧、压抑、防御）、无干涉性的发展都达到最高水平，并彼此和谐一致，那么这时就有一些充分的理由可以肯定，在人类自身（人类的非依赖性）的本性中可以非常清晰地看到人类非依赖的现实性，并极少受到观察者的外在干扰。这时现实被描述为真实的、善良的、完美的、整合的、生动的、合法的、美丽的，等等。也就是说，那些精准和恰当表述感知的现实描述词汇和我们传统上说所的价值词汇是等同的。传统的二歧化是（并且应该是）低水平生活产生的特点，在事实与价值相融合的最高水平的生活上已然被超越。

很显然，那些同时具有描述性和规范性的词汇可以被称为“融合性词汇”。

在这一融合水平上，“对内在价值的爱”与“对终极现实的爱”是相同的。在这里对事实的奉献意味着对事实的热爱。在客观性和感知方面尽到最大的努力，即，尽可能减少观察者及其恐惧、渴望和自私的算计带来的污染，而产生一种情感的、审美的和价值论的结果，这一结果是我们最伟大、最具明晰性的哲学家、科学家、艺术家以及精神论的创立者和领导者所追求的。

对终极价值的思考，与对世界本质的思考变得相同。寻求真理（完全定义）可以同样成为寻求美丽、秩序、独特、完美、公正（完全定义），那么真理是可以通过寻求其他存在价值而被发现的。于是，科学就变得与艺术、宗教、哲学没有区别了吗？一项对现实本质的基础科学发现也会成为一项精神或价值论的验证吗？

假如一切都是如此，那么我们对现实的态度，或者至少是在当我们和它都处于最佳状态时，我们对现实的窥视，就不再仅仅是“冰冷的”、纯认知的、理性的、逻辑的、冷漠的、与自身无关的赞同。这种现实也唤起一种热情的和感性的反应，一种对爱、对奉献、对忠诚的反应，甚至是高峰体验。在它处于最佳状态时，现实不仅仅是真实的、合法的、有序的、整合的，也是善良的、美丽的、可爱的。

从另一个角度来看，我们也可能被说成是在这里为伟大的宗教和哲学问题提供了一个隐含的回答，例如，宗教和哲学中关于生命意义的问题等。

这里提出的理论结构是一个初步的假设性框架，以供检测和验证，或者也许是证伪的。这是一个由各种水平的科学可靠性“事实”组成的网络，包括来自临床和人格学的报告，以及纯粹的直觉和预感。或者换一种方式来说，我相信它是可以验证的，我自信地预测和打赌这样的验证将会实现。但是你们（读者）请不要这样。即使感觉它是对的，即使它十分合理，你们也应该更为审慎。毕竟它是建立在一套假设的体系上，也许它是正确的，但最好还是要经过检验。

如果存在价值与某人的自我相一致，并成为自我的定义性特征，那么这是否意味着现实、世界、宇宙也因此与这个人的自我相一致并成为其自我的定义性特征呢？这样的说法意味着什么呢？确实，这听起来很像经典的神秘主义的融合，与世界、与上帝的融合。同时这也让我们想起对这一意思东方式的各种说法，例如，某个个体的自我融入整个世界之中，并消失了。

我们是否能说这是将绝对价值提升得更有意义的可能，至少在相同含义上，现实本身可以被说成是绝对的吗？如果此类事情被证明是有意义的，那么它仅仅是人本主义的，还是有可能是超越人类的呢？

至此，我们已然达到了这些词语能够传达意义的极限。我提及它们只是因为我希望敞开大门，质疑仍未得到解答，问题还没解决。显然，这不是一个封闭的体系。

二十二

不但人是自然的一部分，自然是人的一部分，而且人必须与自然有着最低限度的同型性（与自然的相似性），这样才能在自然中生活。自然已经让人发生了进化。因而人与那些超越他的事物进行沟通，也无须说成是非自然的或超自然的。这可以被看作一种“生物学的”体验。

海舍尔宣称，“人真正的自我实现有赖于和超越他的事物的沟通”。当然，在某种意义上这种说法是对的。但是要将这种意义说清楚。

我们已然看到，人与超越他的现实之间并没有绝对的鸿沟。他可以与这样的现实达到同一性，将它包含在他自身对自我的规定性定义中，忠实于它就如同忠实于他自己。于是他成为它的一部分，并且它也成为他的一部分。他和它相互重叠。

这一表述方式构建了通往另一讨论领域的桥梁，即人类的生物进化理论。人不仅要是自然的一部分，而且他还要和自然达到某种程度的同型性。这也就是说，他不能完全和非人的自然相矛盾。他不能和自然全然不同，否则现在他就不会存在。

人存在的这一事实本身就已然有效地证明，至少他和自然能和谐相处，并被自然接受。他认同自然的要求，而且作为一个物种，他至少是在维持生存的程度上臣服于这些要求。自然也没有置他于死地。从生物学的角度上说，他相当精明，能接受自然的法则，如果他公然对抗，那将意味着死亡。他与自然和谐相处。

这也就是说，在某种程度上他必须与自然相似。当我们谈及他与自然的融合时，也许这正是我们想要表达的某种意思。或许他在自然面前表现出的无比激动（感知到它的真实、善良、美好等）某天将会被理解为一种自我认知或自我体验，一种自身存在的方式，并且是一种完全发挥能力的方式、一种家的感觉、一种生物的真实性、“生物的神秘性”，等等。也许我们能将神秘或高峰融合不仅仅看作和最值得热爱的事物的沟通，而且这种融合也是由于他属于那里，是其真正的一部分，并且可以说他是那个家庭的一员：

> ……在一个方向上，我们发现我们越来越确信的概念是，我们基本是与宇宙一致的，而并非是陌生的。（加德纳·墨菲）

从生物学或进化论的角度来理解，神秘体验或高峰体验——在这里可能和精神性或宗教性体验没有差别——再次提醒我们，我们必须最终超越那种过时的将“最高”与“最低”或“最深”对立起来的看法。此处这种“最高”的体验曾被描述为，与人所能设想到的终极现实的快乐融合，也能同时被视为是我们终极个体动物性和种族性的最深的体验，总而言之，是对我们与自然同型的、深刻的生物本性的认同。

这种经验主义的，或至少是自然主义的措辞，也让我觉得将“超越个人的”定义为非人类的、非自然的或超越自然的，像海舍尔说的那样，好像是不太必要的，也不太吸引人。人与超越他的事物进行沟通，可以看作是一种生物学体验。而且，虽然不能说世界是爱人类的，但是至少可以说世界是以一种非恶意的方式接纳人类。世界可以容忍他们，让他们成长，偶尔还允许他们获得极大的快乐。

二十三

存在价值并不是我们对这种价值的个人态度，也不是我们对它们产生的情感反应。存在价值诱导我们产生一种“必需感”以及一种“自愧感”。

存在价值最好能与我们对这些价值的态度区分开来，至少是在可能的程度上进行区分，但这是很难做到的。这些对终极价值（或现实）的态度的清单上包括：爱、敬畏、崇拜、谦虚、尊敬、惭愧、惊讶、诧异、赞叹、欣喜、感激、恐惧、快乐等。很明显，这些是一个人在看到与自己不同的事物，至少是在词句上能够区分事物时，内心产生的情感认知反应。当然，在强烈的高峰体验和神秘体验中，人越融入世界之中，在人内部产生的反应就越少，作为一个分离的实体存在的自我就越模糊。

我认为保持这一分离性的主要原因是，强烈的高峰体验、启示、孤寂、狂喜、神秘融合并不常见。即使是最敏感的人，一天之中有这样体验的时刻也并不多见。更多的时间是在相对宁静的、对深刻的启示中显露出来的终极价值的沉思和欣赏中度过的（而不是与之融合的）。因此谈到对终极价值的罗伊斯式的“忠诚”是非常有益的，责任、职责和奉献同样也是如此。

此外，这里提出的理论结构使我们不可能认为，这种对存在价值的反应是在随意或随机的情况下产生的。根据既往的经验，我们会更自然地认为这些反应在某种程度上是被需求、被命令、被呼唤而做出的，是恰当的、适合的、符合要求的，也就是说，在某些意义上，存在价值被认为是值得的，甚至是可以要求或命令我们爱它、敬畏它、奉献于它的。大约人性完满的人会情不自禁地产生这样的反应。

我们也不应该忘记，目睹这些终极事实（或价值）通常能让人敏锐地意识到自己的无价值，自己的不合格和缺点，以及仅仅作为一个人、人类种族的一员，他的终极存在是多么渺小、多么有限和多么无力。

二十四

描述动机的词汇必须是分层次等级的，超越性动机（成长动机）的特征性描述必须与基本需求（缺失性需求）的特征性描述不同。

内在价值与我们对这些价值的态度之间的差异，也产生了对动机的层次性描述的词汇（运用词汇的普遍和内在的含义）。在其他地方，我已经提请大家注意，与满足、快乐、幸福的水平相对应的需求到超越性需求的层次。除此之外，我们还应记住关于“满足”

的概念，当满足自身已然在超越性动机或成长动机水平上被超越，那么满足就会永无止境。幸福的概念也是如此，幸福也能在最高水平上被全然超越。此时它可能会成为一种无边的悲伤或清醒或不带情感的沉思。在最低级的基本需求水平上，我们当然可以谈论到被驱除、极度渴望、努力或需求，例如，当切断氧气或体验极度痛苦时。当我们沿着基本需求的阶梯向上攀登时，像渴望、希望、宁愿、选择、想要这样的词汇更为合适。但是在最高水平上，也就是超越性动机的水平上，所有这些词汇就不足以表达主体的心境了，而向往、献身、渴求、热爱、崇拜、欣赏、敬重、被吸引或着迷这些词汇，用于描述超越性动机的情感更为合适。

除了这些情感之外，当然，我们还不得不面对一项非常艰巨的任务，就是找到那些能表情达意的词汇，用于正确表述关于适当的、责任的、合适的、绝对公正的、可爱的、值得被爱的、需要爱的，甚至是命令爱、要求爱、应该爱的这些含义。

但是，所有这些词汇在需求者及其所求之间依然呈现出一种分离。我们应该如何描述当这种分离被超越时，以及需求者及其所需之间达到某种程度的同一性或融合时发生的情况呢？或者是在需求者以及在某种意义上需求他的事物之间的融合？

这也能够被表述为一种对自由意志与决定论二歧化的斯宾诺莎式的超越。在超越性动机的水平上，一个人自由地、愉悦地、全心全意地拥抱他的决定因素。一个人选择并渴望他的命运，不是勉强地，不是“自我削弱地”，而是深情地、热情地。越深入的洞悉，这种自由意志与决定论的融合就越“自我和谐”。

二十五

存在价值要求行为表现或“庆贺”，并诱导出主观状态。

我们必须同意海舍尔对“庆贺”的强调，他将其描述为“一种对一个人的需求或荣耀表示出的尊敬或崇敬的行为……其实质是呼吁人们关注生活中崇高或庄严的一面……庆贺是分享更大的欢乐，加入永恒的剧目之中”。

应该注意到，最高价值不仅仅是独自享受和深思，它们往往也会导致表达和行为反应，当然这要比主观状态更易于研究。

在这里我们发现了“应该感觉”的另一个现象学意义。对存在价值的庆贺，让人感觉是一项恰当的、适合的、愉悦而急切的责任，好像它们理应受到我们如此的对待，好像我们至少亏欠它们到这个程度，一定要做到这些，好像仅仅是出于公平、正义和自然，我们也应该保护、促进、加强、分享它们，并为它们庆贺。

二十六

将存在领域（或水平）和缺失领域（或水平）区分开来，并承认在两种水平上的语言的差别，必然对教育和治疗有所帮助。

我发现在存在领域和缺失领域之间进行区分对我自身而言最为有用，即对永恒和“实际”的区分。仅仅作为一种战略或策略，为了让生活更好、更完满，为了能够选择自己的生活而不是被动地承受生活，这也是一种帮助。在繁忙和紧张的生活中，很容易忘记终极价值，特别是年轻人。通常，我们仅仅是反应者，可以说仅仅是对刺激做出反应，对奖励和惩罚、对紧急状况、对痛苦与恐惧、对其他人所做出的决定、对肤浅的事物做出反应。至少是在最开始，我们必须做出特定的、有意识的、有针对性的努力，让我们转而关注自己的内在事物和价值，例如，也许是寻求一种现实的孤独感，也许是在伟大的音乐、善良的人、自然的美之前敞开心扉。只有在实践之后，这些策略才变得简单，变得自然而然，一个人甚至不需要向往或尝试就能生活在存在领域，即“和谐生活”“超越性生活”“存在的生活”等。

我发现这种词汇也同样有助于教导人们更加清晰地意识到存在价值、存在语言、存在的终极事实、存在的生活、和谐的意识等。这种词汇确实笨拙，有时也过于敏感，但是它确实起到了作用。无论如何，已然证明它在研究设计中有可操作性的实用之处。

在我偶然的观察中，显示出一个次级假设，高度发展或成熟的人（“超越的人”），即使是在初次见面时，也可以在生活的最高水平上，运用我所说的存在的语言，极为迅速地彼此沟通交流。在这一点上，我想要说的只是对于一些人而言，如果存在价值的存在是确切的、真实的，是易于被感知的，那么对另一些人而言则不是这样，即便如此，对后者而言沟通也是现实存在的，但必然是发生在较低且较不成熟的意义或含义上。

此时，我并不知道如何将这一假设付诸检验，因为我发现有些人能够运用这种词汇，但并不确切地理解它们的含义，就像有些人能驾轻就熟地谈论音乐或爱，而对两者都毫无实际体验。

另外一些印象，甚至更为模糊，就是与运用存在语言进行轻松交流相伴的，也可能是一种深度的亲密关系，一种对共同忠诚的事物的分享感，为了共同的努力而工作，变得“和谐一致”的感觉，成为一家人的感觉，也许是成为共同奉献的同伴。

二十七

“内在的良知”和“内在的罪恶感”都有最终的生物学根基。

在弗洛姆对“人本主义良知”的讨论和霍妮对弗洛伊德“超我”的再思考的激励下，其他人本主义作家都赞同存在着超越超我的“内在良知”，以及“内在的罪恶感”。这是一种作为背叛内在自我而应得的自我惩罚。

我相信这些超越性动机理论的生物学根基能进一步阐明并巩固这些概念。

霍妮和弗洛姆反对弗洛伊德本能论的具体内容，也可能是由于过于接受社会决定论，从而拒绝任何生物论和“本能论”的说法。在本章的背景资料下，这个严重的错误很容易被辨识出来。

一个人的个人生物学现象毋庸置疑是“真实自我”的一个必要成分。成为自己，成为自然的或自发的、真实的、表现出一个人的特性，所有这些都是生物学上的描述，这意味着接受一个人的体质、气质、解剖结构、神经系统、内分泌系统和类本能动机的本性。这样的说法既符合弗洛伊德的思路，也符合新弗洛伊德主义的思路（更不用说罗杰斯派、荣格派、谢尔登派、戈德斯坦派，等等）。这是对弗洛伊德探索道路，以及他那些必要的若隐若现的想法的澄清和校正。因此，我认为这符合经典弗洛伊德或“后弗洛伊德”的传统。我认为弗洛伊德试图用他的各种本能论表达类似的含义。我还相信，这种说法是对霍妮用他的真实自我概念想要表述的理论的一种接受和改进。

如果我对内在自我的更为生物学的解释得到证实，那么它也会支持神经性负罪感与内在罪恶感是不同的，内在罪恶感是源于对自身本性的对抗和试图成为自我之外的什么人。

但是鉴于上述观点，我们应当将内在价值或存在价值包含在这种内在自我之内。于是，在理论上对真理、正义、美好或是其他存在价值的背叛，通常都会引发内在的罪恶感（超越性罪恶感），这是一种应得的、生物学上合理的罪恶感。这大概等同于这样的意思，就是痛苦最终是一种祝福，因为它告诉我们，我们正在做危害自己的事情。当我们背叛存在价值时，我们会受到伤害，在特定意义上，我们应当受到伤害。而且，这意味着对“需要受到惩罚”的一种重新解释，从积极的意义上，也可以称其为一种希望，通过赎罪，再次拥有“清白”的感觉。

二十八

很多最终的宗教功能可由这一理论结构得以实现。

从人类一直追求的永恒和绝对的角度来看，在某种程度上，存在价值也是为了这一目标而服务的。它们凭借自身的权利而存在，不依赖于人类的变幻莫测。它们是被感知到的，而不是被发明出来的。它们是超越人类的、超越个体的。它们的存在超越了个人的生活。它们可以被认为是某种完美。可以确信，它们能够满足人类对确定性的渴望。

但是，在特定的意义上，它们也是人类本身。它们不仅是他的，也同样是他本人。它们要求受到崇拜、尊敬、庆贺、祭祀。它们值得人们为之而生，为之而死。思考它们或与它们融合，可以给人类带来能够获得的最大欢乐。

在这样的背景下，不朽也具有非常明确的、经验性的意义，因为这些价值已纳入个人生命的定义性特征中，在他死后仍然存在，即在某种真实意义上，他的自我超越了死亡。

那些有组织的宗教试图实现的其他功能也是如此。显然，全部或几乎全部的宗教经验，都已然被任何传统的宗教用它们特有的措辞描述出来，无论是有神论的还是无神论的，是东方的还是西方的，都能被吸纳入这一理论结构中，并能以一种具有实际意义的方式表达出来，即用一种可验证的表述方式表达。

后　记

1969年，马斯洛亲自选定了组成本书的一些文章。他对本书的设计包括增添新的章节、一篇序言、后记，以及对全部文稿的修改和补充。1970年初在文稿着手准备期间，迈尔斯·维奇担任技术编辑和顾问。

马斯洛在准备写新章节时突然心脏病发作，不幸于1970年6月8日逝世。

1970年秋，我面临这样的选择：是完全按照马斯洛的独特格式编排本书，还是作为文集的形式出版原来的文章？我选择了后者。应我的请求，迈尔斯·维奇重新开始工作并在本书筹备期间提供了编辑方面的帮助。我们的工作仅限于必要的技术上的修正，删除偶尔出现的重复论述，并将两篇文章合并构成第十三章（按照马斯洛原来的计划）。

虽然对原文的出版者已在他处表示过谢意，我还是要特别对迈尔斯·维奇（《人本主义心理学》期刊的前编辑）表示衷心的感谢，他提供的帮助已远远超出了本书编辑的范围；还要感谢安东尼·苏蒂奇（《超个人心理学》期刊的编辑），经由他获准，本书采用了许多已发表过的文章。

我对依萨伦研究所迈克尔·墨菲和斯图亚特·米勒以及维京出版社理查德·格罗斯曼提供的帮助表示感谢。我特别要感谢凯·彭求斯，她是马斯洛担任劳夫林基金会常驻研究员期间的私人秘书，给我提供了非常多的帮助。还要感谢萨迦公司的董事长和基金会的理事劳夫林与萨迦公司的威廉·克罗克特的鼓励、友谊和实际帮助。

马斯洛认为，亨利·盖格尔是少数几位深刻理解他著作的人士之一，我很高兴他能为本书作引言。

贝萨·马斯洛

于加利福尼亚州帕罗奥图市

1971年6月

“世图心理”大师彩虹书系

《人性能达到的境界》	【美】亚伯拉罕·马斯洛　著	定价：69.8元
《人类的破坏性剖析》	【美】埃里希·弗洛姆　著	定价：88元
《自我与自性》	【瑞士】C.G.荣格　著	定价：58元
《移情心理学》	【瑞士】C.G.荣格　著	定价：48元
《占有还是存在》	【美】埃里希·弗洛姆　著	定价：58元
《论人的成长》	【美】卡尔·罗杰斯　著	定价：68元
《自体的重建》	【美】海因茨·科胡特　著	定价：69.8元
《自体的分析》	【美】海因茨·科胡特　著	定价：69.8元
《人心：善恶天性》	【美】埃里希·弗洛姆　著	定价：58元
《自我分析》	【美】卡伦·霍妮　著	定价：52元
《游戏与理智：经验仪式化的各个阶段》	【美】爱利克·埃里克森　著	定价：58元
《智慧与感觉：通往创造之路》	【美】琼·埃里克森　著	定价：58元
《洞见与责任》	【美】爱利克·埃里克森　著	定价：58元
《童年与社会》	【美】爱利克·埃里克森　著	定价：88元

新书推荐

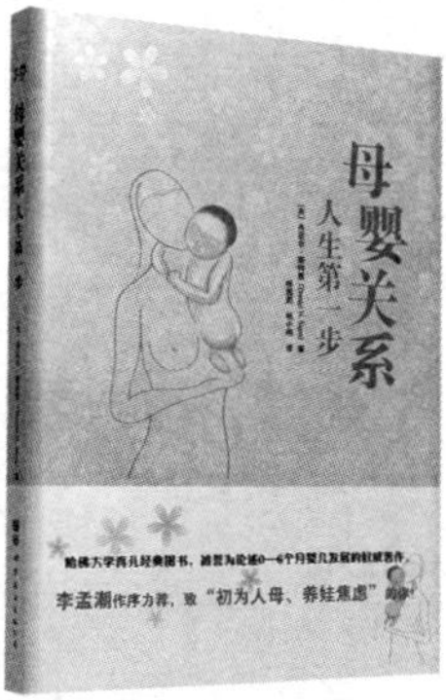

初为人母，养娃不易，难免焦虑，你该学一点“婴语”。阅读本书，你将知道：为什么对于婴儿来说，母亲的脸比乳房更重要？为什么母亲对尚未学会说话的孩子说话，在再次开口前会停顿1.64秒？为什么刚出生的婴儿只能把视力集中在离他20厘米远的物体上，近一些、远一些都不行？等等。在本书中，作者用行为观察的例子向我们说明了几类母亲调节婴儿行为失败的情况——刺激不足、刺激过度、刺激反常，为母婴互动提供了一些可行的建议。

本书主要论述人性中恶的一面。作者在考察人性时摆脱了人性或善或恶的抽象理论，指出人的本性不是非善即恶，而是根植于人类生存状况的一种矛盾。这种矛盾本书需要得到解决，解决的方式只有倒退或进步两种。对这两种生存方式的不同方面的探讨即是本书的重点内容。

孤独是人类的普遍经验。是什么引发了孤独感？孤独的人是在渴望谁或者渴望什么？哪些人更容易遭受孤独感？孤独之人的内心体验是怎样的？如何应对孤独？本书的作者向读者展现了心理治疗、精神分析以及艺术作品如何通过加强自我与他人之间的联结来缓解个体的孤独感和疏离感。阅读本书，你将可以更好地协助自己及他人找到处理孤独感的方式。